Brenda Shoshanna
Furchtlosigkeit

Brenda Shoshanna

Furchtlosigkeit

Die sieben Prinzipien eines friedvollen Geistes

Aus dem Amerikanischen
von Michael Schmidt

O.W. BARTH

Die Originalausgabe erschien unter dem Titel »Fearless. The 7 Principles of Peace of Mind« bei Sterling Publications, New York 2010

Die Folie des Schutzumschlags sowie die Einschweißfolie
sind PE-Folien und biologisch abbaubar.
Dieses Buch wurde auf chlor- und säurefreiem Papier gedruckt.

Besuchen Sie uns im Internet: www.droemer-knaur.de

Deutsche Erstausgabe

Published by arrangement with Dr. Brenda Shoshanna Lukeman
Dieses Werk wurde vermittelt durch die Literarische Agentur
Thomas Schlück GmbH, 30827 Garbsen

Redaktion: Georg Patzer
Umschlaggestaltung: ZERO Werbeagentur, München
Umschlagabbildung: Gettyimages / IMAGEMORE Co., Ltd.
Satz: Daniela Schulz, Stockdorf
Druck und Bindung: CPI – Ebner & Spiegel, Ulm
Printed in Germany
ISBN 978-3-426-29101-6

5 4 3 2 1

Dieses Buch ist Noah Lukeman gewidmet, meinem wunderbaren Agenten, der mit seinem unermüdlichen Engagement dieses Werk ermöglicht hat.

Inhalt

Einleitung

Wer jede Angst durchschauen kann,
wird immer sicher sein.

Daodejing

Wenn uns das Gefühl der Sicherheit genommen wird – wenn wir nicht wissen, wohin wir uns wenden sollen –, ergeben sich überraschende Möglichkeiten für eine außergewöhnliche Entwicklung, für Entdeckungen und sogar für eine Erfüllung. Das chinesische Schriftzeichen für Krise bedeutet Chance. Wir sind gezwungen, unser Leben neu zu bewerten. Die wesentlichen Fragen lauten: »Worauf kann ich wirklich bauen? Wo liegt meine wahre Sicherheit? Wie kann ich neu anfangen? Was brauche ich *wirklich,* um ein erfülltes Leben zu leben?« Das sind die primären Fragen, die Voraussetzungen für ein sinnvolles Leben. Wenn alles gutgeht, übersehen wir sie vielleicht. Doch in Krisenzeiten sind wir gezwungen, uns tagtäglich mit diesen Fragen auseinanderzusetzen.

Die Angst hat uns alle fest im Griff. Noch vor wenigen Jahren schien es, als lebten wir im Land der unbegrenzten Möglichkeiten. Im großen Ganzen waren die Jobs sicher, die Banken waren stabil, und wir durften damit rechnen, dass das ständig zunehmende Wachstum unserer Wirtschaft uns helfen würde, die Zukunft unserer Kinder wie unsere eigene zu finanzieren. Da gab es ein Gefühl von Stabilität, Wohlstand und Hoffnung. Vor allem fühlten wir uns unverwundbar gegenüber Angriffen von außen und waren überzeugt, dass unsere Grenzen niemals verletzt würden.

Doch die schockierenden Ereignisse vom 11. September

2001 leiteten ein neues Zeitalter ein. Von diesen entsetzlichen und tragischen Geschehnissen wurden wir nicht nur brutal aufgeweckt, auch das Gefühl, im eigenen Land geschützt zu sein, war plötzlich verflogen. Seither gehört die Angst zu unserem täglichen Leben. In den Monaten nach »9/11« rechneten wir jeden Tag mit Terroralarm. Würden die Terroristen erneut zuschlagen? Wie sicher wären wir denn?

Dann kam der Irakkrieg und sorgte für weiteren Aufruhr, für Angst, Verlustgefühle und Meinungsverschiedenheiten. Und die nationalen und internationalen Turbulenzen halten weiterhin an. Heute sind uns viele unserer grundlegenden Gewissheiten genommen, auf die einst unser Sicherheitsgefühl baute. Die Welt scheint kopfzustehen. Wir leben in einer Zeit der Krise.

Daher ist es so außerordentlich wichtig, einen Augenblick innezuhalten, Klarheit zu erlangen und die Angst in den Griff zu bekommen. Wenn wir auf die falschen Botschaften hören, die die Angst uns bringt, fallen wir ihr leicht anheim. Ja, die eigentliche Gefahr, die uns heute droht, ist nicht der Verlust unseres Einkommens, unseres Heims oder unserer Sicherheit. Unser wahrer Feind – der schlimmste Terrorist – ist die Angst in uns.

Daher müssen wir wissen, was Angst wirklich ist, warum sie uns überkommt und wie wir stärker als die Angst werden und sie aus unserem Leben verbannen können. Wenn wir dies tun, wenn die Angst vergeht, können wir unsere Situation aus der umfassendsten Perspektive erkennen und in Kontakt mit unseren enormen inneren Ressourcen treten, um mit allem fertig zu werden, was auf uns zukommt. Dann erschließen sich uns unsere fundamentale Tapferkeit, Kreativität und Weisheit und geben uns sicheres Geleit.

Was ist Angst?

Jemand hat einmal gesagt, es gebe nur zwei Emotionen: Liebe und Angst. Paradoxerweise empfinden manche Menschen die Liebe als beängstigend, während sie sich in der Angst sicher fühlen. Ja, viele Menschen verlassen sich auf die Angst, weil sie glauben, sie schützt uns. Es könnte ein gutes Gefühl sein, an der Angst festzuhalten. Andererseits will man uns weismachen, Vertrauen könnte gefährlich sein, die Liebe könnte uns schwächen. Das ist das Werk der Angst – sie sorgt für Verwirrung. Die Angst lebt von Lügen. Sie schwächt das Immunsystem, zerstört unser Grundgefühl von Vertrauen und Wohlbefinden, wirft uns aus der Spur und macht uns zur Beute derer, die uns auf unterschiedliche Weise kontrollieren oder attackieren wollen. Selbsthass wird von Angst genährt. Die Paranoia, eine extreme Form von Angst, infiziert jeden Aspekt unseres Wesens, höhlt den Kern unserer Beziehungen aus und vertreibt die Liebe zum Leben, die Neugier, die spielerische Leichtigkeit und die Freude, mit der wir geboren werden.

Wann und warum entsteht Angst?

Wenn die Angst uns überkommt, haben die meisten Menschen keine Möglichkeit, sie wieder loszuwerden, keine Instrumente oder Techniken, um mit ihr fertig zu werden. Automatisch kommt es dann zu Panikattacken, Zwangshandlungen, Obsessionen und anderen Formen von Verhaltensstörungen. Angst entsteht auch in Liebesbeziehungen, wenn wir uns verletzlich fühlen oder wenn es uns gerade sehr gut geht. Manche Menschen haben das Gefühl, so viel Glück oder Nähe nicht zu verdienen, und sie haben Angst, die Liebe zu verlieren, die sie gefunden haben. Andere haben Angst vor Krankheit und Tod oder einfach davor, das zu sein, was sie sind. Ihr Leben sei nicht authentisch, und sie müssten in vielerlei Hinsicht unter den Folgen leiden. Ja, die Tatsache, dass so erschütternd viele Menschen auf der Welt von Alkohol, Antidepressiva und anderen Drogen abhängig sind und zu allen möglichen Formen von selbstzerstörerischem Verhalten neigen, lässt sich direkt den Auswirkungen der Angst zuschreiben.

Es erfordert Übung, die Angst zu durchschauen. Zum einen können Sie sich vom Verstand her völlig klar darüber sein, was Ihnen schadet – doch zu wissen, wie Sie die Angst in Ihrem Leben wirklich loswerden können, ist etwas ganz anderes. Dieses Buch wird Ihnen zeigen, wie das geht. Und im Gegensatz zu einer weitverbreiteten Anschauung ist es überhaupt nicht schwierig! Es erfordert einfach die Bereitschaft, neue Maßnahmen zu ergreifen und die Dinge mit neuen Augen zu sehen. In Wahrheit ist die Angst nichts weiter als eine Tyrannin – wenn Sie sich ihr stellen und ihr entgegentreten, wird sie machtlos. Und dabei wird Ihnen klar, dass das, was Ihnen einst so schrecklich vorkam, nichts weiter als ein Pappkamerad ist.

Die Macht der Liebe

Während Sie in diesem Buch die Prinzipien der Angst studieren, werden Sie zugleich ihr Gegengift kennenlernen: das Wesen und die Macht der Liebe. Die meisten haben keine klaren Vorstellungen davon, was Liebe wirklich ist. Leicht kann man Vernarrtheit, Sympathie und Hörigkeit mit Liebe verwechseln. In diesem Buch werden Sie lernen, zwischen echter und falscher Liebe zu unterscheiden. Ja, die Übungen, die die Angst beseitigen, lassen gleichzeitig die Liebe entstehen. Und die Praxis der Liebe treibt zugleich die Angst aus. Beide sind die zwei Seiten derselben Münze.

Während Sie das Wesen der Liebe erkunden, werden Sie mit der tätigen Liebe vertraut und lernen, Liebe zu *tun* (statt nur zu fühlen). Anhand von Anleitungen und einzigartigen Übungen wird Ihr heilsamer, angstfreier Umgang mit dem Leben gefördert, ganz gleich, was Ihnen widerfährt.

Dieses Buch kombiniert die Lehren von Ost und West und bietet Ihnen psychologische, spirituelle und praktische Anleitungen, Ihre gewaltigen inneren Ressourcen zu aktivieren, um mit allen möglichen Herausforderungen effizient umzugehen. Sie werden erfahren, wie Sie Ihre inneren Schätze erschließen und dank Ihren ursprünglichen Stärken, Ihrem Mut und guten Willen leben können.

Jedes Kapitel untersucht eines der sieben Prinzipien des Seelenfriedens und vermittelt Ihnen, wie Sie eine damit zusammenhängende Form von Angst auflösen und in eine Quelle von Mut und Kraft umwandeln können. Neben Erörterungen und Anekdoten enthält das Buch einzigartige Übungen, die ebenso einfach wie angenehm und wirkungsvoll sind. Sie finden Sie sowohl innerhalb wie am Ende jedes Kapitels und am Ende des Buches in Form eines Workshops. Wenn Sie diese Übungen regelmäßig praktizieren, werden sie ein ganz natürlicher Teil Ihres täglichen Lebens, und Sie werden erleben, wie Ihre Ängste nachlassen und schließlich verschwinden.

Genau so, wie Sie täglich im Fitnesscenter Ihre Muskeln stärken und Beweglichkeit erlangen, sollten Sie die Übungen in diesem Buch unbedingt jeden Tag absolvieren, und sei es auch nur für kurze Zeit, um schädliche Muster zu durchbrechen. Diese Übungen und Prozesse basieren auf jahrelangem Studieren, Probieren und Forschen. Die Techniken sind so beschaffen, dass sie Ihre innere Freiheit und Ihre natürliche Weisheit, Ihre Tapferkeit und Ihre Kreativität wiederherstellen. Während Sie sich den Übungen widmen, werden Sie zurückbekommen, was Sie ursprünglich besaßen: ein angeborenes Gefühl von Sicherheit, Wohlbefinden und Vertrauen in sich und andere und in das Leben als solches.

Jedes Kapitel schließt mit einer allgemeinen Wahrheit, die Ihre Angst vertreibt und Ihren Mut weckt. Diese Aussage lässt sich auch als Übung verstehen. Denken Sie daran, meditieren Sie darüber, leben Sie danach im täglichen Leben. Wenn etwas passiert, das Ihnen Kummer bereitet, verweilen Sie bei der allgemeinen Wahrheit und wenden Sie sie auf Ihre Situation an. Lassen Sie die Wahrheit über die Situation an die Stelle der Angst treten, die Sie empfinden. Diese Wahrheiten sind wirkungsvolle Aussagen, die auf ein zu allen Zeiten bekanntes zeitloses Wissen verweisen. Sie überwinden schreckliche Drohungen und machen immun gegen katastrophale Erwartungen, die die Angst erzeugt. Es ist wichtig, dass Sie sie im täglichen Leben überprüfen. Sie sollen schließlich nicht etwas blind glauben, sondern es selbst erkunden und herausfinden.

Zu den vielen Instrumenten und Techniken, die Sie hier kennenlernen, gehören unter anderem: das Loslassen, die Macht der Entscheidung, das intuitive Wissen, die Umwandlung von Schmerz in Kraft, der Dialog mit inneren Stimmen, der Verzicht auf das Kontrollieren anderer, das Loslassen des Kontrollbedürfnisses, das Entwickeln von Konzentration, das Zentrieren, die Achtsamkeit und die Entwicklung von Dankbarkeit.

Während Sie sich nun auf diese Reise begeben, bitte ich Sie um Neugier, Bereitwilligkeit und einen offenen Geist, damit Sie die Ergebnisse selbst spüren können. Es erfordert Mut, die Tür zu öffnen, Licht hereinzulassen und zu erkennen, wie leicht es ist, die Dunkelheit der Angst aus Ihrem Leben zu verbannen. Es erfordert Mut, in ein neues Land zu reisen, aber die Zeit kommt, dass Sie nicht mehr an dem Ort bleiben können, an dem Sie sich aufhalten oder unter einer Wolke der Angst leben. An diesem Punkt begehrt das Herz auf, der Verstand öffnet sich, und Sie erinnern sich an den Ort in Ihnen, der angstfrei ist. Dann wird alles möglich. Jeder Tag wird ein aufregendes Abenteuer. Die ganze Welt wird wie neu.

Erster Teil

Die sieben Prinzipien des Seelenfriedens

1 Stellen Sie sich der Angst

Eines Tages erschütterte ein Erdbeben einen Zen-Tempel. Der Boden unter ihm begann zu zittern, das Gebäude brach zusammen, und die Mönche waren entsetzt. Während die Welt aus den Fugen zu geraten schien, führte der Zen-Meister alle gelassen in die Küche, dem stärksten Teil des Tempels.

Als das Erdbeben sich legte, sagte der Meister: »Jetzt habt ihr Gelegenheit, zu sehen, wie sich ein Zen-Mönch in einer Krise verhält. Ich bin nicht in Panik geraten. Ich war mir im Klaren, was geschah und was zu tun war. Euch in die Küche zu bringen war eine gute Entscheidung, denn wir alle haben unverletzt überlebt. Doch bei all meiner Beherrschung war ich ein wenig angespannt, was ihr vielleicht daran erkannt habt, dass ich ein großes Glas Wasser in einem Zug austrank, was ich normalerweise nie tue.«

Einer der Mönche lächelte, sagte aber nichts.

»Warum lächelst du?«, fragte ihn der Meister.

»Das war kein Wasser«, erwiderte der Mönch, »sondern ein großes Glas Sojasauce.«

Wenn sich ein Erdbeben ereignet, verspüren wir alle Angst, egal, wer wir sind. Sie überkommt uns auf unterschiedliche Weise und wirkt sich auf unseren Körper, unseren Geist und unser Herz aus. Das kann sich emotional bemerkbar machen, in einem erhöhten Puls, einem Schweißausbruch, einem Schauer, einem schnellen Atmen, einem Gefühl von Todesangst oder drohendem Unheil. Dann wieder kann es uns wie dem Zen-Meister ergehen – wir sind uns unserer Angst gar nicht bewusst, tun merkwürdige Dinge und merken nicht einmal, dass wir statt einem Glas Wasser ein Glas Sojasauce trinken.

Wenn uns die Angst überkommt, ist es, als ob wir von einer Schlange gebissen werden: Sie durchdringt uns mit Gift, lähmt unsere Sinne und blockiert unseren Verstand, so dass wir nicht wissen, was wir tun sollen. Daher ist das Erkennen und das Loslassen der Angst eine Praxis, die wir täglich absolvieren müssen. Je häufiger Sie dies tun, desto leichter wird es, und umso weniger fühlen Sie sich bedroht. Sobald Sie die Angst zerstreuen, sehen Sie wieder klar und wissen spontan, was Sie tun sollen. Dies verhindert tatsächlich viele negative Dinge, die sich sonst abspielen könnten. Oder wenn Sie bereits in eine schreckliche Lage geraten sind, können Sie ihre Folgen mildern und sich beruhigen, wenn Sie wissen, wie Sie Ihre Angst zerstreuen können und nicht unter ihrem Einfluss handeln müssen. Wenn Sie andererseits zulassen, dass Ihre Angst zunimmt, machen Sie vielleicht aus einer Mücke einen Elefanten oder ziehen gar das Unheil an. Wir ziehen nämlich alles an, worauf wir uns einlassen. Wenn wir ständig auf allem Negativen herumreiten, dann lassen wir geradezu die negative Situation in unser Leben herein.

Um diesen Prozess des Zerstreuens der Angst einzuleiten, ist es wichtig, dass Sie mit ihren vielen Masken vertraut werden, dass Sie ihre Erscheinungsformen erkennen, ihre Auswirkungen und wie sie sich tarnt und alle Aspekte Ihres Lebens durchdringt.

Die vielen Gesichter der Angst

Die Angst ist eine Betrügerin, die in allen möglichen Masken auftritt: als Besessenheit, als Verwirrung, als Verlust der Kontrolle oder als Funktionsstörung in jedem Bereich

Ihres Lebens. Sie kann durch alles Mögliche ausgelöst werden – Gedanken, Überzeugungen, Erinnerungen, Geschmacksempfindungen, Gerüche und sogar durch unbewusste Gedanken. So könnten Sie beispielsweise jemanden sehen, der Sie an einen schrecklichen Menschen in Ihrer Kindheit erinnert, und plötzlich von Angst überwältigt werden. Oder Sie gehen vielleicht mit einem großartigen Gefühl in eine Sitzung, und dann werden Sie von der Angst anderer angesteckt, die rasch Ihre Hochstimmung vertreibt und Sie pessimistisch, nervös und bedrückt macht.

Die Angst kann Sie auch auf andere Weise überkommen. Ein anderer Mensch bedroht Sie, sei es bewusst oder unbewusst. Sie haben zum Beispiel das Gefühl, dass der andere Sie auf negative Weise wahrnimmt, und Sie reagieren auf seine scheinbare Abneigung mit Angst. Oder schreckliche Nachrichten setzen Ihnen zu – Sie hören, dass Ihr Job in Gefahr ist, dass ein geliebter Mensch krank ist oder dass Ihr Partner mit einer anderen flirtet. Jede dieser schrecklichen Nachrichten, denen Sie Glauben schenken, kann eine Angstattacke auslösen.

Ich sage bewusst Attacke, denn schrecklich an der Nachricht, die Sie vernehmen, ist die Angst, die sie erzeugt.

Erkennen Sie: *Wenn Sie die Nachricht nicht glauben oder dem Menschen, der sie überbringt, nicht trauen, stellt sich die Angst nicht ein. Lähmend ist nicht die Nachricht, die Sie hören, sondern die Art und Weise, wie Sie darauf reagieren, die Angst, die Sie empfinden.*

Manche Menschen überbringen uns einfach deshalb negative Nachrichten, um uns durch Angst zu kontrollieren. Wenn die Angst Sie im Griff hat, sind Sie leicht zu manipulieren und zu kontrollieren und nicht mehr Herr über Ihren Verstand oder Geist. Manche Menschen verbreiten ganz bewusst Angst, andere nicht. Aber egal, in welcher Lage Sie sich befinden – es gibt eine Alternative zu einem von Angst getriebenen Leben, nämlich einen Prozess, angstfrei zu werden, der Ihren Seelenfrieden wiederherstellen kann.

Halten Sie inne: *Wenn eine Nachricht Angst erweckt, weisen Sie sie sofort zurück. Selbst wenn Sie sie für wahr halten könnten, weisen Sie sie zurück, da Sie nicht im Vollbesitz Ihrer Fähigkeiten sind, wenn die Angst Sie packt. Warten Sie, bis die Angst verschwunden ist, um festzustellen, ob die Nachricht wahr ist. Während Sie diese Nachricht zurückweisen, lässt die Angst nach, und Ihre Gedanken werden klarer. Später haben Sie noch genug Zeit, um festzustellen, ob die Nachricht wahr ist. (Meist ist sie es nicht.)*

Die Angst blüht auf, wenn Sie an sie glauben – wenn Sie die Geschichten, Ideen, Überzeugungen, katastrophalen Erwartungen, ausgewählten Halluzinationen und hypnotischen Suggestionen glauben, die sie Ihnen einflößt. Sie ist darauf angewiesen, dass Sie alles, was sie sagt, für wahr, gefährlich und lebensbedrohlich halten. Sobald die Angst es geschafft hat, dass Sie an sie glauben, hat sie Ihren Verstand und Ihr Herz im Griff und lähmt Sie. **Warum aber sollten Sie eigentlich nicht an die Macht der Wahrheit glauben statt an die Macht der Angst?**

Bevor Sie die Wahrheit einer Situation erkennen und Ihre innere Freiheit und Ihr ganzes Selbst wiedererlangen können, müssen Sie der Angst ins Auge blicken. Sie müssen bereit sein, sie aus der Distanz zu betrachten und kennenzulernen. Während Sie auf Distanz gehen, werden Sie immer mehr ihre Machenschaften verstehen, wie sie entsteht, was sie beflügelt und wie sie sich tarnt und sich in so vielen Bereichen Ihres Lebens breitmacht. Während Sie sie also aus der Distanz betrachten, werden Ihnen gewisse Wahrheiten über die Angst klar.

Die Angst ist eine Tyrannin

Man kann das nicht oft genug sagen. Es ist ein neues Mantra, das Sie übernehmen und sich zu eigen machen müssen. Je mehr Sie der Angst Macht, Stärke und Wirklichkeit zuschreiben, desto mehr ergreift sie von Ihrem Leben Besitz. Und wenn Sie noch so schnell vor der Angst davonlaufen – sie wird nur umso mehr hinter Ihnen her sein. Die Angst jagt die, die sie zulassen und immer nur vor ihr davonlaufen. Und auch, wenn Sie vielleicht gar nicht anders können, als vor dem davonzulaufen, das Sie als gefährlich empfinden, sind Sie schließlich keine Marionette und werden nicht von Ihrer Konditionierung gesteuert – Sie können nämlich aufhören.

Ralph konnte einfach nicht aufhören zu arbeiten. Jeden Abend nahm er aus dem Büro Arbeit mit nach Hause, arbeitete das ganze Wochenende über und erschien am Montag als Erster am Arbeitsplatz. Sein totales Aufgehen in der Arbeit hielt ihn davon ab, sich mit der Einsamkeit und Angst auseinanderzusetzen, die er in anderen Bereichen seines Lebens empfand. So hatte er eine Ausrede, allein zu bleiben und nicht auf die Anforderungen intimer Beziehungen einzugehen oder die anderen Freuden zu genießen, nach denen er sich doch so sehnte.

Für so viele Menschen wird ein bestimmter Bereich ihres Lebens von einer Flucht vor der Angst beherrscht. Aber statt den Ermahnungen und Anweisungen der Angst gedankenlos zu folgen, können Sie einen neuen Kurs einschlagen. Sie können augenblicklich innehalten und erkennen, dass Sie es bloß mit einer Tyrannin zu tun haben, noch dazu einer dummen.

Halten Sie einen Augenblick inne *und erblicken Sie in der*

Angst eine Tyrannin. Sehen Sie, wie Sie vor ihr davonlaufen. Lassen Sie sich einen Augenblick Zeit, hören Sie auf davonzulaufen und drehen Sie sich um. Das ist alles, was Sie in diesem Augenblick tun müssen. Einfach stehen bleiben und sich umdrehen. Ein Tyrann verdankt seine Stärke Ihrer Flucht, Ihrer Angst und Ihrer Qual. Indem Sie einfach nicht flüchten, nicht davonlaufen, erstarrt die Angst und verliert ihren Schwung. Warum ist es bloß so schwer, stehen zu bleiben?

Henry Miller hat einmal gesagt: »Das einzige wahre Wunder ist es, stehen zu bleiben.« Er wusste, wovon er sprach. Die Angst macht uns nervös und unruhig, sie ruft in Ihnen die Illusion hervor, dass Sie sich besser fühlen werden, wenn Sie in Bewegung bleiben, geschäftig bleiben und etwas tun, irgendetwas. Aber jede Handlung, die von Angst angetrieben wird, ist normalerweise zerstörerisch und sinnlos. Es mag äußerst schwierig sein, nicht mehr weiterzulaufen, stehen zu bleiben, sich zu behaupten und die Augen zu öffnen, aber sobald Sie dies tun, kann sich alles ganz rasch ändern.

Meister Bukko Kokushi führte den Zen-Buddhismus aus China in Japan während der Invasion der Mongolen ein.

Einer seiner Schüler, der Regent Tokimune, sagte zu ihm: »Meister, die Angst ist der schlimmste Feind meines Lebens. Wie kann ich mich von ihr befreien?«

Meister Bukko erwiderte: »Schneide sie an ihrer Quelle ab.«

Tokimune fragte: »Woher kommt sie?«

»Sie kommt aus Tokimune selbst«, erwiderte der Meister.

»Am allermeisten hasse ich die Angst«, erklärte Tokimune. »Wie kann ich denn da ihre Quelle sein?«

Der Meister erwiderte: »Finde es heraus. Finde es heraus.«

Stehen Sie still *und erkennen Sie, woher die Angst kommt. Sehen Sie, dass Sie nicht willens sind, vor der Angst zu flie-*

hen, die Sie empfinden. Erklären Sie ihr, dass Sie sich weigern davonzulaufen. Was geschieht mit der Angst, wenn Sie dies tun?

Innezuhalten, sich umzudrehen, der Tyrannin ins Auge zu blicken – das genügt, dass die Tyrannin nervös wird und einen Rückzieher macht. Sie weiß, dass sie gerade als unwirklicher Schwächling entlarvt wird, der sie ist. Während Sie diese Übung praktizieren, lernen Sie nicht nur, wie Sie Ihre Macht zurückerlangen, sondern enthüllen den Kern dessen, der Sie sind, erinnern sich an ihn und leben aus ihm.

> *»Lass giftiges Essen stehen, wo auch immer du es bekommst.«*
>
> *Tibetische Lojong-Lehre*

Die meisten Menschen sind unbewusst Opfer der Angst, leben unwissend unter ihrem Bann und lassen sich nicht träumen, wie ihr Leben wirklich sein könnte. Nur selten rühren wir an die ungeheure Macht, die wir alle haben, um frei, tapfer, stark, kreativ, glücklich, liebevoll zu sein, um unsere Träume auszuleben und sie mit anderen zu teilen, um ein erfülltes Leben zu führen. Aber die Angst verweigert uns die Erfüllung – sie genießt unser Elend.

Wie Sie in den folgenden Kapiteln sehen werden, hängen viele Menschen an ihrem Elend, weil sie das Gefühl haben, es gewähre ihnen Sicherheit. Während Sie gegen Ihr Leiden kämpfen, klammern Sie sich vielleicht auch daran und weigern sich, es loszulassen. Dabei ist Ihnen nicht klar, dass es gar nicht Ihr wahrer Wunsch ist, sich an das Leiden zu klammern, sondern schlicht eine Folge der Angst. Doch je mehr Sie sich der Manipulationen der Angst bewusst werden, desto mehr erkennen Sie, auf welche Weise sie sich in Ihr Leben einschleicht, und umso leichter wird es sein, sie loszulassen.

Die Angst erwischt uns kalt

Sheila hatte wunderbare Pläne, wie ihr Leben einmal sein sollte. Sie saß zu Hause und malte sich ihre herrliche Zukunft aus. Sie legte Listen an, plante und stellte sich vor, wie glücklich sie sein würde, wenn alles in Erfüllung ginge. Wenn man sie fragte, warum sie die Dinge nicht selbst in die Hand nähme, erwiderte sie stets, es sei nicht der richtige Zeitpunkt. Sie sei noch nicht so weit, die Sterne wären nicht günstig, sie würde es schon wissen, wenn der richtige Augenblick käme.

Sheila ahnte nicht, dass jeder Augenblick ein guter Augenblick ist. Kein Zeitpunkt ist besser als der jetzige, um anzufangen. Ein weiterer Trick der Angst, uns zu Fall zu bringen, besteht darin, dass sie uns sagt, wir könnten etwas später tun, wir hätten ja alle Zeit der Welt. Das haben wir nicht. Wir wissen nicht einmal, ob es ein Morgen geben wird. Jetzt ist die richtige Zeit. Das Jetzt ist eine großartige Medizin, die Angst loszuwerden.

Tun Sie es jetzt. Irgendetwas können Sie immer tun, und sei es noch so wenig, von dem Sie etwas lernen und selbstsicherer werden. Suchen Sie sich etwas aus, das Sie tun können, und tun Sie es jetzt. Erkennen Sie, was im Augenblick getan werden muss, tun Sie einen kleinen, machbaren Schritt auf ein größeres Ziel zu. Wenn Sie tun, was jetzt getan werden muss, hat die Angst nicht die Zeit oder den Raum, stark zu werden. Die Angst wächst in leeren Räumen, während Sie warten, sich etwas vorstellen, hoffen und planen.

> *»Dieser eine Moment – JETZT – ist das Einzige, dem Sie nie entkommen können, der eine konstante Faktor in Ihrem Leben. Egal, was passiert, egal, wie sehr Ihr Leben sich verändert, eins ist gewiss: Es ist immer*

JETZT. Da es kein Entrinnen aus dem JETZT gibt, warum soll man es dann nicht begrüßen, sich mit ihm anfreunden?«

Eckhart Tolle

Die Angst ist eine Lügnerin

Die Angst ist die große Betrügerin. Wenn Sie sich auf die Lügen einlassen, die sie Ihnen weismacht, raubt sie Ihnen Ihre Zeit, Hoffnung und Lebenskraft. Für das falsche Wohlbefinden, das die Angst Ihnen vorgaukelt, geben Sie Ihr Erstgeburtsrecht hin. In der Bibel gab Esau sein Erstgeburtsrecht für ein Linsengericht hin. Esau, der Erstgeborene, sollte eigentlich der Erbe und Nachfolger seines Vaters und der geheiligten Traditionen seiner Familie sein. Doch er zog ein glückliches und sorgenfreies Leben als Jäger und Mann der Felder vor. Eines Tages kehrte er erschöpft und müde von einem Jagdausflug heim. Sein Bruder Jakob, der der Meinung war, Esau sei als Erbe ungeeignet, schlug ihm vor, ihm das Erstgeburtsrecht abzukaufen, und zwar für ein Linsengericht. Da er ausgehungert war und an nichts anderes dachte, als seinen Hunger zu stillen, ließ Esau sich auf dieses Geschäft ein.

Esau verkaufte sein Erstgeburtsrecht für ein Linsengericht – Sie verkaufen Ihr Erstgeburtsrecht für weniger. Die Angst nimmt Ihnen Ihre wahre Sicherheit, Ihren guten Willen, Ihr Glück und Ihre natürliche Kraft zu gedeihen, mit Schwierigkeiten fertig zu werden und erfüllt zu sein. Wenn Sie auf die Lügen der Angst hören, ihrem Drängen nachgeben und ihren Warnungen Folge leisten, geben Sie so viel Gutes weg, schlagen die falsche Richtung ein und lassen sich Zeit, Energie und guten Menschenverstand stehlen. Wieso lassen Sie das zu? Esau verzehrte sich nach diesem Linsengericht, er konnte seinen Hunger nicht mehr ertragen. Auch Sie hungern danach, sich sicher und wohl zu fühlen. Doch während Sie sich auf die Angst einlassen, können Sie einfach nicht erkennen, was wirklich gut ist und wo Ihre wahre Sicherheit liegt. Aber hinter alldem steckt ein Geheimnis. Die Wahrheit macht die Angst auf der Stelle zunichte.

Schon ein wenig Licht vertreibt jede Menge Dunkelheit. Selbst ein Augenblick der Wahrheit löst bereits den Griff der Angst. Jeder Schmerz, jeder Schaden und jede Krankheit, die die Angst erzeugt, scheinen ganz real zu sein, doch sie lassen sich leicht zerstreuen. Sobald Sie die *Wahrheit* erkennen, verliert die Angst ihre Macht, Ihnen zu schaden. Sobald Sie im Licht der Wahrheit stehen, sich unnachgiebig an sie klammern, stellt sich die heilende Kraft der Liebe ein. Das ist eine Tatsache. Es ist ein unbestreitbares Gesetz des Geistes und des Herzens.

Denken Sie an eine Lüge, *die die Angst Ihnen weisgemacht hat und die Sie geglaubt und an die Sie sich unerschütterlich geklammert haben. Erkennen Sie jetzt einfach, dass es eine Lüge war. Nehmen Sie sich ein paar Augenblicke Zeit und durchschauen Sie sie tiefer. Wenn Sie erkennen, dass es eine Lüge ist, was passiert dann mit der Angst?*

Denken Sie nun an eine andere Lüge. Tun Sie das Gleiche mit ihr.

Angst bedeutet gar nichts

Shana grübelte ständig darüber nach, warum sie solche Angst hatte. In all ihren Ängsten vor Reisen sah sie ein Zeichen, dass sie zu Hause bleiben sollte. Immer, wenn sich bei dem Gedanken an eine Reise das Bild einer Gefahr einstellte, dachte sie daran, sie zu stornieren. Zuerst hörte sie auf zu fliegen – zu viele Flugzeuge stürzen schließlich heutzu-

tage ab. Dann hörte sie auf, mit der Bahn zu fahren – man weiß ja nie, was alles passieren kann, dachte sie. Diese Angst, die ich empfinde, bedeutet ja etwas – die Bilder von Unglück und Gefahr warnen doch im Voraus vor dem, was kommen wird.

Doch keine von Shanas ängstlichen Vorstellungen bedeutete irgendetwas. Sie waren nichts weiter als Einbildung. Die Flugzeuge und Züge kamen sicher an, während sie sich in ihr Zimmer verkroch.

Ein äußerst wirksames Mittel gegen die Angst besteht darin zu erkennen, dass sie überhaupt nichts bedeutet. Sie besagt nicht, dass Sie verletzt werden, dass Sie etwas falsch gemacht haben oder auf der falschen Spur sind. Sie ist ein Gespenst, das mit einem Säbel vor Ihnen herumfuchtelt. Sie warnt Sie vor Dingen, die nicht passieren werden, weckt Erwartungen, dass irgendwelche Katastrophen passieren werden, und verschleiert sogar echte Gefahren. Ja, die Angst ist nichts weiter als ein Gefühl, das auf alten Gedanken, Ideen, Überzeugungen und Erwartungen beruht, die man Ihnen immer wieder eingetrichtert hat. Diese alten Gedanken und Überzeugungen werden zu Ihrer Prägung, die sich automatisch einstellt, wie Sodbrennen, wenn Sie etwas Unverdauliches gegessen haben. Wenn es eine echte Gefahr gibt, werden Sie viel besser in der Lage sein, sie zu erkennen – die falsche Bedrohung von der wahren zu trennen –, nachdem Sie das Gefühl der Angst losgelassen haben. (Darauf werde ich in einem späteren Kapitel näher eingehen.)

Angst ist nur ein Gefühl

Andrew, ein gutaussehender Typ Mitte zwanzig, hörte auf, sich mit Frauen zu verabreden, weil er die Angst hasste, die ihn überkommt, wenn es nicht gut läuft. Sobald seine Begleiterin gelangweilt oder unruhig wirkte, war er überzeugt, dass sie ihn gleich abweisen würde. Was auch immer sie nach diesem Augenblick tat, spielte keine Rolle mehr. Andrew machte zu und war schließlich überzeugt, es sei einfacher, allein zu sein. Tatsächlich war er derjenige, der abweisend war, obwohl ihm das nicht klar war.

»Unsere größte Angst ist die Angst an sich«, hat Roosevelt einmal gesagt. Wir haben das unbestimmte Gefühl, dass die Angst gefährlich ist, dass sie unser Leben und unsere Bemühungen zum Scheitern verurteilen wird. Sobald wir auch nur ein wenig Angst empfinden, sind wir angespannt, machen zu, erwarten, dass das Schlimmste passiert, und haben oft keinen Zugang mehr zu dem, was wirklich geschieht.

Es war am Abend des dritten Tages der Klausur. Wir hatten viele Stunden am Tag dagesessen und meditiert. Aber nun war der Schmerz beinahe unerträglich, und ich war außerdem erschöpft. Ich wollte heimfahren, meine Beine taten weh, und mein Rücken war steif. Ich hatte Angst, als die Zeit für die abendliche Sitzung nahte. Noch mal drei Stunden. Ich glaubte nicht, dass ich das schaffen würde.

Ich setzte mich auf mein Kissen, und die Glocken läuteten. Danach herrschte absolute Stille. Bald wurden die Schmerzen stärker, und mit den Schmerzen kam auch die Angst. Ich hatte keine Chance, ihr zu entkommen. Je mehr ich dagegen ankämpfte, desto schlimmer wurde sie. Ich wusste nicht, was ich tun sollte, war völlig außer mir und begann zu schluchzen. Ich wusste zwar, dass ich die anderen störte, aber ich konnte in diesem Augenblick nichts dagegen tun. Je mehr ich schluchzte, desto schlimmer fühlte ich mich auch.

Und dann schrie mich zu meinem Entsetzen der Seminarleiter an: »Sei still oder geh raus. Setz dich allein unten an den See. Stell dich deiner Angst. Du selbst bist die Angst. Werde stärker als sie.«

In diesem Augenblick war ich so benommen, dass ich aufhörte zu kämpfen, ich kehrte meine Aufmerksamkeit um und stellte mich direkt meinem inneren Aufruhr. Die Schmerzen und die Angst vergingen. An ihrer Stelle herrschte eine unglaubliche Freude.

In jenem Augenblick erkannte ich, dass die Angst nur ein Gefühl ist. Sie ist eine Energiewelle, eine Bö, die kommt und geht, wenn ich sie gewähren lasse. Ich sah, dass ich nicht die Angst war, die ich empfand. Ich war der Gastgeber – nicht der Gast.

Gastgeber oder Gast?

Die Zen-Praxis unterscheidet ebenso wie die traditionelle japanische Teezeremonie zwischen Gastgeber und Gast. Es ist sehr wichtig, dass man lernt, Gastgeber oder Gast zu sein. Jede Rolle ist anders. Der Gastgeber sorgt für eine Umgebung, in der er den Gast empfängt. Er heißt den Gast willkommen, ist zuvorkommend und gastfreundlich. Der Gast erscheint, nimmt alles an, was der Gastgeber anbietet, genießt es, würdigt es, bedankt sich und geht wieder. Der Gastgeber verhält sich nicht wie ein Gast, und der Gast verhält sich nicht wie ein Gastgeber. Wenn das geschähe, würde die ganze Welt auf dem Kopf stehen.

Sie sind der Gastgeber, die Angst ist der Gast. Es ist wichtig, dass die Rollen nicht vertauscht werden. Wenn Sie das tun, steht Ihre ganze Welt auf dem Kopf. Der Gast – die Angst – kommt und geht, während Sie, der Gastgeber, ruhig und sicher sitzen bleiben und gelassen beobachten, wie sich das Ganze abspielt und vergeht.

Hier einige Übungen, die Ihnen dabei helfen, sich die Angst als einen Besucher vorzustellen, der einfach kommt und wieder geht.

- ***Beobachten Sie, wie die Angst aufkommt, und empfinden Sie sie.*** *Wo genau kommt sie her? Wo geht sie hin? Wo empfinden Sie die Angst in Ihrem Körper? Wird sie größer oder kleiner? Können Sie sie einfach loslassen? Wollen Sie das?*
- ***Hören Sie auf die Angst.*** *Die Angst sagt vielleicht etwas zu Ihnen. Nehmen Sie das, was sie sagt, nicht ernst. Denken Sie daran, dass hier einfach die Stimme der Angst spricht. Sie können ihr danken, dass sie Ihnen etwas mitgeteilt hat, und sie dann gehenlassen. Manchmal will das Gefühl der Angst bloß erkannt, empfunden oder gehört werden. Danach geht sie ohne weiteres wieder. Wenn Sie ihr für ihre Mitteilungen danken, verliert sie ihren ganzen Schwung.*
- ***Lassen Sie nicht zu, dass die Angst Sie daran hindert zu handeln.*** *Wenn Sie etwas zu sagen haben, sagen Sie es, egal, wie Sie sich fühlen. Wenn Sie etwas zu tun haben, tun Sie es. Bevor Sie es sagen oder tun, malen Sie sich aus, wie die Angst sich in nichts auflöst. Atmen Sie sie aus, danken Sie ihr und verabschieden Sie sie.*

In all diesen Übungen laufen Sie vor Ihrer Angst nicht davon, Sie unterdrücken sie nicht, aber Sie lassen auch nicht zu, dass sie sich an Ihnen festhält. Sie lassen sich auf eine andere Weise auf sie ein. Indem Sie der Angst dafür danken, dass sie gekommen ist, erkennen Sie, dass Sie nicht die Angst sind. Sie ist nichts weiter als ein Gefühl, das Sie empfinden. Sie sind immer stärker als das Gefühl. Stellen Sie die Welt wieder vom Kopf auf die Füße – werden Sie Gastgeber, nicht Gast.

Die wahre Frage

Jedes Mal, wenn die Angst kommt, stellt sie unter all ihrem Theaterdonner nur diese Fragen: »Kannst du in mir das sehen, was ich bin? Wirst du lernen, aufgrund unserer Begegnung stark zu werden? Wirst du auf deine unerschöpflichen Ressourcen zurückgreifen, mich durchschauen, mir standhalten, oder wirst du nachgeben?« Seltsamerweise kann die Angst Ihr Freund sein, wenn Sie wissen, wie Sie sich voller Klugheit auf sie einlassen. Wie viele Menschen vernehmen wirklich die unausgesprochenen Fragen, die die Angst stellt? Sind Sie sich überhaupt im Klaren, dass Sie nachgeben oder auf die eine oder andere Weise zumachen, wenn die Angst von Ihnen Besitz ergriffen hat?

Probieren Sie es mit einer oder allen von den obigen Übungen. Oder denken Sie sich selbst eine aus. Vergessen Sie nicht, dass die Angst bloß eine vergängliche Energie ist – erst Ihr Widerstand gegen sie, Ihr Glaube an sie verleiht ihr Bedeutung. Wenn die Angst für Sie nicht von Bedeutung ist, vergeht sie.

Je häufiger Sie diese Übungen praktizieren, desto mehr werden Sie in der Wahrheit dessen, der Sie sind, verwurzelt sein. Während Sie stärker werden, wird die Angst schwächer. Nach einiger Zeit werden Sie entdecken, dass sie sich kaum noch einstellt oder nur flüchtig und gleich wieder verschwindet.

Ein angstbesetztes Leben führen

Die Angst ist nicht bloß ein Gefühl, sondern kann eine Lebenseinstellung werden. Ein angstbesetztes Leben ist charakterisiert durch Einschränkung, Unterdrückung, Bestrafung, Schuldgefühle, Misstrauen und ständiges Auf-der-

Hut-Sein vor Verletzungen. Das kann einem das Leben zur Hölle machen.

Mary sparte jahrelang Geld und versteckte es in Schuhkartons unter ihrem Bett. Sie traute der Bank, ihrer Familie, ihren Freunden nicht, ja, nicht einmal sich selbst. Sie gab ganz wenig für sich selbst aus und wirkte stets abgehärmt. Wenn es einen Anlass gab, jemandem etwas zu schenken, tat sie es nicht. Stattdessen schickte sie eine Karte. Jeder nahm an, sie sei arm. Stets erklärte sie, wie teuer doch alles sei und dass man nie wisse, wann etwas passieren würde, das einem alles wegnähme, was man habe.

Als Mary starb und ihr Vermögen entdeckt wurde, waren ihre Angehörigen schockiert. Sie hätten keine Ahnung gehabt, sagten sie, dass sie eine reiche Frau gewesen war. Aber in Wahrheit war sie gar nicht reich. Auch wenn sie noch so viel in diesen Schuhkartons angesammelt hatte, führte Mary doch ein armes, angstbesetztes Leben.

Wenn Sie ein angstbesetztes Leben führen, können schon die kleinsten Dinge Sie aufregen. Selbst in glücklichen Zeiten rechnen Sie immer mit Problemen. Vielleicht haben Sie Angst, beschuldigt, angegriffen oder erniedrigt zu werden, oder Sie vergeuden Ihre Zeit damit, anderen, dem Leben, Gott oder dem Schicksal die Schuld an Ihrem schlechten Los zu geben.

Vielleicht sind Sie voller Misstrauen und halten es für sinnlos, sich verantwortungsbewusst zu verhalten oder jemandem zu trauen. Sie vertrauen ja nicht einmal sich selbst. Nichts hat einen Sinn. Letztlich ist alles für die Katz. Sie fühlen sich beraubt, benachteiligt und stets auf der untersten Leitersprosse. Selbst wenn Sie im Überfluss leben, sind Sie nicht in der Lage, ihn zu erkennen oder zu genießen. Aber nicht andere Leute berauben Sie, Ihre eigene Angst ist der Räuber. Ihre Angst raubt Ihnen Klarheit, Freundlichkeit, Zufriedenheit und Überfluss. Sie schnappt Ihnen alles direkt unter der Nase weg.

Einer der gefährlichsten Aspekte dieser Einstellung besteht darin, dass Sie ein Leben führen, das unglaublich hart ist: Sie verlangen, dass alles so weitergeht wie früher oder nach Ihren persönlichen Erwartungen und Ansprüchen. Sie haben Angst, etwas loszulassen, und klammern sich an Überzeugungen, Gewohnheiten, Regeln, Abläufe, Anordnungen, die Ihren jeweiligen Bedürfnissen entsprechen – oder auch nicht. Und dann verlangen Sie, dass auch andere so leben, denn sonst lehnen Sie sie ab oder verurteilen sie. Ein solches Leben entsteht nicht nur aus Angst, sondern erzeugt auch jeden Tag Angst. In diesem Zustand schwimmen Sie ständig gegen den Strom.

Ein Baum, der nicht biegsam ist, der nicht im Wind schwanken kann, bricht und fällt um.

Katastrophen befürchten

> *»Solange das Leben eine Form der Angst ist, kann es nichts weiter als Schmerz sein.«*
>
> *Zen-Spruch*

Befürchtete Katastrophen stellen sich regelmäßig ein in einem angstbesetzten Leben. Wer Katastrophen befürchtet, glaubt oder erwartet, dass etwas Schreckliches passieren wird. Manchmal gibt es eine kleine Schwierigkeit, und sofort blasen Sie sie in Ihrem Verstand zum Beginn von etwas Fürchterlichem auf. Da haben Sie vielleicht einen hartnäckigen Schmerz in Ihrem Körper und beginnen sich einzubilden, es sei Krebs. Dann fragen Sie sich, wie weit dieser Krebs schon fortgeschritten ist. Nun, da sich dieser schreckliche

Gedanke eingenistet hat, wächst die Erwartung von einer Katastrophe – bald werden Sie überzeugt sein, dass keine Behandlung mehr helfen wird. Vielleicht ist es an der Zeit, dass Sie Ihr Testament machen.

Wenn Sie schließlich erfahren, dass es sich nur um eine Muskelzerrung handelt, werden Sie über diese Nachricht vielleicht sogar enttäuscht sein. Manche Menschen suhlen sich gern in Katastrophen und empfinden dabei ein fälschlich gesteigertes Lebensgefühl, und zwar wegen der ganzen Aufmerksamkeit, die sie bekommen, oder wegen der Aufregung, die es ihnen bereitet, mit der Gefahr zu ringen.

Sobald die Erwartung von Katastrophen aktiviert wird, selbst wenn es dazu noch gar nicht gekommen ist (und höchstwahrscheinlich nie kommen wird), erleben Sie vielleicht eine ausgewachsene Panikattacke, wenn Sie an die damit verbundenen Möglichkeiten denken. Leider diktieren diese Möglichkeiten Ihnen Ihre Entscheidungen und Handlungen. Dann können alle möglichen Beziehungen in Ihrem Leben abgebrochen werden. Je mehr Sie an negativen Erwartungen festhalten, desto mehr glauben Sie daran, und umso schlimmer wird die Angst. Sie hindert Sie daran, klar zu denken und kreative Lösungen zu finden, falls die Katastrophe, die Sie erwarten (oder etwas Ähnliches), tatsächlich eintritt.

Erwartungen von Katastrophen abstellen

Wenn in Ihnen die Erwartung von einer Katastrophe aufkommt, wenn Sie sich dabei ertappen, dass Sie sich Sorgen wegen etwas machen, das passieren »könnte«, oder dass Sie etwas aufbauschen, das passiert ist, halten Sie inne und holen Sie sich ein Blatt Papier. Ziehen Sie in der Mitte eine senkrechte Linie. Schreiben Sie oben in die linke Spalte

»Was tatsächlich passiert« und in die rechte Spalte »Was passieren ›könnte‹«.

Achten Sie darauf, dass Sie in die linke Spalte (»Was tatsächlich passiert«) ganz spezielle Tatsachen eintragen. Zum Beispiel: »Ich habe Schmerzen in der Schulter. Ich habe sie seit einem Tag.« In der anderen Spalte listen Sie alles auf, das passieren »könnte«, auch positive Dinge. Zum Beispiel: »Ich könnte ernsthafte Beschwerden haben, oder es könnte eine leichte Zerrung sein, die gleich wieder vergeht.« Während Sie sich tatsächlich, ganz bewusst, verschiedene Erwartungen ausdenken, wird Ihnen klar, dass diese Erwartungen nichts weiter als Phantasien sind – nicht die Wahrheit. Jedes Mal, wenn Sie eine andere Erwartung notieren, überprüfen Sie die Fakten in der linken Spalte. Fragen Sie sich: Was passiert genau jetzt wirklich? Kann ich mich auf das konzentrieren, was tatsächlich passiert, und nicht auf das, was ich mir vorstelle? Wenn Sie bei dem, was passieren »könnte«, verweilen wollen, entscheiden Sie sich für positive Möglichkeiten. Erkennen Sie, dass es ganz allein Ihre Entscheidung ist. Schreiben Sie jetzt ein paar weitere mögliche positive Erwartungen auf und verweilen Sie bei diesen.

Erkennen Sie vor allem, dass die Angst, die Sie empfinden, größtenteils nicht durch das tatsächliche Ereignis ausgelöst wird, sondern durch die Erwartungen, die Phantasien, die Sie damit verbinden. Genau in diesem Augenblick können Sie mit allem, was passiert, fertig werden. Genau in diesem Augenblick sind Sie sicher, denn er hält unendlich viele Möglichkeiten bereit und kann voller Freude sein.

> *»Als Neil Young eine Migräne bekam, konnte er nur noch verschwommen sehen, doch er glaubte, beides würde wieder vergehen. Aber als die Symptome auch am nächsten Tag noch da waren, vermutete der*

Rockstar, dahinter würde noch mehr stecken. Er rasierte sich gerade und erblickte in seinem Auge etwas, das wie ein Glassplitter aussah. Er wurde immer größer, und Young wusste, er musste sofort zum Arzt. Nachdem er fünf Spezialisten konsultiert hatte, stand die Diagnose am nächsten Tag fest: Young hatte ein Aneurysma im Gehirn, das sofort behandelt werden musste. Das war an einem Donnerstag. Die Operation wurde für Montag anberaumt.

Manche Menschen würden da vielleicht von Selbstmitleid übermannt. Young entschied sich, noch am selben Abend nach Nashville zu fahren, um an seinem Album zu arbeiten. Text und Musik gingen ihm schnell von der Hand, manche Songs waren schon in einer knappen Viertelstunde fertig. In diesem Zustand der Überempfindlichkeit und angesichts seiner eigenen Sterblichkeit wurde Young von allem, was er sah, inspiriert. Eine telefonische Nachricht von einem Freund gab ihm den Song ›Falling off the Face of the Earth‹ ein. Als er am 28. März 2005 wegen der Operation nach New York zurückflog, hatte Young in gerade vier Tagen acht Nummern geschrieben und aufgezeichnet.

Das Ergebnis dieser stürmischen Aktivität angesichts einer lebensbedrohlichen Situation war das Album ›Prairie Wind‹ (2005). Die Songs um Erinnerung und Sterblichkeit trafen einen Nerv und bekamen überall positive Kritiken, von den Verkäufen ganz zu schweigen – das Album startete als Nr. 1 in den Charts. Youngs Gesundheit? Nach der Operation war er völlig genesen.«

Aus: John A. Sarkett,
Extraordinary Comebacks

Young entschied sich für eine Vibration von Mut und Kraft, die ihm half und ihn aufrichtete, statt für eine Vibration der Angst, die ihn vielleicht zerstört hätte.

Die Vibration der Angst

Die Angst hat eine Vibration, die gewisse Menschen, Ereignisse und Situationen anzieht. Wenn Sie Angst vor Hunden haben, wird ein Hund dies spüren, und dann bellt er und greift Sie an. Empfinden Sie jedoch Liebe für das Tier, wird der Hund auch das spüren und genauso liebevoll reagieren. Es gibt ein emotionales Bewusstsein für die Vibration, die ein Mensch ausstrahlt.

Meister der Kampfkünste, die sich ihrer Fähigkeit zur Selbstverteidigung äußerst sicher sind, können durch ein gefährliches Viertel gehen, und ihre Vibrationen von Kraft und Mut werden potenzielle Angreifer abschrecken. Intuitiv, unbewusst, emotional spüren sie die Kraft der Meister. Es gibt auch Geschichten von berühmten Hindu-Rishis (Meistern), die eine so totale und unzweideutige Vibration von Liebe aussenden konnten, dass wilde Tiere zu ihnen kamen und ihnen die Hände leckten.

Die ganze Welt hat Angst vor Terroristen, Wirtschaftskrisen und bedrohlichen Übergriffen. Je mehr wir zulassen, dass wir vor lauter Angst verrückt spielen, desto schlimmer werden diese Bedrohungen. Sobald wir jedoch innehalten, unsere Kraft wiedererlangen, die Angst abzubauen beginnen, desto eher werden wir in der Lage sein, in Kontakt zu unserem angeborenen Seelenfrieden zu treten, zu unserem Einfallsreichtum und zu den unendlich vielen Lösungen, die nur darauf warten, dass wir sie finden. Da erwarten uns einfache Lösungen, überraschende Lösungen, Möglichkeiten, aus Feinden Freunde zu machen. Doch diese Lösungen können wir nicht finden, wenn unser Leben auf Angst basiert. Es ist äußerst wichtig, dass wir erkennen, wie dringend die Situation einer Lösung bedarf, und fest entschlossen sind, die Angst loszulassen und unser Leben auf einer neuen Basis zu führen. Beides zu tun ist nicht schwer – wir müssen bloß dazu bereit sein.

Eine neue Vibration: die Praxis der Liebe

In Wahrheit ist die Liebe viel stärker als die Angst. Selbst ein bisschen Liebe kann so viel Angst und Schmerz zerstreuen und heilen. Unser Herz ist von dieser Liebe erfüllt – ohne sie könnten wir nicht leben. Und dennoch sind wir so knausrig und weigern uns, unser Herz zu öffnen und uns hinzugeben. Diese Knausrigkeit, diese Engstirnigkeit ist eine Auswirkung der Angst, die unser Leben beherrscht. Wenn Sie lernen, die Angst zu zerstreuen, wird Ihnen daher gleichzeitig die heilende Gegenwart der Liebe zuteil. Die Praxis, die Angst zu zerstreuen, ist auch die Praxis der Liebe. Und wenn Sie die Praxis der Liebe lernen, zerstreut dies gleichzeitig die Angst, die Sie empfinden. Beide sind die praktischsten, vordringlichsten und erfreulichsten Tätigkeiten, denen Sie sich hingeben können.

Halten Sie inne: *Denken Sie an eine Zeit, als die Liebe unerwartet in Ihr Leben platzte. Das könnte die Liebe zu einem Kind, einem Tier sein, ein Sonnenuntergang, ein Augenblick, in dem Sie nichts als Schönheit um sich erblickten. Es könnte eine Zeit sein, als Ihnen eine überraschende Freundlichkeit zuteilwurde, als Sie eine Beleidigung ignorierten oder plötzlich beschlossen, sich einem anderen Menschen hinzugeben. Es könnte ein Augenblick sein, als Sie Ihr Eigeninteresse vergaßen und nach etwas Größerem strebten. Verweilen Sie dabei. Verweilen Sie dann noch etwas mehr dabei.*

Augenblicke der Liebe gibt es ständig, aber Sie halten nicht inne und bemerken sie nicht. Sie rechnen nicht mit ihnen, erfassen sie nicht, genießen nicht ihre Auswirkungen auf Sie. Sie sind so sehr von der Angst besessen, dass Ihnen diese Augenblicke der Liebe sogar unwichtig vorkommen könnten. Doch sie sind nicht unwichtig. Es gibt sie ständig, und sie verdienen Ihre Aufmerksamkeit.

Alles, dem Sie in Ihrem Leben Aufmerksamkeit schenken, bereichert und stärkt Sie.

Wem wollen Sie Aufmerksamkeit schenken – der Liebe oder der Angst? Wovon wollen Sie in Ihrem Leben mehr haben? Das ist eine wichtige Frage. Sie können stets entscheiden, worauf Sie Ihre Aufmerksamkeit richten.

Schenken Sie Ihre Aufmerksamkeit *einem Augenblick der Liebe und dann noch einem. Beachten Sie, welche Auswirkungen dies auf Sie hat. Beachten Sie auch die Auswirkungen, die dies auf andere hat.*

Wendepunkt

Schmecken und sehen Sie, dass das Leben gut ist

In der Bibel heißt es: »Schmecket und sehet, dass der Herr gut ist.« Diese Aussage, die sich auch auf das Leben übertragen lässt, zeigt der Angst die Stirn und lacht ihr ins Gesicht. Sie widerlegt die Angst. Sie ist eine Aussage der Wahrheit. Für die, die in der Angst leben, schmeckt das Leben nicht gut. Aber wenn die Angst zerstreut wird, stellt sich die Süße und Nahrhaftigkeit des Lebens wieder ein.
Wenn jemand Ihnen eine schreckliche Nachricht überbringt, wenn Ihre Erwartungen von einer Katastrophe zunehmen, ersetzen Sie sie sofort durch diese Aussage der Wahrheit. Sagen Sie sich im Stillen: Schmecke und sieh, dass das

Leben gut ist. Konzentrieren Sie sich darauf. Verweilen Sie zutiefst dabei. Wenn die Angst vergangen ist, können Sie jede Nachricht, die Sie erfahren, mit ruhigeren, klareren und weiseren Augen betrachten. Und wenn etwas getan werden muss, wird Ihre angeborene Klugheit es Ihnen offenbaren.

2 Haben Sie Mut, der Mensch zu sein, der Sie sind

»Die Eigenschaften, die wir zu haben glauben, statt der Eigenschaften, die wir wirklich haben, sind die Gitterstäbe an unserem persönlichen Gefängnis.«

Zen-Spruch

Martin Buber, Autor und Bibelforscher, verbrachte viele Stunden an seiner Universität damit, zu studieren, Aufsätze zu schreiben und Gäste zu empfangen. Er empfing auch Studenten und andere Menschen, die seinen Rat suchten. Buber widmete ihnen eine gewisse Zeit, hörte sich ihre Fragen und Probleme an und ging darauf ein.

Eines Tages kam ein Student zu ihm und bat um Rat. Wie immer hörte sich Buber sein Problem an, so glaubte er jedenfalls, und erteilte ihm dann einen Rat nach bestem Wissen und Gewissen. Der Student bedankte sich und verließ sein Arbeitszimmer. Buber vertiefte sich wieder in seine Lektüre. Alles war in Ordnung, dachte er. Am nächsten Tag erfuhr Buber, dass der junge Mann nach der Sprechstunde auf sein Zimmer zurückgekehrt war und sich aufgehängt hatte.

Martin Buber war wie vor den Kopf geschlagen. Er vermochte nicht zu denken, zu sprechen oder ein Buch aufzuschlagen. Tagelang beschäftigte er sich einfach mit dem Studenten und dachte über diese Frage nach: Was braucht ein Mensch wirklich, wenn er verzweifelt ist und jemanden um Hilfe bittet?

Nach langem Nachdenken fand Buber eine Antwort. Wenn ein Mensch verzweifelt ist und jemanden um Hilfe bittet, so lautete seine Schlussfolgerung, braucht er in Wahrheit eine »Gegenwart«, durch die er trotz aller Qual weiß, dass es noch einen Sinn gibt.

Fortan schloss Buber seine Bücher, ließ von seinen religiösen Praktiken ab und missachtete seinen Namen und Titel – all das, empfand er, habe ihn davon abgehalten, für andere ganz gegenwärtig zu sein. Stattdessen konzentrierte er sich einfach darauf, völlig gegenwärtig und für das ganze Leben offen zu sein. Er konzentrierte sich darauf, aus seinem wahren Selbst zu leben. Indem er sich von allen Insignien und Ablenkungen befreite, konnte er sich auf die Wahrheit des Augenblicks konzentrieren. Er ließ sich auf die direkte Erfahrung anderer ein und vermochte auf sie aus seiner tiefsten Wahrheit heraus zu reagieren. Wenn Besucher zu ihm kamen, trafen sie jemanden zu Hause an.

Das nichtauthentische Selbst

Wenn Sie Ihr Leben lang anderen eine falsche Außenseite präsentieren, verlieren Sie leicht den Kontakt zu Ihrer tiefsten Wirklichkeit – Ihrem authentischen Selbst. Dann fällt es Ihnen schwer zu hören, was andere wirklich sagen oder was sie von Ihnen brauchen. Ihre Worte werden routiniert und leer – die Menschen lauschen ihnen, ohne davon berührt zu werden. Erst wenn Sie Ihr falsches Selbst beiseiteschieben, stellen sich wahre Gegenwart und Liebe ein. Das ist die Heilung, die wir alle wollen und die uns unerschütterlichen Seelenfrieden bringt.

Im Laufe unseres Lebens spielen wir meist eine Variante des Spiels »Tun wir mal so, als ob«. Wir sagen: »Tun wir mal so, als ob du das nicht gesagt hast und ich es nicht gehört habe. Tun wir mal so, als ob das, was passiert ist, eigentlich keine Rolle spielt. Ich helfe dir, deinen Schein zu wahren, und du hilfst mir, meinen zu wahren.« Von Jugend an bringt man uns bei, eine öffentliche Persönlichkeit zu entwickeln, um anderen zu gefallen und unser wahres Selbst großenteils zu verbergen. Doch nach und nach gewinnt diese falsche Persönlichkeit, dieses falsche Ego die Herrschaft über Sie, und fortan haben Sie ständig Angst, dass man Ihnen auf die Schliche kommt – dass man dahinterkommt, dass Sie ein anderer sind als der, der Sie zu sein scheinen.

Diese Vortäuschung raubt uns unser wahres Leben. Wenn jemand an Ihre Tür klopft und Sie besuchen will, ist meist niemand zu Hause. Es kann ganz schön unheimlich sein, in einer Welt zu leben, in der man kaum jemanden findet, der einem wirklich zuhört, antwortet und sich um einen kümmert. Und natürlich ist nichts heilsamer, und es gibt kein besseres Gegenmittel gegen Angst und Einsamkeit, als jemanden zu finden, der wahrhaft »da« ist. In diesen Augenblicken sind Sie auch bei sich selbst »zu Hause«.

Ein Schüler suchte einen weisen Lehrer auf und wollte unbedingt wissen, wie er leben solle.
»Was suchst du?«, fragte ihn der weise Lehrer.
»Erleuchtung – Seelenfrieden«, erwiderte der verzweifelte Student.
»Warum suchst du draußen? Du hast doch dein eigenes Schatzhaus.«
»Wo ist mein Schatzhaus?«, rief der Student erstaunt.
Der Lehrer erwiderte: »Was du fragst, ist dein Schatzhaus.«
Plötzlich gingen dem Studenten die Augen auf.
Danach empfahl er seinen Freunden oft: »Öffnet euer eigenes Schatzhaus und nutzt diese Schätze.«

Zen-Geschichte

Normalerweise öffnen wir nicht unser eigenes Schatzhaus, stattdessen verwenden wir unsere Zeit und Energie meist darauf, uns Fähigkeiten, Wissen und Strategien anzueignen – nur um unser falsches Selbst aufzubauen. Doch egal, wie viel Zeit und Aufmerksamkeit wir ihm widmen, bringt es uns leider nie wahre Freude oder Frieden.

Egal, wie viel Lob das Ego bekommt, fühlt es sich doch niemals wirklich akzeptiert und geliebt. Seiner wahren Natur nach ist das Ego unsicher, ängstlich und grundlos. Ständig sehnt es sich nach immer mehr Beifall, und regelmäßig fühlt es sich bedroht. Das Ego kann nicht unterscheiden zwischen dem, was nutzlos, und dem, was wertvoll ist. Es isst zu viel, trifft falsche Entscheidungen und weigert sich, sich der Wirklichkeit zu stellen. Wenn wir auf dieser Basis leben, leben wir in der Angst.

Die drei Gifte

Buddha zufolge werden wir alle von Geburt an von drei Giften durchtränkt: Gier, Zorn und Wahn. Diese Gifte sind Plagen, und einige von uns werden mehr von einer heimgesucht als von einer anderen. Sie treiben das Ego an, veranlassen es, defensiv, misstrauisch und manipulativ zu sein und sich auf jede nur mögliche Weise zu tarnen. Doch egal, wie viel Puder, Make-up, Schmuck und neue Kleider das Ego trägt, egal, wie oft es hört: »Ich liebe dich«, fühlt es sich doch im Grunde hässlich und hasst sich und alle anderen.

Amys Freund versicherte ihr zwar immer wieder, dass er sie liebe, doch sie glaubte ihm nicht. Sie musste es immer wieder hören. »Warum liebst du mich?«, wollte sie ständig wissen. Natürlich machte das ihren Freund fertig, und als er sich völlig erledigt fühlte, verließ er sie schließlich.

Warum klammern wir uns an unser schreckliches Ego? Weil wir keine Ahnung haben, wie großartig wir in Wahrheit sind.

Die Vertreibung aus dem Paradies

Wie entwickelt sich ein falsches Selbst und gewinnt Macht über uns? Wir werden ja voller Freude und Neugier und mit dem Verlangen geboren, der Mensch zu werden, der wir auf einzigartige Weise sind. Jedes Kind kommt mit seinen eigenen Liedern, Lehren und Herausforderungen auf die Welt. Es ist in der Lage, jeden Augenblick voll und ganz zu erleben, nach Nahrung zu verlangen, wenn es hungrig ist, Liebe zu bekommen, wenn es sich allein fühlt. Es reagiert auf seine eigenen inneren Bedürfnisse und Berufungen und interagiert mit der Welt auf seine eigene besondere Weise.

Bevor die Anforderungen anderer von ihm Besitz ergreifen, bevor familiäre, gesellschaftliche und religiöse Prägungen sich auswirken, hat das kleine Kind einen angeborenen Sinn dafür, wer es ist, was es anderen geben kann und was es bekommen muss. Es ist ein Kind des Lebens, ein Angehöriger des Universums. Es hat ein Gefühl der Zugehörigkeit, der Sicherheit und des Vertrauens, dass es alles, was es braucht, bekommen wird. Dies ist ein Zustand des optimalen Wohlbefindens.

Während das Kind heranwächst und mit anderen interagiert, lässt das Gefühl nach, in einem sicheren und unterstützenden Universum zu Hause zu sein. Oft steht die Welt nun seinen Bedürfnissen entgegen und scheint voller Gefahren zu sein. Es muss sich anstrengen und um das kämpfen, was ihm gehört, muss plötzlich in Deckung gehen und sich verstecken. Angst und Schrecken stellen sich ein. Bald hat das Kind das Gefühl, dass etwas Grundlegendes mit ihm nicht stimmt – dass es nicht liebenswert ist und zu niemandem gehört. Das Gift der Schlange tut seine Wirkung.

Wenn das Kind das natürliche Selbst der Kindheit verlässt, erschafft es sich ein Selbst, um anderen zu gefallen und die Liebe und Zustimmung zu verdienen, die ihm doch ursprünglich gehörte. Nun ist es seiner fundamentalen Ganzheit und Weisheit noch weiter entfremdet. Diese Trennung quält viele Menschen. Wenn wir abgeschnitten von unserem natürlichen Selbst leben, haben wir kein wahres Fundament mehr. Die ganze Welt wird unwirklich und unsicher.

Unserem natürlichen Selbst entfremdet

> *»In gesellschaftlichen Augenblicken erkennen wir, wie sehr wir einander entfremdet sind.«*
>
> *Paul Tillich*

Da uns nicht bewusst ist, dass wir uns selbst ablehnen, leben wir in der ständigen Angst, von anderen abgelehnt zu werden. Diese Angst beherrscht uns besonders in Beziehungen und am Arbeitsplatz, wo wir einen ungeheuren Druck verspüren, gut auszusehen, dazuzugehören und endlosen Anforderungen zu genügen. Um dies zu schaffen, leben wir immer mehr aus dem falschen Selbst. Ahnungslos akzeptieren wir, dass die Angst unser Leben bestimmt.

Natürlich geht das früher oder später nach hinten los. Der Groll und die Verzweiflung, mit einem falschen Selbst zu leben, werden unerträglich. Niemand kann das ständig ertragen. Jeder braucht die grundlegende Kraft und den Einfallsreichtum, die daraus erwachsen, dass wir aus der Wahrheit dessen, der wir sind, leben und sie akzeptieren. Das Leben mit dem falschen Selbst führt letztlich zu Panikattacken, rebellischem Verhalten, Krankheit, Zorn und anderen Formen des Protests. Egal, welchen Belastungen Ihr Leben ausgesetzt ist, welche Wende die Dinge nehmen – wenn Sie ganz Sie selbst sind, besitzen Sie auch die natürliche Fähigkeit, mit allem fertig zu werden. Unglaubliche Gaben und innere Ressourcen stehen Ihnen zu Gebote, wenn Sie den Mut haben, der Mensch zu sein, der Sie sind.

Ein Sufi wurde einmal gefragt: »Warum macht dieser Derwisch da so viele Fehler?«
Er antwortete: »Wenn er keine Fehler machen würde, würde man ihn entweder anbeten oder ignorieren. Er macht Fehler, damit die Menschen sich fragen, warum er tut, was er tut.«
»Aber was hat das für einen Nutzen?«
»Der Nutzen besteht darin, dass die Menschen das sehen können, was hinter ihm ist, und nicht den Mann selbst, wie sie ihn sich vorstellen.«

Idries Shah

Auf der Suche nach einem wahren Mann oder einer wahren Frau

Was zwingt uns eigentlich, Masken zu tragen, Spiele zu spielen und uns selbst und andere zu täuschen?

Von dem griechischen Philosophen Diogenes gibt es die berühmte Geschichte, wie er mit einer brennenden Kerze herumging und auf die Frage, warum er dies tue, erwiderte, er suche einen wahren Menschen. Höchstwahrscheinlich fiel es ihm schwer, einen zu finden. Schon in alter Zeit gab es das Verlangen, einen wahren Menschen zu finden, und die Schwierigkeit, dies zu schaffen. Das ist ein fundamentales Beispiel für die Macht, die die Angst in unserem Leben ausübt, für das Netz der Lügen, das sie webt. Der Druck, sich anzupassen, ist sehr groß. Viele Menschen glauben, dass mit ihnen etwas nicht stimmt, weil sie anders sind. Sie bemessen ihren Wert daran, dass sie sich mit allen anderen vergleichen. Aber wenn Sie sich mit den Augen der anderen betrachten, werden Sie für sich ein Objekt und damit ein Fremder.

Sich mit den Augen der anderen betrachten

Maria war nie zufrieden. Nichts, was ihr Mann ihr kaufte, genügte ihr. Es reichte nicht an die Geschenke heran, die ihre Freundinnen von ihren Männern bekamen. Ihre Geschenke waren nicht so gut verpackt, weniger teuer und schienen auf den letzten Drücker gekauft worden zu sein. Die Männer ihrer besten Freundinnen wandten erheblich viel Zeit, Geld und Aufmerksamkeit auf, um ihre Geschenke auszuwählen, und die Freundinnen bekamen häufiger Geschenke. Nach und nach forderte dies seinen Tribut. Es führte nicht nur zu Spannungen zwischen Maria und ihrem Mann, sondern auch zwischen Maria und ihren Freundinnen. Statt ein Ausdruck der Liebe zu ihr zu sein, begannen die Geschenke ihres Mannes ihr Selbstwertgefühl zu mindern. Sie waren für sie ein Beweis dafür, dass er sich eigentlich nichts aus ihr machte und dass sie in seinen Augen nicht viel wert war.

Maria befand sich völlig im Würgegriff ihres falschen Selbst und verharrte in einer Identität, die zerbrechen musste. Sie kannte ihren Wert nur, indem sie sich mit anderen verglich. Sie benötigte Geschenke und äußere Zeichen der Aufmerksamkeit, die ihre Identität bestätigten. Ihre ganze Identität beruhte auf Äußerlichkeiten und hing vom Verhalten und von den Reaktionen anderer ab. Die Tatsache, dass ihr Mann sie wirklich liebte und dass sie eine wertvolle und schöne Frau war, entging ihr völlig. Ihre Ehe, die sie anfangs so erfüllt hatte, begann zu zerbrechen.

Leben aus dem falschen Selbst

> *Was du mir über mich sagst,*
> *Sagt mir mehr über mich*
> *Als das, was ich über mich weiß*
> *Von innen her.*
>
> *Jean-Paul Sartre*

Wenn Sie aus einem falschen Selbst heraus leben, schenken Sie den Reaktionen anderer mehr Glauben als dem, was Sie empfinden und selbst erfahren können. Sie akzeptieren die Gedanken anderer als wahr und zweifeln an Ihren eigenen Gefühlen und Reaktionen. Auf diese Weise verlieren Sie den Kontakt zu dem, was authentisch und sinnvoll ist, und werden eine leichte Beute der Angst. Wie lange können Sie die Wirklichkeit anderer leben? Können Sie jemals genug Beifall in den Augen von jemand anderem gewinnen?

> *Wir sind keine schwankenden Weiden – wir können und müssen uns frei machen. Wenn wir Selbstvertrauen an den Tag legen, stellen sich neue Kräfte ein.*
>
> *Ralph Waldo Emerson*

Die Angst ermahnt uns, uns der Wirklichkeit anderer anzupassen, sonst würden wir in Schande geraten und abgelehnt werden. Natürlich ist das Gegenteil wahr. Je mehr Sie sich der Wirklichkeit anderer entziehen, sich mit dem verbinden, der Sie wirklich sind, und aus diesem wahren Selbst heraus leben, desto stärker, lebendiger und wertvoller wird Ihr Leben. Und umso weniger leben Sie im Würgegriff der Angst.

Halten Sie einen Moment inne *und stellen Sie fest, wo Sie das Gefühl haben, am meisten zu erfahren, wer Sie wahrhaft sind. Wo werden Sie vollkommen akzeptiert? Wann und wo haben Sie das Gefühl, auch andere vollkommen akzeptieren zu können?*

Selbstvertrauen entwickeln

> *»Ich muss ich selbst sein. Ich kann mich nicht mehr für dich zerreißen. Ich werde so sehr darauf vertrauen, dass das, was tief ist, heilig ist, dass ich alles tun werde, was mich innerlich erfreut und was das Herz verlangt.«*
>
> *Ralph Waldo Emerson*

Tief in uns allen gibt es ein Verlangen, wirklich zu sein, uns selbst vollkommen zu kennen und zum Ausdruck zu bringen. Wenn Sie in der Lage sind, Ihre Masken abzulegen, können Sie nicht nur atmen, Ihr Leben erneuert sich auch. Aber Ihre Masken abzulegen mag nicht so einfach sein. Vielleicht haben Sie sich so sehr an Ihre Masken gewöhnt, dass Sie sie mit Ihrer eigenen Haut verwechseln. Auch wenn Ihre Masken Sie jedes Mal einengen mögen, kämpfen Sie erbittert darum, sie aufzubehalten.

Eine andere Lüge der Angst lautet, dass Masken Ihnen Sicherheit und Schönheit garantieren. Was darunter sei, sei schrecklich und hässlich. Natürlich stimmt das einfach nicht. Manche Menschen würden aber lieber sterben, als ihre Masken abzunehmen. Wenn die Maske beleidigt wird, reagieren sie mit Angst und Zorn. Andere würden sogar töten, um ihr öffentliches Image aufrechtzuerhalten. Manche töten sich selbst, wenn ihr Image weg ist. Selbst wenn manche Menschen ziemlich krank sind, denken sie in erster Linie noch immer daran, wie sie auf andere wirken und welchen Eindruck sie machen. Sie verschanzen sich hinter der Festung ihrer Masken bis zum bitteren Ende. Aber die Veränderungen, die uns im Leben widerfahren, löschen schließlich jedes Image aus und nehmen uns unsere Masken und Spiele weg.

Achtung! *Was für eine Maske tragen Sie gerade? Zeichnen Sie ein Bild davon. Vervollständigen Sie die folgenden Sätze:*

Ich will, dass andere mich als … sehen.

Hinter meiner Maske bin ich …

Betrachten Sie Ihre Antworten genau. Was tut diese Maske wirklich für Sie?

Wir erschaffen uns Masken, um den Masken anderer zu begegnen. Und dann fragen wir uns, warum wir nicht lieben können und uns so allein fühlen. Aber vergessen Sie nicht: Alles, was die Maske sagt und tut, soll etwas verbergen. Kann eine Maske eine andere Maske lieben? Weiß eine Maske, wie man miteinander kommuniziert? Wie viel von Ihrer Maske sind Sie bereit aufzugeben? Wie viel frische Luft werden Sie in Ihr Leben hereinlassen? Ist Ihnen klar, was die Maske außen vor lässt? Könnte es sein, dass die Liebe Ihre tiefste Angst ist, auch wenn Sie sich danach sehnen?

Wo ist die Liebe hingegangen?

Besonders aktiv wird das falsche Selbst in Liebesbeziehungen. Für viele Paare sind die ersten Monate ihrer Beziehung großartig, da sie ihre Phantasien ausleben und aufeinander projizieren. Jeder wird ein anderer und bringt große Teile von sich selbst nicht zum Ausdruck. Natürlich kann das nicht lange gutgehen. Meist nach sechs bis neun Monaten werden andere Aspekte des Wesens beider Partner offenbar. An diesem Punkt sagen dann so viele: »Ich weiß nicht, wo die Liebe hingegangen ist.« Oder: »Ich liebe dich zwar, aber ich bin nicht mehr verliebt.«

Natürlich ist die Liebe nirgendwohin gegangen, vielmehr beginnt das falsche Phantasie-Selbst zu zerbrechen. Das falsche Selbst kann nicht unbegrenzt bleiben, und wenn andere Teile unserer Persönlichkeit aufzutauchen beginnen, scheint das, was wir für Liebe hielten, zu verschwinden. Normalerweise versuchen wir die meiste Zeit, jemanden zu einem Menschen zu machen, der unseren Träumen oder Bedürfnissen entspricht. Wenn er oder sie sich nicht so verändern kann oder will, wie wir es wollen, klagen wir darüber, dass wir nicht wissen, wo die Liebe hingegangen ist. Natürlich gab es von vornherein keine Liebe, sondern nur Bedürfnisse und Manipulationen.

Charles war am Boden zerstört. Er hatte seinen Mentor vergöttert, den Menschen, der alles war, was er so gern wäre. Nachdem er ein Jahr lang bei ihm studiert hatte, kam Charles dahinter, dass es im Leben seines Mentors Geheimnisse gab, die ihn absolut schockierten. Sie standen in genauem Gegensatz zu allem, was der Mentor lehrte und selbst zu verkörpern schien. Charles konnte nichts essen, er konnte nicht schlafen, er war bis ins Mark erschüttert.

»Wie konnte er mich nur so betrügen?«, sagte Charles immer wieder. »Er hat alles kaputt gemacht. Ich komme mir vor wie ein Idiot, dass ich ihn so sehr geliebt habe. Er hat mir nichts weiter als Müll beigebracht. Ich werde nie wieder jemandem vertrauen.«

Ein Freund hatte sich Charles' Tirade angehört. »Du hast nicht den Lehrer geliebt«, sagte er, »sondern das Bild, das du dir von ihm gemacht hast, die Phantasievorstellung, die er für dich verkörpern sollte. Wenn du die Wahrheit kennst und ihn dennoch liebst, dann hast du etwas geschafft. Aber sonst sprich nicht von Liebe! Das ist die wahre Lektion, die er dir erteilt.«

Wenn Sie Ihr Leben auf einem Image aufbauen, dem Sie oder ein anderer Mensch entsprechen müssen, um geschätzt zu werden, dann bauen Sie Ihr Leben auf Sand auf – dann sind Sie gar nicht fähig, diesen Menschen zu kennen oder zu lieben, sondern kennen und lieben nur Ihre Phantasien über ihn. In jedem Augenblick können sich die Dinge ändern, können andere Aspekte dieses Menschen zum Vorschein kommen, und dann ist es vorbei mit Ihren Träumen.

Es gibt eine wunderschöne Geschichte über einen Zen-Meister und seinen Neffen. Sie handelt von einer anderen Möglichkeit, mit anderen umzugehen, und weist darauf hin, wo die Liebe wirklich ist und was ein Mensch und eine Beziehung brauchen, um sich wahrhaft entwickeln zu können.

Ein Zen-Meister erhielt eines Tages Besuch von seinem Bruder, der sich über seinen Sohn beklagte und den Zen-Meister um Hilfe bat. Der junge Mann rebelliere, und es werde immer schlimmer. Egal, was der Bruder sagte, der Sohn wollte einfach nicht darauf hören. Er ging spätabends trinken, hörte wilde Musik und wollte seiner Familie überhaupt nicht mehr folgen. Der Bruder des Meisters war verzweifelt. »Wir sind mit unserem Latein am Ende. Kannst du nicht eine Woche lang zu uns kommen und uns helfen?«

Der Zen-Meister war einverstanden. Er besuchte seinen Bruder, packte aus und begrüßte seinen wilden Neffen warmherzig. Der Neffe wusste nicht, was er davon halten sollte. Da beschloss der Zen-Meister einfach, in dieser Woche den jungen Mann überallhin zu begleiten. Er ging abends mit dem Neffen in die Bars und schloss sich seinem Freundeskreis an. Der junge Mann erwartete ein Donnerwetter, als sie heimkamen, aber der Zen-Meister sagte überhaupt nichts. Dann begleitete er seinen Neffen auf Partys, zu Rockkonzerten, in verrufene Häuser – überall, wo der junge Mann hinging. Am Ende jedes Tages wartete der Neffe auf eine Lektion, aber es gab keine. Der Zen-Meister schloss sich ihm einfach an und leistete ihm Gesellschaft, wohin auch immer er ging.

Schließlich war die Woche vorbei, und der junge Mann wusste nicht, was er denken sollte. Der Zen-Meister musste wieder heimfahren und begab sich auf sein Zimmer, um seine Sachen zu packen. Der Neffe war traurig, dass sein Onkel wieder abfuhr, und ging zu ihm. Stumm saß er da und schaute dem Onkel beim Packen zu. Noch immer bekam er keine Belehrungen zu hören. Dann bückte sich der Zen-Meister, um seine Schnürsenkel zuzubinden, und dabei rollte ihm eine Träne über die Wange. Der Neffe sah es und erschrak. Er war so bewegt, dass er kein Wort hervorbrachte. Danach konnte der junge Mann sein altes Leben nicht wiederaufnehmen, auch wenn er es vielleicht gewollt hatte.

Halten Sie inne und denken Sie nach. *Was bedeutet es, einen Menschen wahrhaft zu begleiten, ohne Werturteile und ohne Vorwürfe? Wen begleiten Sie wirklich? Können Sie sich selbst begleiten?*

Um Liebe und Verbundenheit zu erfahren, um frei von Angst zu werden, müssen Sie bereit sein, sich und andere zu akzeptieren, so wie Sie und die anderen nun einmal sind. Sie müssen bereit sein, von anderen nicht zu verlangen, dass sie Ihren Wünschen und Vorstellungen entsprechen, und sie nicht ablehnen, wenn sie es nicht tun. Der Zen-Meister schaffte das, und indem er jeden Augenblick akzeptierte und vollkommen auslebte, kam es zu einer spontanen liebevollen Reaktion, die es seinem Neffen ermöglichte, sich auf natürliche Weise weiterzuentwickeln.

Das Natürliche ist richtig,
Das Leichte ist richtig,
Du selbst zu sein ist richtig.
Du selbst zu sein ist alles, was du
Wirklich sein kannst,
Andernfalls gerätst du auf Abwege.

Bhagwan Shree Rajneesh

Die Heimkehr: Entdecken Sie Ihr authentisches Selbst

Was ist noch erforderlich, damit Sie aus Ihrem authentischen Selbst leben, in Ihr natürliches Schatzhaus von Mut und Stärke gelangen können? Die Antwort darauf gibt eine wunderbare Lehre aus dem Lankavatara-Sutra (einer buddhistischen Lehre):

Suche nicht nach dem, was wirklich ist. Lass einfach alles los, was unwirklich ist, und das, was wirklich ist, wird ganz von allein zu dir kommen.

Zunächst müssen Sie sich bewusst werden, wie Sie sich an das klammern, das nicht wirklich ist – an Spielzeuge und Ablenkungen. Oft vermitteln sie ein gewisses Selbstwertgefühl. Wenn Sie loslassen, was unwirklich ist, wird Ihr authentisches Selbst von ganz allein erscheinen.

Wenn wir klein sind, spielen wir mit Spielzeugen. Wenn wir erwachsen werden, wollen wir das einzig Wahre.

Zen-Meister Uchiyama Roshi

Beachten Sie, *wie viel Zeit Sie jeden Tag damit verbringen, sich vor dem zu drücken, was Sie wahrhaft glücklich machen würde. Stellen Sie fest, wie oft Sie eine oberflächliche, unpersönliche Antwort geben, nicht wirklich hinsehen, hinhören, sprechen oder sich überlegen, was für Sie wichtig ist. Erkennen Sie, dass dies Ihr Leben sinnentleert, Ihren Tag freudlos macht?*

Wachen Sie auf! *Dies ist Ihr Leben, das Sie verlieren. Sie verlieren sich tagtäglich auf hundertfache unmerkliche Weise.*

Sie treffen Entscheidungen, die Ihnen schaden, Sie beschließen, in abstumpfenden Verhältnissen zu verharren, und setzen sich nicht für das ein, was zählt. Sie meinen, alle Zeit der Welt zu haben und darauf warten zu können, dass sich etwas ändert. Diese Zeit haben Sie aber nicht. Die Angst macht Ihnen weis, es sei gefährlich, ehrlich zu sein. Doch die wahre Gefahr besteht darin, dieser Angst zu glauben, statt Ihre Wahrheit zu entdecken und aus ihr heraus zu leben.

Der große amerikanische Philosoph Ralph Waldo Emerson hat einmal gesagt:

Wenn du Leben in dir hast, dann nicht auf eine bekannte oder festgelegte Weise; dann wirst du keinen Schritt vom anderen unterscheiden. Wenn wir wahrhaft leben, werden wir wahrhaft erkennen.

Wie viele Menschen wissen überhaupt, welche Schätze unser Herz birgt? Wie viele sind so abgestumpft, dass sie sie verdrängt haben? Damit Sie für jemand anderen wahrhaft da sind, müssen Sie zuerst lernen, wirklich für sich selbst da zu sein.

Das Selbst wiederherstellen

> *Wir sind ständig aufgefordert, die zu sein, die wir sind.*
>
> *Henry David Thoreau*

Heutzutage gibt es viele Selbsthilfegruppen – bei Alkohol- und Drogenmissbrauch, Beziehungsproblemen, Sexsucht, Essstörungen, Abhängigkeiten aller Art. Wie wär's mit einer Gruppe zur Wiederherstellung des Selbst? Abhängigkeiten und Obsessionen leben vom Hunger nach dem wahren Selbst und der Lebensleere ohne es. Sobald das Selbst wiedergewonnen wird, ist das Gleichgewicht wiederhergestellt, und alles andere hat wieder einen Sinn.

Um angstfrei zu werden, müssen Sie Ihr authentisches Selbst wiedergewinnen. Der großartige Rat des Lankavatara-Sutra besagt, dass Sie Ihre Reise zur Wiedergewinnung des Selbst damit beginnen, dass Sie alles loslassen, was falsch ist. Natürlich können Sie das erst dann tun, wenn Sie wissen, was in Ihrem Leben falsch ist. Für jeden von uns wird das etwas anderes sein. Wenn ein Ding losgelassen wird, wird ein anderes auftauchen. Sie müssen nicht alles auf einmal loslassen. Schälen Sie einfach die Zwiebel nach und nach, bis Sie beim Kern angelangt sind.

> *Mulla Nasruddin stellte sich auf den Marktplatz und wandte sich an die Menschenmenge.*
> *»Liebe Leute! Wollt ihr Wissen ohne Mühe, Wahrheit ohne Falschheit, Leistung ohne Anstrengung, Fortschritt ohne Opfer?«*
> *Sogleich versammelte sich eine große Schar um ihn, und alle schrien: »Ja, ja!«*
> *»Ausgezeichnet!«, sagte Nasruddin. »Ich wollte es nur wissen. Ihr könnt euch darauf verlassen, dass ich*

euch alles darüber verraten werde, wenn ich so etwas jemals entdecke.«

Idries Shah

Wer sind Sie? Wer sind Sie nicht?

Um zu wissen, wer Sie sind, müssen Sie auch wissen, wer Sie nicht sind, was in Ihrem Leben falsch ist und nicht klappt, ob Sie den Traum von jemand anderem leben. Sie müssen wissen, was Sie stört, was grundlegend nicht mit dem übereinstimmt, der Sie sind. Sie müssen akzeptieren, dass Sie etwas *nicht können,* dass etwas *nichts* für Sie ist. So viele Menschen verbringen Jahre ihres Lebens damit, sich zu verbiegen, um den Erwartungen anderer Menschen zu entsprechen und zu sein, wer sie deren Meinung nach sind oder werden sollten. Familien und Verliebte projizieren bekanntlich diese Bilder und Forderungen aufeinander. Doch diese Erwartungen können tödlich sein. Sie verursachen Schmerzen, Entstellungen und Mangel an Selbstakzeptanz – oder dass wir nicht wissen, wer wir wahrhaft sind.

Halten Sie einen Augenblick inne! *Erkennen Sie, was für Sie natürlich, leicht, erfreulich ist, was Sie wirklich begeistert, am Leben zu sein.*

Nehmen Sie sich dann einen weiteren Augenblick Zeit, um zu erkennen, was nicht natürlich, leicht oder erfreulich ist, was zu Konflikten, Schwierigkeiten, Verwirrung und Kummer führt. Was zieht Sie runter, verletzt Ihre Gefühle, stört Ihre Verdauung? Normalerweise achten Sie nicht darauf. Jetzt wird es Zeit, den Spieß umzudrehen. Der erste Schritt besteht darin, genau hinzusehen. Der nächste Schritt: nein zu sagen.

Sie können nicht ja sagen, wenn Sie nicht nein sagen können

Dies ist eine wahre Aussage und eine großartige Medizin, die Sie sich sehr zu Gemüte führen sollten. So viel Angst überkommt Sie, weil Sie nicht *nein* sagen können. Ich spreche hier nicht vom impulsiven, automatischen Nein, das Sie aus Widerstreben, Zorn oder Sturheit äußern, sondern von einem andersgearteten Nein. Es erwächst daraus, dass Sie verstehen und akzeptieren, wer Sie sind und wer Sie *nicht* sind. Es erwächst aus dem Wissen um das, was für Sie wahr und was für Sie falsch ist. Dieses Nein ist ein Zeichen von Respekt sich selbst gegenüber, von Anerkennung, dass es absolut gut ist, zu sein, wer Sie sind – Sie müssen Ihre Wahrheit nicht verkleiden, verzerren oder ablehnen. Sie müssen nicht für alle Menschen alles sein.

Viele Menschen wissen gar nicht, wozu sie nein sagen sollten. Sie sind schuldbewusst und schämen sich, dass sie nicht alles »mitmachen«. Wir haben das Gefühl, wenn wir nicht den Bedürfnissen aller entsprechen, haben wir versagt, oder es stimmt mit uns etwas nicht. Manche Menschen stellen sich vor, sie müssten überall dazugehören, jedem Aufruf folgen. Aber das zerstreut nur unsere Kräfte und sorgt für Verwirrung. Wenn Sie auf diese Weise leben, verlieren Sie den Kontakt zu Ihrem authentischen Selbst und können nicht den Mut aufbringen, zu sein, was Sie sind.

Wenn andere Sie ablehnen, weil Sie nein gesagt haben, dann lassen Sie sie doch. (Im 9. Kapitel werden wir lernen, wie wir eine Ablehnung ablehnen.) Einstweilen sollten Sie sich über eines im Klaren sein: Wenn Sie nicht nein sagen können, dann lehnen *Sie* Ihr authentisches Selbst ab. Sie sollten auch wissen, dass Sie nicht ja sagen können, wenn Sie nicht nein sagen können. Ihr Ja ist dann kein echtes Ja. Es ist eine automatische, gedankenlose Antwort. Sie erwächst aus einem Pflichtgefühl und dem Wunsch, akzeptiert zu werden. Dies ist kein echtes Ja, das Sie aus ganzem Herzen äußern. Wenn Sie nicht ganz und gar bedingungslos und unzweideutig ja sagen können, dann leben Sie nicht aus Ihrem authentischen Selbst. Wenn Sie bedingungslos, von ganzem Herzen ja sagen können, kann sich die Angst nicht einnisten.

> *Zuweilen empfangen wir die Kraft, ja zum Leben zu sagen, und dann geht der Frieden in uns ein und macht uns ganz.*
>
> *Ralph Waldo Emerson*

Der große Lehrmeister Soen Nakagawa Roshi hat einmal gesagt, wenn wir ein Zimmer schön finden wollen, füllen wir es normalerweise mit vielen hübschen Dingen, Möbeln, Bildern, Teppichen, Zierat. Doch um zu finden, wonach wir suchen, sei es besser, alles aus dem Zimmer herauszunehmen. Wenn es leer ist, erscheint seine ursprüngliche Schönheit. Wenn wir alles aus dem Zimmer herausnehmen, dann sagen wir nein zu allem, was in dem Zimmer ist, das wir nicht wollen. Wir leeren das Zimmer von allem Zierat, damit es zu seiner ursprünglichen Form zurückfindet.

Wendepunkt

Ihnen ist die Herrschaft über Ihr Leben und Ihre Welt gewährt

Ihr Leben ist ein kostbares Geschenk an Sie und die Welt. Keinem Menschen, keinem Gedanken, keinem Gefühl wird die Herrschaft über Sie eingeräumt. Sie haben alle Macht, die Richtung zu wählen, in die Sie gehen wollen.

3 Lassen Sie los

Das Nachgiebige überwindet das Starre.

Daodejing

Wir haben in unserem Leben die unglaubliche Vorstellung, dass alles gleich bleiben soll und wird. Wir klammern uns verzweifelt daran und sind dann stets überrascht, wenn die Dinge, die wir lieben, vergehen, wenn wunderbare Beziehungen nachlassen, wenn sich unser Körper verändert, wenn Menschen sich unerwartet verhalten, wenn unser Glück schwankt. Wenn all dies geschieht, was ganz natürlich ist, fühlen wir uns vielleicht sogar persönlich beleidigt oder verraten: »Wie kann ausgerechnet mir das passieren!« Andere empfinden sich als Opfer von Veränderungen, als ob diese der Beweis dafür wären, dass sie Versager sind. Sie haben dabei »versagt«, alles zusammenzuhalten, dafür zu sorgen, dass alles gleich bleibt. Sie haben »versagt«, weil sich ihre Erwartungen nicht erfüllt haben – Erwartungen, die beim unvermeidlichen Prozess der Veränderung keine Rolle spielen.

Eine taoistische Geschichte erzählt von einem alten Mann, der unglücklicherweise in Stromschnellen fiel, die zu einem gefährlichen Wasserfall führten. Die am Ufer Stehenden fürchteten um sein Leben. Wie durch ein Wunder kam er stromabwärts am Fuße des Wasserfalls wieder lebendig und unversehrt heraus. Die Leute fragten ihn, wie er es geschafft habe zu überleben.

»Ich habe mich dem Wasser und nicht das Wasser mir angepasst. Ohne nachzudenken ließ ich mich von ihm formen. Ich stürzte in den Strudel und kam mit dem Strudel heraus. Auf diese Weise habe ich überlebt.«

Man kann nicht zweimal in denselben Fluss steigen

Von dem griechischen Philosophen Heraklit stammt der Ausspruch: »Man kann nicht zweimal in denselben Fluss steigen.« Wenn Sie im nächsten Augenblick in den Fluss steigen, ist nicht nur der Fluss anders, sondern auch Sie sind anders. Ihre Körpertemperatur, Ihre Stimmung, der Augenblick – alles hat sich verändert. Ihre Zellen sind anders, Ihre Gedanken, Gefühle, Ihr Verständnis. All das, was Ihnen widerfahren ist, hat sich auf Sie ausgewirkt. Auch der Fluss hat Veränderungen erfahren, er hat Felsen überspült, das Ufergebüsch gestreift, verschiedene Fische beherbergt. All das hat den strömenden Fluss verändert. Der Fluss ist anders, genau wie Sie. Wie schön und spannend.

Doch viele Menschen halten Veränderungen nicht für schön und spannend. Sie empfinden sie als beängstigend, widersetzen sich ihnen und tun alles, um sie zu verhindern. Sie errichten Dämme, um sie aufzuhalten, entwickeln starre Überzeugungen und Ideen, um den Strom zu bändigen.

Aber ohne ständigen Wandel wäre keine Entwicklung möglich. Ihre Erfahrungen und die anderer könnten sich nicht vertiefen. Sie würden nicht den Unterschied zwischen kindischer Vernarrtheit und echter Liebe kennen. Ohne Veränderung könnte ein Kind nicht vom Sitzen zum Krabbeln und vom Krabbeln zum Laufen wechseln. Es würde für immer Kind bleiben. Sein Leben wäre nicht erfüllt. Die Veränderung ist Ihr Freund. Die Veränderung ist ein Geschenk. Es ist ganz entscheidend, dass Sie das so sehen.

Die Angst hingegen hat einen anderen Plan. Die Angst sagt, Veränderung sei gefährlich, und Sicherheit gebe es nur, wenn Sie am Vertrauten, an der Vergangenheit festhalten. Das Alte sei richtig, das Neue falsch. Sie müssten sich an das halten, was Sie in der Kindheit gelernt haben und woran Ihre Familie geglaubt hat. Die Angst rät Ihnen im Grunde, nicht erwachsen zu werden. Der dänische Philosoph Søren Kierkegaard hat einmal gesagt, die meisten Menschen würden sich nicht über das Alter von fünfzehn Jahren hinaus entwickeln. Sie mögen sich zwar zeitlich weiterentwickeln, aber nicht in anderer Hinsicht. Sie entwickeln keine Neugier, keine innere Unabhängigkeit und keine Offenheit gegenüber Veränderungen. Stattdessen passen sie sich alten Mustern an und wiederholen unaufhörlich die Fehler der Vergangenheit.

Der Wiederholungszwang

Sigmund Freud, der österreichische Neurologe und Begründer der Psychoanalyse, beschreibt ein psychisches Phänomen, das er »Wiederholungszwang« nennt. Das ist der unbewusste Zwang, Ereignisse oder Beziehungen der Vergangenheit zu wiederholen, die schmerzlich oder traumatisch waren und die wir nie wirklich bewältigt haben. Wenn sich der Wiederholungszwang geltend macht, ziehen Sie automatisch und unbewusst die gleiche Situation an oder erleben die gleiche Beziehung immer wieder. Tief im Innern wollen Sie, dass sie sich »diesmal« anders entwickelt. Meist ist dies nicht der Fall. Die Situation kann sich nämlich nicht anders entwickeln, weil Sie nicht anders sind, weil Sie einfach die gleichen alten Reaktionen wiederholen. Es hat keine Veränderung stattgefunden – die starren alten Muster, Überzeugungen und Erwartungen beherrschen Sie. Wenn wir uns im Würgegriff des Wiederholungszwangs befinden, werden wir meist immer bekümmerter, wenn sich eine Situation oder Beziehung ständig wiederholt und nichts anderes geschieht.

Idries Shah hat dieses Phänomen in vielen Sufi-Lehren mit einfachen Geschichten dargestellt, die jeder verstehen kann.

Ein Mann saß vor einer Schüssel mit sehr sauer eingelegtem Gemüse und aß ein Stück nach dem anderen, und jedes Mal, wenn er in eins hineinbiss, war es so sauer, dass ihm die Tränen kamen. Er sah ganz unglücklich drein.

Sein Freund kam hinzu und sah, was er tat.

»Wieso isst du denn ein saures Stück Gemüse nach dem anderen?«, wollte er wissen.

»Weil ich darauf warte, dass ein süßes kommt«, erwiderte der Mann.

Wie wir alle tat dieser Mann immer wieder das Gleiche, weil er wider alle Vernunft hoffte, dass das, was sauer und ungenießbar war, plötzlich süß würde. Er kostete das Saure einfach weiter, statt etwas anderes zu probieren – sich etwas anderes zum Essen zu suchen. Dieser Mann war im Wiederholungszwang befangen, er war erstarrt, ein Gefangener der Angst.

Wenn die Angst unser Leben beherrscht, lässt sie nicht zu, dass Sie neue Möglichkeiten erkunden. Sie haben Ihr Leben auf Automatik eingestellt, trauen sich nie, Ihre Schüssel mit saurem Gemüse zu verlassen oder gar zu bedenken, dass ein paar Schritte weiter etwas Süßes, Köstliches und Nahrhaftes auf Sie warten könnte. Die Angst liebt den Wiederholungszwang. Sie ermahnt uns, nur innerhalb unserer bestimmten sozialen, ethnischen oder religiösen Gruppe zu leben und vor anderen auf der Hut zu sein. Menschen, die anders sind, gelten als gefährlich. Wir sollen sie mit Argwohn betrachten und auf Distanz halten.

Eine wunderbare neue Familie mit einer anderen Hautfarbe zog in ein exklusives Viertel und freute sich darauf, die anderen kennenzulernen. Eine Welle von Misstrauen breitete sich im Viertel aus, und die Türen schlossen sich prompt. Die Bewohner dahinter bewachten aufmerksam sich, ihre Familien und ihre Überzeugungen und lernten nie die neuen Menschen kennen, die Geschenke, die sie mitbrachten, oder die Art und Weise, wie ihr eigenes Leben durch die anderen bereichert werden könnte. Und sie wussten auch nicht, wie viel Schmerzen sie der neuen Familie bereiteten.

Doch wenn wir anderen wissentlich oder unwissentlich Schmerzen bereiten, geben wir der Angst eine Chance, sich zu entwickeln. Tief im Inneren rechnen wir mit Vergeltung oder finden irgendwelche Möglichkeiten, uns zu bestrafen. Es ist absolut notwendig, darauf zu achten, auf welche heimtückische Weise die Angst ein hoffnungsvolles, freudiges, durchaus befriedigendes Leben zu einem von Verschlossenheit und panischem Schrecken geprägten Dahinsiechen entstellen kann. Sobald Sie ein wenig Licht hereinlassen, werden Sie leicht feststellen, dass die Fassade der Angst viele Risse aufweist. Es gibt so viele verborgene Türen, Fenster und Öffnungen in dem, was auf den ersten Blick wie ein zugemauertes Gefängnis erscheint.

Veränderung ist kein Verlust

> *Verweilen, während der Wandel an sich Frieden bringt.*
>
> *Buddhistische Lehre*

Die meisten Menschen wehren sich gegen Veränderungen, weil sie sie als Verlust empfinden. Aber die Veränderung ist kein Verlust, sondern einfach ein Wandel – sie ist unvermeidlich, gesund und notwendig. Statt zu sehen, dass die Veränderung neues Leben und Wachstum bringt, fällt es leicht, in ihr einen Schurken zu sehen, der Ihnen etwas Geliebtes wegnimmt. Doch wenn Ihnen etwas wahrhaft gehört, kann nichts und niemand es Ihnen wegnehmen. Wenn etwas nicht Ihnen gehört, können Sie sich noch so sehr daran klammern – es muss dennoch dorthin gehen, wohin es gehört.

Schauen Sie genau hin – *woran halten Sie sich gerade fest? Was wollen Sie nicht loslassen? Sie haben vielleicht sogar noch nicht einmal bemerkt, wie sehr sie es festhalten.*

In östlichen Weisheitslehren bedeutet der Begriff des Karmas, dass alles zu einem bestimmten Zweck in Ihr Leben kommt, aufgrund des Karmas, das Sie geschaffen haben, und zwar in diesem wie in früheren Leben. Karma beruht auf Ursache und Wirkung. Ihre Gedanken und Handlungen erweisen sich als verschiedene Ursachen, und früher oder später, wenn die Zeit reif ist, erscheinen die Wirkungen dieser Ursachen in Ihrem Leben. Das kann in fast jeder Form geschehen – einer neuen Beziehung, einem neuen Job, einer Krankheit, einer Reise usw. Dank dieser Erfahrung entwickeln Sie sich weiter und lernen ein früheres Karma kennen und auszugleichen, das Sie in Gang gesetzt haben. Sie bekommen die Chance, eine neue, konstruktive Möglichkeit zu finden, auf die alte Erfahrung zu reagieren. Manchmal ist das, was auf Sie zukommt, schmerzlich, aber es ist nun einmal da, und darum können Sie sich weiterentwickeln. Selbst wenn Sie eine positive Erfahrung machen, zum Beispiel eine Liebesbeziehung erleben, bleibt Ihnen dafür nur eine begrenzte zeitliche Dauer. Sich daran festzuhalten und anzuklammern ist völlig zwecklos und kontraproduktiv.

Alle zusammengesetzten Dinge müssen eines Tages zerfallen.

Diamant-Sutra

Das Leben hat seine eigenen immanenten Gesetze von Kommen und Gehen, Begegnen und Sich-Trennen. Sobald Sie das Leben eines anderen Menschen kennenlernen und teilen, werden Sie ein Teil des anderen, sind Sie stets miteinander verbunden, und es gibt nichts, das Sie verlieren können. Indem Sie in all Ihren Erfahrungen loslassen, können Sie genießen, was sich vollkommener einstellt, Lektionen rascher lernen und nicht mehr negatives Karma aufbauen, das in der Zukunft ausgeglichen werden muss.

Zwei Mönche gingen durch den Wald, als sie eine schöne Frau erblickten, die ganz aufgelöst war. Sie hatte sich verirrt und brauchte Hilfe, um wieder nach Hause zurückzufinden. Sie nahmen sie mit, und bald gelangten sie an einen tiefen Bach. Einer der Mönche hob sie hoch und trug sie hinüber. Nachdem sie den Bach überquert hatten, setzte er sie wieder ab und führte sie zum richtigen Weg.

Die beiden Mönche gingen weiter. Nachdem sie etwa eine Stunde gegangen waren, sagte der eine Mönch zu dem anderen, der die Frau getragen hatte: »Du weißt doch, dass wir eine Frau nicht berühren dürfen. Und doch hast du diese Frau hochgehoben und sie in deinen Armen getragen.«

»Ja, das habe ich getan«, sagte der andere Mönch. »Aber ich habe sie wieder abgesetzt, während du sie noch immer mit dir herumträgst.«

Wenn Sie etwas absetzen, das Sie getragen haben, können Sie frei und unbeschwert und ohne Schuldgefühle weitergehen. In körperlicher Hinsicht ist es leicht, eine Frau abzusetzen, aber viel schwerer ist es, Gedanken und Phantasien über sie fallenzulassen, die Sie mit sich herumtragen. Aber je mehr wir von unserem inneren Gepäck absetzen, desto leichter und freier wird unsere Reise durchs Leben.

Kommen sie, begrüßen wir sie – gehen sie, sind wir nicht hinter ihnen her

Wenn Sie nicht am Leben festhalten, sondern es so laufen lassen, wie es läuft, bekommen Sie nicht nur viele wunderbare Überraschungen, es wird auch eine ganze Menge Energie und Seelenfrieden wiederhergestellt.

Begrüßen Sie alles, *was heute in Ihre Welt kommt, selbst wenn Sie es nicht eingeplant haben oder es unerwünscht scheint. Wenn es da ist, begrüßen Sie es. Wehren Sie es nicht ab. Danken Sie ihm vielmehr, dass es da ist. Wenn Sie das tun, sind Sie dafür offen, alles, was geschieht, auf eine wahrhaft andere Weise zu erfahren.*

Wenn etwas geht, *halten Sie es nicht fest. Lassen Sie es gehen, danken Sie ihm für die Zeit, die Sie miteinander verbracht haben, und geben Sie ihm Raum zu gehen, ohne Schuldgefühl, Kummer oder Furcht. So machen Sie ein ganz großartiges Geschenk.*

Wenn es für etwas Zeit ist zu gehen, muss es gehen. Respektieren Sie das. Sie können die natürlichen Lebenszyklen und -rhythmen nicht ändern. Wenn Sie erkennen, dass das, was zu Ihnen kommt, nur vorübergehend ist, dass das Leben nichts weiter als ein Fließen ist, ersparen Sie sich sehr viel Angst und Schmerz.

Erfüllt werden

> *Nimm dir alle Zeit, deine Tasse Tee zu trinken.*
>
> *Lojong-Praxis des tibetischen Buddhismus*

Es fällt schwer, jemanden, den Sie lieben, gehenzulassen, wenn Sie das Gefühl haben, noch nicht erfüllt zu sein. Etwas mag noch nicht gesagt oder getan worden sein. Vielleicht hatten Sie Träume im Hinblick auf die Beziehung, die sich nie erfüllt haben. Oder möglicherweise waren Sie nicht wirklich gegenwärtig in der Beziehung, haben sie nicht hundertprozentig erlebt, alles gegeben und zugleich empfangen. Dies ist besonders schmerzlich, wenn die Zeit zu sterben kommt. Manche meinen, nicht das Sterben sei so schwer, sondern der Schmerz eines Lebens, das nicht gelebt worden ist.

Wenn Sie Ihr Leben voll und ganz gelebt, jedes Erlebnis ausgekostet haben, fühlen Sie sich ganz und erfüllt. Dann haben Sie Ihre Tasse Tee bis zum allerletzten Tropfen geleert. Wenn es dann für Sie Zeit ist zu gehen, werden Sie nicht um das trauern, was ungetan blieb. Und Sie werden bereit sein für das, was der nächste Augenblick bringt.

Das hungrige Gespenst füttern

Manche Menschen sind unfähig, sich ganz und erfüllt zu fühlen. Sie begehren so viel, dass sie nie zufrieden sein können, egal, was sie haben. Dann ist man ein hungriges Gespenst, das vom Leiden der Gier beherrscht wird. Wenn ein hungriges Gespenst zu einem Bankett geladen wird, rafft es alles zusammen, verschlingt es, kann aber nicht das köstliche Mahl vor sich auskosten, genießen oder verdauen. Egal, was es isst – es ist noch hungriger als zuvor.

So ist es auch, wenn ein hungriges Gespenst zum Bankett des Lebens geladen wird: Es kann seine Erlebnisse nicht auskosten oder verdauen. Ein hungriges Gespenst kann hungrig nach Nahrung, Liebe, Geld, Sex, Anerkennung oder sonst etwas sein. Was auch immer es bekommt – es will mehr. Das hungrige Gespenst ist sich nicht darüber im Klaren, dass seine Gier ihm Schmerzen bereitet. Und je mehr es an sich rafft, desto mehr zerbröckelt in seinen Händen. Wenn Sie lernen loszulassen, statt Ihre Begierden zu nähren, werden Hunger und Angst vergehen.

Die Krankheit des Geistes

Das zu trennen, was uns gefällt,
Von dem, was uns nicht gefällt,
Ist die Krankheit des Geistes.

Zen-Meister Sosan

Wenn Sie Ihre Begierden nähren, werden Sie von dem Wunsch beherrscht, nach allem, was Ihnen gut erscheint, zu suchen und sich daran zu klammern, und alles abzulehnen, was Ihnen bedrohlich erscheint. Wenn Sie finden, was Ihnen gefällt, hängen Sie daran; wenn Sie finden, was Ihnen nicht gefällt, versuchen Sie es mit aller Kraft wegzuschieben. Daher verwenden Sie Ihre kostbare Lebensenergie darauf, die Hälfte Ihrer Erfahrungen abzutun und sich an die übrigen zu klammern. Wenn Sie auf diese Weise leben, wird Ihr Wohlbefinden völlig abhängig von äußeren Bedingungen. Ein sonniger Tag wird Sie glücklich machen, aber sobald Unwetter aufziehen, vergeht Ihr Glück. Wie ein Blatt im Wind können Sie nicht entspannen und sind ständig auf der Hut vor dem, was als Nächstes kommt. Da sich Menschen und Bedingungen ständig ändern, haben Sie keine Ahnung, woran Sie sich wirklich halten oder wo Sie wahre Sicherheit finden können.

Ein Schüler ging zu seinem Meditationslehrer und sagte: »Meine Meditation ist schrecklich, ich fühle mich so abgelenkt, meine Beine tun weh, und ständig schlafe ich ein.«
»Das wird vergehen«, erwiderte der Lehrer trocken.
Eine Woche später kam der Schüler wieder zu seinem Lehrer. »Meine Meditation ist wunderbar! Ich fühle mich so wach, so friedlich, so lebendig! Es ist wunderbar.«
»Das wird vergehen«, erwiderte der Lehrer wieder trocken.

Zen-Lehre

Vielleicht glauben Sie ja, dass etwas Schmerzhaftes schlecht für Sie sei und etwas, bei dem Sie sich wohl fühlen, positiv. Aber dem ist nicht so. Sie lehnen vielleicht etwas ab, das sinnvoll sein könnte, weil es Sie anfangs unruhig macht. Vielleicht halten Sie an etwas fest, das schädlich ist, einfach nur, weil es vertraut ist. Sie können unmöglich erkennen, was wahrhaft nützlich ist, wenn Sie auf diese Weise leben.

Stellen Sie fest, *hinter was Sie her sind und woran Sie sich um jeden Preis festhalten. Was Sie routinemäßig vermeiden, ablehnen oder wovor Sie sich verstecken. Erkennen Sie, welchen Tribut es von Ihnen fordert? Bringt Ihnen diese Lebensweise Annehmlichkeit, Sicherheit oder Glück? Seien Sie sich selbst gegenüber ehrlich. Das ist alles, was Sie jetzt brauchen: Ehrlichkeit.*

Wenn Sie anfangen loszulassen, die Hände, den Verstand, das Herz zu öffnen, kehren Sie dieses uralte Muster um. Dann beginnen Sie zu erkennen, dass das, was Ihnen gefällt oder nicht gefällt, nicht das Maß aller Dinge ist. Sie können Ihr Leben nicht darauf aufbauen. Oft gefällt Ihnen etwas nicht, weil Sie nichts darüber wissen, und Sie schrecken vor etwas zurück, das vielleicht ganz und gar gut ist. Darüber hinaus verändern sich Ihre Vorlieben und Abneigungen ja ständig. Eines Tages kann etwas, das wir abgöttisch liebten, uns abstoßen.

Wenn Sie den Prozess angehen, die Angst zu zerstreuen, trennen Sie nicht das, was Ihnen gefällt, von dem, was Ihnen nicht gefällt – seien Sie nicht hinter einer Sache her und lehnen Sie eine andere ab. Öffnen Sie stattdessen allem langsam Ihren Geist und Ihre Hände.

Als der große Zen-Meister Dogen jung war, begab er sich nach China, um Zen zu studieren. Dogen verbrachte viele Jahre in China und trat dann die gefährliche Rückreise nach Japan an. Als er dort ankam, hatten schon viele Menschen von ihm gehört, suchten ihn auf und wollten wissen, was er gelernt hatte. Als sie ihn fragten, was er in all diesen Jahren im Kloster gelernt habe, erwiderte er: »Ich bin mit leeren Händen zurückgekommen.«

Leere Hände sind kostbar. Wenn Ihre Hände leer sind und nichts festhalten, werden sie beweglich und aufnahmebereit. Sie können fühlen, berühren, nach anderen greifen, geben und Geschenke annehmen. Dogens offene Hände waren aufnahmebereit für das ganze Leben. Er hielt nicht fest, was ihm gefiel, und schob alles andere beiseite. Er war bereit, zu akzeptieren und bei allem zu sein.

Leeren Sie die Hände. *Woran halten Sie so fest? Können Sie die Hände für einen Augenblick öffnen und es loslassen? Können Sie damit aufhören, festzuhalten, was Sie begehren, und beiseitezuschieben, was Sie vielleicht nicht gut finden? Sehen Sie, wie Sie die Hände öffnen und etwas gehenlassen.*

Sehen Sie, wie Sie eine Faust öffnen, die Sie geballt haben, um gegen einen Teil des Lebens zu kämpfen oder ihn zurückzuweisen. Hören Sie auf zu kämpfen und lassen Sie ihn zu.

Nicht das Leben, sondern die Angst zurückweisen

Tief in unserem Inneren lassen wir nicht zu, dass das Leben so ist, wie es ist. Wir beurteilen, verurteilen und lehnen das Leben auf vielerlei subtile Weise ab. Der Angst gefällt es, dem Leben zu schaden. Schließen Sie sich nicht Ihren zerstörerischen Wünschen an. Niemals ergibt sich etwas Gutes daraus, wenn man Schaden zufügt. Befreien Sie sich von einem solchen Handeln. Äußern Sie einen anderen Wunsch. Wenn Sie den Wunsch verspüren, zu schaden oder abzulehnen, erkennen Sie, dass dieser Wunsch nicht zu Ihnen gehört. Er gehört zur Angst. Sie müssen sich nicht dem Wahnsinn der Angst anschließen.

Wenden Sie sich an die Angst und sagen Sie nein. Statt das Leben abzulehnen, lehnen Sie die Angst ab.

Der Prozess, nein sagen zu lernen, ist eines der stärksten Heilmittel, das Sie gegen die Angst haben. Es gibt viele Möglichkeiten, wie Sie dieses Heilmittel einsetzen können. Einstweilen sagen Sie nein zum ungesunden Festhalten. Üben Sie das Öffnen Ihrer Hände, Ihres Geistes, Ihres Herzens. Während Sie dies tun, stellen Sie Ihre Flexibilität, Spontaneität und wahre Sicherheit wieder her. Sagen Sie nein zur tödlichen Erstarrung. Sobald Sie die Hände öffnen und loslassen, werden Sie voller Erstaunen all die großartigen neuen Menschen und Erfahrungen wie die innere Freiheit erkennen, die in Ihr Leben kommen.

Es gibt eine wunderbare Zen-Geschichte über einen großen Lehrer, der vollkommen in der Lage war loszulassen. Wenn etwas kam, begrüßte er es, wenn es ging, verfolgte er es nicht.

Es war einmal ein großer Lehrer, der in einem kleinen Dorf lebte, wo er hoch verehrt wurde. Er verbrachte seine Zeit damit, allein zu meditieren, und die Dorfbewohner dachten, er sei ein großartiger, heiliger Mann, und brachten ihm Nahrung und andere Opfergaben. Alle sprachen in den höchsten Tönen von ihm. Er führte ein sicheres und einfaches Leben. Dann entdeckte eines Tages eine junge Frau aus dem Dorf, dass sie schwanger war, und der Vater des Kindes sagte, er würde weggehen. Er sei nicht bereit, Vater zu sein oder für sie zu sorgen. Da sie sonst niemanden hatte und voller Verzweiflung war, erklärte die junge Frau den Dorfbewohnern, der große Lehrer sei der Vater des Babys. Als der Lehrer davon erfuhr, sagte er nur: »Ist das so?«
Die Dorfbewohner waren entsetzt. Ihre Ansichten über den Lehrer änderten sich völlig. Ihre Gesichter verdüsterten sich, wenn sein Name fiel. Sie sprachen schlecht über ihn, besuchten ihn nicht mehr und brachten ihm keine Nahrung mehr. Als der Lehrer erfuhr, wie man ihn verleumdete, sagte er nur: »Ist das so?«
Nachdem das Baby geboren war, brachte die junge Frau es zu dem Lehrer und sagte: »Hier, nimm dein Baby.«
»Ist das so?«, erwiderte der Lehrer und griff mit ausgestreckten Armen liebevoll nach dem Kind und nahm es.
Der Lehrer sorgte mehrere Jahre lang mit großer Hingabe für das Kind. Dann kehrte eines Tages

plötzlich der wirkliche Vater ins Dorf zurück. Er empfand große Reue darüber, dass er weggegangen war, und wollte mit der jungen Frau und seinem Kind wieder zusammen sein und für sie sorgen. Außer sich vor Freude erzählte die junge Frau dem ganzen Dorf die Wahrheit. Dann begaben sie und der junge Mann sich zu dem Lehrer und verlangten ihr Kind zurück.
»Ist das so?«, sagte der Lehrer und gab das Kind liebevoll seinen Eltern zurück.
Nun war das ganze Dorf voll des Lobes für den Lehrer. Wenn die Leute von ihm sprachen, strahlten ihre Gesichter. Sie gingen wieder zu seiner Hütte und brachten ihm Geschenke und Nahrung.
»Ist das so?«, sagte der Lehrer und nahm die Gaben liebevoll an.

Zen-Geschichte

Dieser große Lehrer ließ sich überhaupt nicht von vorübergehenden Verhältnissen beeinflussen, weder von Lob noch Tadel, weder vom Empfangen noch vom Verlieren. Er war angstfrei und vollkommen in der Lage zu akzeptieren, was zu ihm kam, und genauso bereit loszulassen, wenn die Zeit dafür kam.

»Ist das so?« ist eine Praxis. Sie ist eine Möglichkeit, auf alle Ereignisse zu reagieren, die gut oder schlecht sind, die Freude oder Schmerz bringen. Statt auf die Achterbahn des Lebens aufzuspringen, mit ihr zu fahren, den Nervenkitzel zu genießen und dann zusammenzubrechen, wenn die Fahrt vorbei ist, ruhte der Lehrer ganz in seinem eigenen Wesen und ließ nicht zu, dass vorübergehende Verhältnisse die Herrschaft über ihn gewannen. Er wusste, dass alles vergänglich ist, dass Gutes sich in Böses und Böses sich in Gutes, Freude sich in Schmerz und Schmerz sich in Freude verwandelt. Indem er in sich ruhte, einfach das ganze Leben interessiert beobachtete, alles, was kam, annahm und sich darum kümmerte, war er frei von Angst vor dem, was geschah. Er war auch frei davon, Lob zu begehren und Tadel zu fürchten. Da er nichts ergriff oder festhielt, war er völlig sicher, vollkommen in der Lage, zu lieben, sich um alles zu kümmern, was zu ihm kam, und sich von ihm zu trennen, wenn es gehen musste.

Die Angst lokalisieren

Wenn Sie sich das Verhalten des großen Lehrers genauer ansehen, ist es leicht, die Ursachen der Angst zu erkennen und sich von ihr zu befreien. Wenn sich in diesem Fall der große Lehrer bemüht hätte, seinen Ruf zu verteidigen, wenn er gegenüber den Dorfbewohnern Hass und Groll gehegt hätte, weil sie ihm einst etwas gegeben und es dann weggenommen hatten, wäre sein Schmerz nur noch stärker geworden. Er lehnte Hass, Tadel und Groll, die alle die Angst nähren, ab.

Wenn sich der große Lehrer geweigert hätte, das Kind anzunehmen, das ihm gegeben wurde, oder die junge Frau abgewiesen hätte, dann hätten nicht nur seine Gedanken ständig um beide gekreist, sondern er hätte für noch mehr Bestürzung im Dorf gesorgt, und sein Leben wäre von Aufruhr umgeben gewesen. Indem er alles akzeptierte, was zu ihm kam, lebte er in Harmonie und verhinderte, dass in anderen und in ihm selbst Angst aufkam.

Als die Zeit zum Loslassen kam, hätten erneut Schmerz und Angst geherrscht, wenn der große Lehrer sich an das Kind geklammert und sich geweigert hätte, es wieder herzugeben, wenn er also nicht gewusst hätte, dass er die Gaben, die er bekommen hatte, zurückgeben sollte. Weil er wusste, dass ihm nichts gehörte, dass alles nur vorübergehend kam und wieder gehen musste, entzog er sich dem Würgegriff der Verlustangst und blieb so in tiefem Gleichgewicht.

Der große Lehrer hatte gelernt, mit offenen Händen zu leben. Er erkannte die profunde Vergänglichkeit des Lebens. Diese Tatsache machte ihn nicht traurig, sondern befreite ihn, so dass er voller Staunen und Frieden leben konnte. Statt an einem bestimmten Ergebnis festzuhalten, ließ er das Leben so geschehen, wie es geschah. Er hatte keine besonderen Pläne, wie sich das Leben entwickeln sollte. Er klammerte sich nicht an eine bestimmte Vorstellung von seiner Rolle im Leben, von den ihm gebührenden Ehren, wie wichtig er war und was er verdiente. Weil er auf jede Bindung verzichtete, hieß das nicht, dass er nicht lieben konnte. Ja, nur, indem er losließ, war er vollkommen in der Lage, sich hinzugeben. Der große Lehrer hatte einen Ort von wahrer Sicherheit gefunden, der nie gefährdet werden konnte.

Wie Sie der Angst entkommen

Vielleicht kommt Ihnen der große Lehrer übermenschlich vor. Doch das ist er nicht. Er ist so menschlich wie wir alle – er weiß nur um die Grundprinzipien des Seelenfriedens und lebt danach. Auch Sie können diese Prinzipien erlernen und sie täglich üben. Dieses Buch handelt davon, wie Sie der Angst entkommen. Jede Übung, jeder Vorschlag und jede Wahrheit bringt mehr Licht in die Finsternis, die die Angst erzeugt. Sie müssen nur das Licht leuchten lassen. Sie könnten es ja für ein oder zwei Augenblicke leuchten lassen, einen Ausweg erkennen und dann Angst bekommen. Das wäre nur natürlich. Aber lassen Sie das Licht leuchten. Bringen Sie immer mehr Licht hinein.

Wenn die Angst kommt, halten Sie inne, sehen Sie sie sich an, atmen Sie sie ein und atmen Sie sie dann wieder aus. Nehmen Sie eine der Übungen, die Ihnen zusagt, und absolvieren Sie sie auf der Stelle. Die Möglichkeiten zu entkommen, die Risse in der Mauer, werden immer größer, die Angriffe der Angst immer schwächer und weniger. Die Lügen, die die Angst erzählt, werden verschwinden.

Alex begann mit seiner Flucht vor der Angst, und fortan öffnete sich sein Leben. Die Menschen waren ihm gegenüber aufgeschlossener, er wusste, wie er handeln sollte, und an vielen Tagen fühlte er sich richtig wohl. Doch plötzlich erstarrte er. Er meinte, es mache ihm Angst, dass dies alles so leicht war, und wollte ein wenig länger an den Dingen festhalten, so, wie sie waren. Eine Zeitlang zog er sich in die Pseudosicherheit der Flucht zurück. Aber dann spürte er, dass es noch etwas anderes gab. Seine Flucht währte nicht lange. Tief in seinem Inneren wusste er, dass es einen Ausweg gab.

Warum ist es so schrecklich, vor der Angst zu fliehen? Weil Sie sich fragen, was Ihnen Sicherheit gewähren wird, wenn Sie sie loslassen. Sie glauben, je mehr Angst Sie haben, desto mehr werden Sie auf die Gefahr achten. Je mehr für Sie alles so bleibt, wie es ist, desto stabiler wird Ihr Leben sein.

Doch das Gegenteil ist der Fall. Die Angst lässt Sie erstarren, und während Sie starrer werden, sind Sie mehr tot als lebendig. Ein Toter ist steif und unnachgiebig. Ein lebendiger Mensch ist flexibel, spontan, geht mit den sich verändernden Verhältnissen mit und ist in der Lage, frei zu geben und zu nehmen – die Hände zu öffnen und loszulassen.

Woran *halten Sie sich fest, als ginge es um Tod oder Leben? Beobachten Sie einstweilen nur. Stellen Sie fest, wie Sie* *sich weigern, Veränderungen zuzulassen. Was tut dies denen an, die Sie lieben? Was tut es Ihnen an? Beobachten Sie einfach weiter.*

Wenn Sie sich weigern loszulassen, kämpfen Sie gegen die Kraft des Wandels an. Natürlich muss diese Kraft gewinnen. Niemand kann die Gezeiten daran hindern, zu kommen und wieder zu gehen. Niemand kann die Sonne davon abhalten, morgens aufzugehen und abends unterzugehen. Wer würde schon dafür seine kostbare Lebensenergie verschwenden? Und dennoch kämpfen wir mit den Gezeiten der Ereignisse, Menschen, Überzeugungen, Gedanken und Wünsche, die zu uns kommen und die natürlich wieder gehen werden. Wir wüten gegen uns selbst, gegen andere und gegen Gott. Wir schwören, nie wieder zu lieben oder uns um etwas zu kümmern. Dies ist bestimmt eine Form von Wahnsinn, die von der Angst genährt wird.

Die Angst liebt den Wahnsinn. Sie lehrt den Wahnsinn, ist selbst wahnsinnig. Sie verwirrt den Geist auf tausenderlei Weise. Doch jedes Mal, wenn Sie das, was wahnsinnig ist, als wahnsinnig durchschauen, wird Ihre geistige Gesundheit wiederhergestellt. Es ist unbesonnen, auf eine wahnsinnige Art und Weise zu leben, und töricht, sich der Realität, in der Sie leben, nicht stellen zu wollen. Es ist ja auch verständlich, dass Sie sich so verhalten. T. S. Eliot hat diesen Zustand wunderschön beschrieben: »Menschen können nicht sehr viel Wirklichkeit ertragen.«

Warum ist das so? Weil die Angst von unserem ganzen Wesen Besitz ergriffen hat. Wir können nicht einmal einen Vorgeschmack auf die Wirklichkeit ertragen, die uns aus unserem Gefängnis herausholen und dafür sorgen würde, dass unsere Angst vergeht.

Es gibt eine alte chinesische Erzählung von einer Frau, deren einziger Sohn starb. In ihrem Kummer ging sie zum heiligen Mann und sagte: »Welche Gebete oder Sprüche kennst du, die mein Kind ins Leben zurückholen können?«

Er sagte einfach: »Bring mir ein Senfkorn aus einem Haus, das noch nie Kummer gekannt hat. Wir werden damit den Kummer aus deinem Leben vertreiben.«

Die Frau zog sofort los, um nach diesem magischen Senfkorn zu suchen.

Zuerst klopfte sie an die Tür einer herrlichen Villa und sagte: »Ich suche ein Haus, das noch nie Kummer gekannt hat. Ist dies ein solcher Ort?«

Man erwiderte: »Du bist hier bestimmt am falschen Ort.« Und dann schilderte man all die tragischen Ereignisse, die sich vor kurzem zugetragen hatten.

Da sagte sich die Frau: Wer könnte diesen armen, unglücklichen Menschen besser helfen als ich, die ich selbst so viel Unglück erlebt habe? Also blieb sie, um die Bewohner der Villa zu trösten, und dann begab sie sich weiter auf die Suche nach einem Haus, das noch nie Kummer gekannt hatte. Aber wohin auch immer sie kam, zu Hütten wie zu herrlichen Häusern, bekam sie eine Geschichte nach der anderen zu hören, die von Trauer und Elend handelte. Sie war so beschäftigt, sich um den Kummer anderer Menschen zu kümmern, dass sie schließlich ihre Suche nach dem magischen Senfkorn vergaß und gar nicht merkte, dass die Sorge um andere den Kummer aus ihrem eigenen Leben vertrieben hatte.

Die Wirklichkeit ist ganz und gar gut

Trotz aller falschen Gerüchte, die die Angst heimlich verbreitet, ist die Wirklichkeit ganz und gar gut. Das mag Sie schockieren. Man hat Ihnen beigebracht, die Wirklichkeit als gefährlich und die Angst als gut anzusehen. Hören Sie nicht auf diesen Wahnsinn. Wie könnten Sie denn überleben, sich entwickeln, gedeihen, lieben, lachen, anbeten, wenn die grundlegende Wirklichkeit, aus der Sie geboren wurden, nicht ganz und gar gut wäre? Wie könnten Sie imstande sein, große Schönheit zu erkennen, eine Mahlzeit zu essen, wenn Sie hungrig sind, oder die Hand eines Freundes zu halten? Wer hat denn dieses Bankett in eine magere Mahlzeit verwandelt? Wer betrachtet denn das Leben mit bösen Augen?

Erinnern Sie sich *an Gelegenheiten, als das Leben gut war, wann es Ihnen gegeben, Sie unterstützt, genährt hat. Haben Sie sich bedankt? Haben Sie dem Leben gegeben, es unterstützt und genährt? Haben Sie die dargebotenen großartigen Gaben angenommen, oder haben Sie nein zu ihnen gesagt?*

Die Ablehnung des Lebensdrangs

Neben dem Wiederholungszwang gibt es etwas, was ich die *Ablehnung des Lebensdrangs* nenne. Sie lehnen das Leben auf vielerlei Weise ab, und dann haben Sie das Gefühl, als ob das Leben Sie ablehnen würde. Eine der Haupttriebkräfte für die Ablehnung des Lebensdrangs ist die Weigerung, sich der Wirklichkeit zu stellen. Sie werden erst glücklich, wenn Sie das ändern.

Viele Menschen weigern sich, es mit der Wirklichkeit zu probieren, weil sie Angst haben, etwas Wunderbares zu probieren, und dann wird es wieder vergehen. Aber auch wenn eine Kostprobe vorbei sein mag, erwartet Sie gleich wieder eine andere. Und jede Kostprobe ist köstlich, solange Sie sie nicht immer mit der vorhergehenden oder der noch bevorstehenden vergleichen. Vergänglichkeit ist nicht etwas, wovor Sie Angst haben müssen, sondern auf das Sie sich vielmehr ganz und gar einlassen und genießen sollten.

Wir sind hier nur für kurze Zeit, und dann gehen wir wieder. Dies kann die Ursache für die Angst sein oder der Anstoß, ein klares und schönes Leben zu leben. Diese Erkenntnis kann jeden Tag kostbarer machen und das, was wahrhaft wichtig ist, in eine klare Perspektive rücken. Wenn Sie sich der Vergänglichkeit stellen und sie akzeptieren, genießen Sie jede Begegnung. Vor allem kann dieses Akzeptieren Ihre Entschlossenheit verstärken, nicht zuzulassen, dass die kostbare Zeit, die Sie haben, von der Angst beansprucht wird.

Vor der Vergänglichkeit kann man sich nicht schützen. Sie ist eine Grundwahrheit des Lebens. Wenn sie voll und ganz erkannt und angenommen wird, beginnt sich alles zu verändern. Wir verstecken uns vor der Angst vor Vergänglichkeit, indem wir festhalten, nicht loslassen wollen. Wir verstecken uns, indem wir alles so solide und wichtig erscheinen lassen, als ob unser Leben an sich davon abhinge. Wir handeln, als ob unser Leben von Beziehungen, Geld, Status, Leistungen abhängig wäre. Das ist nicht der Fall. Unser Leben hängt von etwas anderem ab. Wenn Sie entdecken, wovon Ihr Leben wahrhaft abhängt, werden Sie vollkommen frei von Angst.

> *Wer könnte nicht umhin, freundlich zu sein, wenn er sich vollkommen darüber im Klaren wäre, dass der Mensch, mit dem er zusammen ist, eines Tages sterben wird?*
>
> *Søren Kierkegaard*

Diese vergängliche Welt

> *Wie einen Stern, eine Luftspiegelung, eine Butterlampe,*
> *wie Illusion, Tautropfen, Luftblasen im Wasser,*

wie einen Traum, einen Blitz, eine Wolke –
so sieh alles an, was zusammengesetzt ist.

Diamant-Sutra

Veränderung und Verlust sind Ihre Lehrmeister. Wenn Sie einen schweren Verlust erleben, nehmen Sie ihn zum Anlass, Ihre Bereitwilligkeit zu vertiefen, den Menschen in Ihrem Leben wahrhaft zur Seite zu stehen. Verstehen Sie ihn als eine Chance, die Liebe, die Sie in sich haben, auszudrücken. Im folgenden Interview mit Sue Matthews, der tapferen und schönen Mutter von Taylor Matthews, sehen wir, wie sich diese Prinzipien auf vielerlei Weise manifestieren.

Als Taylor elf Jahre alt war, 2003, brachte ich meine schöne, lebhafte Tochter zu einer ärztlichen Routineuntersuchung mit, wo wir schockiert erfuhren, dass sie einen großen Tumor zwischen den Rippen habe. Kurz darauf hörten wir, dass der Krebs bereits Metastasen gebildet habe. Überall. Taylor würde nur noch drei Monate leben.

Unsere ganze Welt war auf den Kopf gestellt. Ich wich nicht mehr von ihrem Bett im Krankenhaus, wo ich fortan lebte, atmete und schlief. Wir wollten alles versuchen. Von unseren Gebeten und unserer Liebe umgeben, begann Taylor sich den Operationen, der Chemotherapie, der Bestrahlung, dem ganzen Drum und Dran zu unterziehen.

Ich hatte keine Ahnung, wie ich weiterleben oder mich dieser schrecklichen Zerreißprobe stellen konnte, doch Taylor brachte es mir bei. Ihr Geist war unbeugsam. Egal, was sie durchmachte, nie hörte ich, dass sie sich darüber beklagte. Sie nahm alles hin, was kam, und hatte nicht die Absicht, sich vom Krebs herunterziehen oder daran hindern zu lassen, das Leben bis zuletzt auszukosten. Wenn ich traurig wurde, befasste sie sich mit etwas Lustigem oder Aufregendem und lenkte meine Aufmerksamkeit darauf. Taylor liebte das Leben und wollte es ganz und gar ausleben, egal, wie viel Zeit sie noch hatte. Immer wieder sagte sie zu mir: »Mom, das ist ein lebenswertes Leben.«

Wir alle wurden Teil einer neuen Familie – der Kinder und Eltern auf der Krebsstation. Taylor liebte ihre ständigen Freunde und Gefährten, trieb sich in den Gängen herum, zog ihr Gestell mit den Infusionen hinter sich her, suchte jemanden, mit dem sie spielen und der sie aufheitern könnte. Sie hasste es, wenn Kinder einfach traurig im Bett lagen und in die Glotze guckten. Sie sauste mit ihrem Rollstuhl in den Gängen auf und ab, suchte immer jemanden zum Spielen. Es gab so viel zu tun, so viel Spaß.

Schon in jungen Jahren wurde sie mit dem Verlust nur zu vertraut. Sie sah viele von den kleinen Freunden, die sie lieben lernte, sterben. Wenn dies geschah, wurde Taylor immer entschlossener, irgendeine Möglichkeit zum Helfen zu finden. Schon bald begann sie Armbänder, sogenannte Tay-Bands, zu entwerfen, die sie verkaufte, und das Geld spendete sie für die Kinderkrebsforschung. Als Nächstes gründete sie eine Stiftung. Taylor organisierte Modenschauen, Wanderungen, Events und alle möglichen Aktivitäten, um Geld zu sammeln. Während der nächsten fünf Jahre bekam die Stiftung etwa eine Million Dollar zusammen. Sie sprach von nichts anderem, als anderen Menschen zu helfen.

Taylor weigerte sich, sich selbst als Kranke zu betrachten. Selbst während sie sich den Behandlungen unterzog und sich übergeben musste, ließ sie sich nicht davon abhalten, Dinge zu tun, die ihr eine Menge bedeuteten. Und sie ließ sich von ihrem Krebs nicht davon abhalten, das immer zu Streichen aufgelegte kleine Mädchen zu sein, das sie nun einmal war. Einmal, nach einer schweren Lungenoperation, sagte man ihr, sie solle den Gang zweimal am Tag entlanggehen. Taylor ging den Gang einmal entlang. Dann kamen die Nachtschwestern herein und überprüften alles. Als sie hörten, dass sie den Gang nur einmal entlanggegangen war, bestanden sie darauf, dass sie aufstand und ihn noch mal ging.

»Wer will denn schon noch mal einen Krankenhausgang entlanggehen?«, sagte sie zu ihrem Dad, der neben ihr saß. »Ich gehe gleich aus dem Krankenhaus raus.« Sie stand auf und ging direkt zum Aufzug. Dann betrat sie mit ihrem Vater den Aufzug, sie fuhren hinunter, gingen zur Ecke 62nd Street und York Avenue hinaus und begaben sich direkt zu Ben and Jerry's und bestellten sich ein Eis.

Ein andermal, zwei Wochen nach der Wirbelsäulenversteifung, verkündete Taylor: »Ich will in den Ferien mit meiner Schwester Wasserski fahren!«

»Wasserski?«, rief ich. »Vierzehn Tage nach der Operation? Wie soll das gehen? Du hast doch gerade eine Wirbelsäulenversteifung bekommen. Das geht nicht.«

»Wieso nicht?«, widersprach Taylor. In ihrer Welt war alles möglich.

Ich wollte nicht diejenige sein, die sie davon abbrachte. »Frag den Arzt«, sagte ich und dachte, er würde ihr schon sagen, wie verrückt die Idee wäre.

Wir riefen den Arzt, und zu meinem Erstaunen sagte er: »Taylor, wenn du meinst, du schaffst das, dann mach's.«

Sie ging zum Wasserskifahren und hatte viel Spaß.

Taylor wollte nicht zulassen, dass die Krankheit den Mittelpunkt in ihrem Leben bildete. Sie war nichts weiter als eine Lebenstatsache, ein Ärgernis, etwas, mit dem man fertig wurde, während man sich mit anderen aufregenden Dingen beschäftigte. Trotz der Chemotherapie, der Bestrahlung und all der anderen Behandlungen ließ sie nicht einen Augenblick vergehen, in dem sie nicht jemandem helfen, an ihrer Stiftung arbeiten oder einfach ihren Spaß haben konnte.

Trotz der hoffnungslosen Diagnose schaffte sie das Unwahrscheinliche. Als sie zwölfeinhalb war, hatte Taylor zwei Jahre lang keine Krebssymptome. Sie lebte noch fünf Jahre, bis sie 16 war, und nicht nur noch drei Monate, wie man ursprünglich vorhergesagt hatte.

Während dieser kostbaren fünf Jahre ließ Taylor sich keinen Augenblick entgehen. Als sie wieder aus dem Krankenhaus war, ging sie zur Schule, verbrachte ihre Zeit mit guten Freunden, hatte einen wunderbaren Freund, Jason, den sie anbetete und der sie genauso anbetete. Sie fuhr ein Cabrio, machte ihren Test fürs College, und zwei Wochen bevor sie starb, setzte sie ihre Sauerstoffmaske ab, während sie zum Aufnahmegespräch am Brown College ging. Danach schnappte sie nach Luft und setzte die Maske wieder auf, triumphierend, dass sie es geschafft hatte. Taylor hatte keine Ahnung, dass das Ende nahte. Sie rechnete fest damit, aufs College zu gehen. Sie konzentrierte sich immer auf das, was vor ihr lag.

Nur einmal sprach sie mit uns übers Sterben. Das war schon ganz früh. Als sie und ihr Dad gerade Pizza aßen, fragte sie: »Dad, werde ich sterben?«

»Jeder stirbt, Taylor«, erwiderte ihr Dad. »So ist es nun mal.«

Ja, es ist wahr, dass jeder stirbt, aber lebt auch jeder? So wirklich, wie Taylor lebte?

Wendepunkt

Sie können nicht zweimal in denselben Fluss steigen

Erkennen Sie die fließende Natur des Lebens. Schließen Sie Ihren Frieden damit. Verwenden Sie Zeit darauf, Veränderungen zu beobachten, die ganz natürlich stattfinden, und erfassen Sie die Schönheit in diesen Veränderungen. Erkennen Sie, dass jede Veränderung etwas Neues bringt.

Absolvieren Sie eine Praxis, mit der Sie den Wandel genießen, ihn in Ihrem Leben begrüßen. Wenn Sie feststellen, dass Erwartungen von Katastrophen auftauchen, sagen Sie nein zu ihnen. Konzentrieren Sie sich auf alles, was das Leben gibt. Erkennen Sie, dass diese Erwartungen nur die Angst wecken wollen, damit sie lebendig bleibt.

4 Erkennen Sie die inneren Stimmen

Wo ist die Straße nach Hanshan?
Es gibt keine Straße nach Hanshan.

Zen-Spruch

Wenn unerwartete Dinge in Ihrem Leben geschehen, geraten Sie leicht aus der Fassung. Da Sie auf plötzliche Veränderungen nicht vorbereitet sind und Angst Sie ergreift, kommt Ihnen die Welt nicht mehr sicher vor. Sie fragen sich, wem Sie wirklich vertrauen können. Vielleicht haben Sie das Gefühl, sich nicht auf andere oder auf sich selbst verlassen zu können. In diesem Augenblick können Sie sich leicht in Phantasien flüchten. Diese Phantasien scheinen Ihnen zwar Trost zu spenden, doch in Wahrheit trennen sie Sie von dem, was tatsächlich geschieht, ebenso wie von funktionierenden Lösungen und wahrem Seelenfrieden.

Trugbilder und Träume

Die Welt der Phantasien ist eine Welt, in der wir leben, wenngleich automatisch und ohne es zu wissen. Doch sobald etwas geschieht, mit dem wir nur schwer fertig werden – ein verwehrtes Verlangen, eine gefährdete Beziehung –, flüchten wir uns in Phantasien, um unser Gleichgewicht wiederzuerlangen und unsere Welt in den Griff zu bekommen.

Diese Phantasien haben viele Funktionen. Oberflächlich betrachtet scheinen sie zu trösten, verletzte Gefühle zu besänftigen, vorübergehend zu beruhigen und uns das Gefühl zu vermitteln, dass alles gut ist. Manche Phantasien bieten eine Erklärung für das an, was geschehen sein könnte. Andere liefern gewünschte Ergebnisse, als ob Sie die Lage im Griff hätten. Meist bekommen Sie in Ihren Phantasien recht, sehen sich als Gewinner. Sie finden die Liebe, nach der Sie suchen, können wieder stolz sein, werden Feinde los.

In anderen Phantasien hingegen sehen Sie sich als Leidtragenden. Diese Phantasien verstärken negative Überzeugungen, indem sie Ihre Wirklichkeit und das, was wirklich geschieht, verzerren.

Die folgende Sufi-Geschichte veranschaulicht die schädliche Macht eines Lebens in Phantasien und falschen Erwartungen.

Eine Frau namens Truhana, die nicht sehr reich war, musste jedes Jahr zum Markt gehen, um Honig zu verkaufen. Während sie so dahinging, den Krug voll Honig auf dem Kopf tragend, rechnete sie sich aus, wie viel Geld sie für den Honig bekäme. Zuerst, dachte sie, verkaufe ich ihn und kaufe mir dafür Eier. Dann werde ich die Eier unter meine fetten braunen Hennen legen, und im Laufe der Zeit wird es viele kleine Küken geben. Bald werden aus diesen Küken Hühnchen werden, die ich wieder verkaufe, so dass ich mir Lämmer kaufen kann.

Dann begann Truhana sich vorzustellen, dass sie reicher als ihre Nachbarn würde und ihre Söhne und Töchter mit Frauen und Männern verheiraten könnte, die ebenfalls reich wären.

Während sie unter der heißen Sonne dahinstapfte, konnte sie ihre schönen Schwiegersöhne und -töchter vor ihrem geistigen Auge sehen und die Leute sagen hören, es sei doch bemerkenswert, wie reich sie geworden sei, die doch einst so bettelarm gewesen war.

Bei diesen angenehmen Gedanken begann sie herzlich zu lachen und sich damit zu brüsten, als sie plötzlich den Krug mit der Hand streifte, so dass er ihr vom Kopf fiel und auf dem Boden zerschellte, wo der Honig klebrig auseinanderlief.

Als sie dies sah, wurde Truhana auf einmal genauso deprimiert, wie sie zuvor vor Glück berauscht gewesen war, und sie erkannte, dass ihre Träume zerstoben und nichts weiter als Illusionen gewesen waren.

Sich Phantasien hinzugeben ist gefährlich. Anfangs mögen sie Ihnen zwar als Trost erscheinen, doch sie beruhen auf Angst. Indem sie Sie von der Wirklichkeit entfernen und Ihre Energien an ein Wunschdenken fesseln, stellen Sie sich nie der Grundsituation, die Ihre Enttäuschung verursacht hat, geschweige denn, dass Sie sie bewältigen. Ja, gerade weil Sie sich nicht um diese Situation kümmern, schwelt sie weiter und wird noch schlimmer.

Denken Sie an eine Situation, *mit der Sie Ihrer Meinung nach nicht fertig werden. Durch welche Art von Träumen, Phantasien und Bilder ersetzen Sie sie stattdessen? Was tun diese Phantasien eigentlich für Sie? Ändert oder verbessert sich irgendetwas in Ihrem Leben? Sind Sie sich überhaupt bewusst, dass Sie sich in einem Traum verlieren?*

Ist Ihre Lieblingsphantasie angenehm, oder macht sie Ihnen Angst? Indem Sie mit Ihren üblichen Phantasien in Kontakt treten, können Sie mehr über das erfahren, dem Sie sich in Ihrem Leben nicht stellen, wovor Sie sich fürchten. Wenn Sie das zugrundeliegende Problem erkennen, sich ihm stellen und konstruktiv damit umgehen, werden Ihre Phantasien vergehen.

Eine Phantasie ist eine Phantasie

Es kann sehr schockierend sein, wenn man erkennt, dass eine Phantasie nur eine Phantasie ist. Sie kann nämlich so intensiv werden, dass sie Ihnen wie die Wirklichkeit vorkommt. Wenn Sie Ihre Phantasien immer wieder durchspielen, erscheinen sie Ihnen wie alte Freunde. Wenn diese Phantasien Ihnen sehr vertraut werden, statt dass Sie dem, was geschieht, Ihre Aufmerksamkeit widmen, genießen Sie einfach Ihre Phantasien und vernachlässigen die vielen Warnungen, Zeichen und Botschaften, die Ihnen das Leben über die Wahrheit der Situation sendet, in der Sie befangen sind. Wenn die Dinge dann eskalieren, wenn die harte Wahrheit erscheint und Sie plötzlich entlassen werden oder Ihre Beziehung abrupt endet, kann der Schock gewaltig sein. Sie hatten keine Ahnung, dass es dazu kommen würde, weil Sie einfach nicht bereit waren, zu hören und zu sehen, was in Ihrem Leben wirklich vorging.

Lou war verrückt nach Mara und hörte sie sagen, sie würde ihn auch lieben. Er schwebte im siebten Himmel und erzählte seinen Freunden, dass es bald eine Verlobung gebe. Lou hörte in Wirklichkeit gar nicht, was Mara in Wahrheit sagte oder in welchem Ton sie es sagte. Tatsächlich sagte Mara zu ihm traurig, sie könnte ihn eines Tages lieben, wenn sie je das Gefühl habe, dass er lernen würde, ihr zuzuhören und zu verstehen, was sie empfand. Im Grunde nämlich dachte sie, dieser Tag würde nie kommen, und darum war sie so traurig.

Wenn eine Beziehung plötzlich endet, sagen so viele Menschen zu ihrem Partner: »Ich hab dir immer wieder gesagt, was ich fühle, und du hast mir nie zugehört. Du hast mich einfach ausgeblendet.«

Taub und blind werden

Indem Ihre Phantasien Ihre Aufmerksamkeit von der konkreten Situation ablenken, machen sie Sie taub und blind. Egal, was sich vor Ihren Augen abspielt – Sie sehen es einfach nicht. Sie sehen nur Ihre Phantasie darüber. Egal, was gerade gesagt wird – Sie hören es eigentlich gar nicht. Vielleicht hören Sie nur einen Teil von dem, was Ihnen mitgeteilt wird, und verzerren alles Übrige. Ihre Phantasien lassen die Informationen durch, die Sie hören wollen, und filtern alles andere heraus, das Ihren Wünschen und Begierden nicht entspricht.

Um angstfrei zu werden, ist es wichtig, die Fähigkeit zu entwickeln zu erkennen, was die Wirklichkeit Ihnen bringt, und sich nicht in einem Trugbild zu verlieren. Wenn Sie in der Lage sind, tatsächlich zu erkennen, was geschieht, werden Sie gleichzeitig echte Möglichkeiten finden, auf das zu reagieren, was von Ihnen verlangt wird.

Idries Shahs Geschichte über den weisen Sufi Nasruddin zeigt, wie leicht Wirklichkeit und Phantasie verwechselt werden können.

Nasruddin suchte einen reichen Mann auf.

»Gib mir ein wenig Geld«, sagte er zu ihm.

»Warum?«, fragte der reiche Mann.

»Ich möchte etwas kaufen – einen Elefanten.«

»Wenn du kein Geld hast, kannst du es dir gar nicht leisten, einen Elefanten zu halten«, erwiderte der reiche Mann.

»Ich bin zu dir gekommen«, sagte Nasruddin, »um Geld zu bekommen, nicht einen Rat.«

Tagtäglich bringt uns die Wirklichkeit so viele Gelegenheiten, Unterweisungen und unerwartete Geschenke. Sind Sie bereit, sie zu empfangen, oder geben Sie sich einer Phantasie hin, was geschehen sollte, wie die Welt Sie behandeln sollte?

Erstellen Sie eine Liste *der grundlegenden Situationen, die in Ihrem Leben bewältigt werden müssen. Indem Sie sich ihrer einfach bewusst werden und sie aufschreiben, wird die Angst vor ihnen vergehen. Wenn Sie Notwendigkeiten ständig unterdrücken und verschleiern, vergeht die Angst nicht – stattdessen wird sie stärker.*

Obsessives zwanghaftes Verhalten

Wenn Phantasien von Ihnen Besitz ergreifen, ist das obsessive Denken nicht weit. Das obsessive, repetitive Denken steckt Sie gleichsam in eine Zwangsjacke. Wenn Sie im Würgegriff des obsessiven Denkens gefangen sind – weil Sie versuchen, sich mit den Schicksalsschlägen abzufinden, die Sie abbekommen haben, oder um sich zu versichern, dass in Zukunft alles so laufen wird, wie Sie es wollen –, spielt Ihr Verstand die gleichen Ereignisse immer wieder durch, ohne eine Lösung zu finden.

Das obsessive Denken entwickelt sich auf natürliche Weise zu einem obsessiv-zwanghaften Verhalten. Statt sich der Wirklichkeit zu stellen und zu erkennen, dass Sie das Gefühl haben, die Dinge nicht im Griff zu haben, verlegen Sie sich nun auf repetitive Verhaltensweisen und Rituale, um ein Gefühl der Stabilität und Sicherheit zu erzeugen. Der Preis, den Sie dafür bezahlen, ist enorm: Repetitive Verhaltensweisen schränken Ihr Leben nicht nur ein, sondern es erfordert auch ungeheuer viel Zeit und Energie, um sie in Gang zu halten. Sie nehmen Ihnen nicht nur Ihre Freiheit, denn das Gefühl der Sicherheit, das sie vorspiegeln, ist zerbrechlich. Sobald ein Ritual nicht absolviert oder ein bestimmtes Verhalten nicht an den Tag gelegt wird, stellt sich erneut das Schuldgefühl oder die Angst ein.

Maria konnte weder sich noch ihrem Vater den schrecklichen Missbrauch vergeben, den sie durch ihn erlitten hatte. Sie hatte auch keine Ahnung, wie sie sich davon reinwaschen oder sich je wieder wertvoll fühlen sollte. Zunächst wusch sie sich die Hände nach jeder Mahlzeit, weil sie das Gefühl hatte, dies würde die Schmach tilgen. Bald genügte es nicht, sich nach jeder Mahlzeit zu waschen, und sie begann, sich auch zwischen den Mahlzeiten zu waschen. Das verschaffte ihr ein noch besseres Gefühl, doch wenn sie es vergaß, erwachte die Angst wieder. Es dauerte nicht lange, da musste sie sich auch immer dann waschen, wenn sie sich in der Öffentlichkeit gezeigt hatte. Der Zwang kontrollierte ihr Leben, und sie war verängstigt, wenn sie es vergaß. Maria konnte nicht verstehen, dass sie, je mehr sie sich wusch, sich immer noch mehr waschen musste.

Obsessiv zwanghafte Rituale besänftigen die Angst nur vorübergehend. Doch wenn man sich der Quelle der Angst nicht stellt und sie nicht loslässt, lauert sie weiterhin unter der Oberfläche. Marias Zwangsverhalten war eine Abwehr gegen Gefühle, die sie mit dem Missbrauch verbunden hatte. Sie hatte keine Ahnung, wie sie sich von diesen Gefühlen befreien sollte, und wusch den Schmerz, den sie empfand, symbolisch ab. Doch wenn obsessive Verhaltensweisen und Rituale die Kontrolle übernehmen, beeinträchtigen und behindern sie auf lange Sicht unser Leben und fördern alle möglichen Formen der Sucht. Letztlich führen sie zu noch mehr Angst und Kontrollverlust.

Bis zu einem gewissen Grad versuchen wir alle, die Angst durch Phantasien, Routinen, Rituale und automatische Verhaltensmuster, die nicht loslassen, zu kontrollieren. Doch je mehr wir uns ihnen hingeben, desto beängstigender kann die Wirklichkeit uns vorkommen, und desto weniger sind wir in der Lage, etwas dagegen zu unternehmen. Dennoch sind Sie stärker als all Ihre zwanghaften Verhaltensweisen. Sie können innehalten, Sie können sich entscheiden, Sie können wählen, anders zu handeln. Hier eine wunderbare Übung, die Ihnen hilft, sich von Obsessionen und Zwängen aller Art zu befreien.

Tun Sie es einfach

> *Du kannst ein Meer nicht überqueren, wenn du bloß ins Wasser starrst.*
>
> *Tagore*

Tun Sie es einfach. *Handeln Sie.* Stehen Sie auf, gehen Sie hinaus, lassen Sie sich auf das Leben ein und *tun Sie etwas. Tun Sie einen Schritt und dann den nächsten, egal, wie Sie sich fühlen.* Die Angst wird dabei gegen Sie ankämpfen. Sie wird Sie auffordern, zu warten, noch einmal darüber nachzudenken, sich zu verstecken, sich bereitzumachen, sich vorzubereiten, alles zu verschieben – sich erst zu vergewissern, ob auch alle Bedingungen perfekt sind. Natürlich sind alle Bedingungen niemals perfekt. Dieser Tag wird nie kommen. Die Angst erklärt Ihnen, Sie seien noch nicht so weit, sollten vorsichtig sein, Sie würden auf die Nase fallen, sich zum Narren machen.

Sagen Sie zur Angst: *Was ist falsch daran, auf die Nase zu fallen, sich zu irren, sich zum Narren zu machen? Nichts. Es ist nicht annähernd so gefährlich, wie bewegungsunfähig zu leben. Wer ist denn schon jemals wirklich bereit für etwas? Wenn Sie warten, bis Sie bereit sind, kapseln Sie sich in Ihre Phantasien ein, und nichts passiert.*

Indem Sie handeln, werden Sie bereit.

Suchen Sie sich eine Handlung aus, *vor der Sie zögern, und handeln Sie jetzt einfach. Hören Sie mit allem anderen* *auf, hören Sie auf zu denken, stehen Sie einfach auf und handeln Sie jetzt. Sobald Sie handeln, fällt Ihnen der nächste Schritt leichter, und Sie erkennen dann klar, was als Nächstes kommen muss.*

Wenn Sie im gegenwärtigen Augenblick handeln, lernen Sie, entwickeln sich und entdecken Ihre eigene enorme Macht. Sie erkennen die Folgen Ihrer Entscheidungen und können neue, weisere Entscheidungen treffen. Was macht es schon aus, ob Sie Erfolg haben oder scheitern? Wenn Sie absolut Angst vor dem Scheitern haben, leben Sie im Würgegriff der Angst.

Hier ist eine wunderbare Geschichte für alle, die sich zwanghaft fragen, wann und was sie tun sollen und mit wem.

Eines Tages sagte sich ein Kaiser, wenn er die Antwort auf drei Fragen wüsste, würde er immer wissen, was er tun müsse, egal, was, und würde sich nicht ständig darüber den Kopf zerbrechen müssen. Also ließ er im ganzen Reich verkünden, falls jemand seine drei Fragen beantworten könne, bekäme er eine große Belohnung.
Die Fragen lauteten:
Wann ist die beste Zeit, etwas zu tun?
Wer sind die wichtigsten Menschen?
Was ist die wichtigste Sache?
Der Kaiser bekam viele Antworten, aber keine stellte ihn zufrieden. Schließlich begab er sich zu einem Berg, um einen weisen Einsiedler aufzusuchen, der oben auf dem Gipfel lebte. Als er dort ankam, stellte er dem Weisen seine drei Fragen. Der Einsiedler, der gerade in seinem Garten umgrub, hörte ihm aufmerksam zu und machte sich dann wieder an seine Arbeit, ohne ein Wort zu sagen. Während er weitergrub,

bemerkte der Kaiser, wie müde der alte Mann zu sein schien.
»Gib mir mal den Spaten«, sagte der Kaiser. »Ich werde graben, und du kannst dich ein wenig ausruhen.«
Also ruhte sich der Einsiedler aus, während der Kaiser grub.
Nachdem er mehrere Stunden lang gegraben hatte, war auch der Kaiser sehr müde. Daher sagte er: »Wenn du meine Fragen nicht beantworten kannst, sag's mir einfach, und dann werde ich wieder gehen.«
»Hörst du dort jemanden laufen?«, fragte der Einsiedler plötzlich und deutete zum Waldrand hin. Und tatsächlich stürzte aus dem Wald ein Mann heraus, der sich den Bauch hielt. Als der Eremit und der Kaiser bei ihm ankamen, brach er zusammen. Dann sahen sie, dass er eine tiefe Schnittwunde hatte. Der Kaiser säuberte die Wunde und verband sie mit seinem eigenen Hemd. Der Mann kam zu sich und bat um Wasser. Der Kaiser eilte zu einem vorbeifließenden Bach und brachte ihm ein wenig Wasser. Dankbar trank es der Mann, dann schlief er ein.
Der Eremit und der Kaiser trugen den Mann in die Hütte und legten ihn auf das Bett des Eremiten. Inzwischen war auch der Kaiser so erschöpft, dass er einschlief.
Als der Kaiser am nächsten Morgen erwachte, starrte der verletzte Mann auf ihn herab. »Vergebt mir«, flüsterte er.
»Dir vergeben?«, fragte der Kaiser und setzte sich schlaftrunken auf. »Was hast du getan, das ich dir vergeben soll?«
»Ihr kennt mich nicht, Euer Majestät, aber ich habe

Euch für meinen Todfeind gehalten. Im Krieg habt Ihr meinen Bruder getötet und mir meine Ländereien weggenommen. Also schwor ich Rache und wollte Euch töten. Und gestern lauerte ich Euch in einem Hinterhalt auf, aber aus irgendeinem Grund kamt Ihr nicht zurück. Also verließ ich mein Versteck, um Euch zu suchen. Stattdessen fanden mich Eure Diener, und als sie mich erkannten, griffen sie mich an und brachten mir eine schmerzende Wunde bei. Ich konnte fliehen, doch wenn Ihr mir nicht geholfen hättet, wäre ich gestorben. Ihr habt mir das Leben gerettet. Ich bin beschämt und sehr dankbar. Bitte vergebt mir.«

Der Kaiser war gerührt. »Es tut mir leid, dass ich dir Schmerzen bereitet habe«, sagte er. »Lass uns fortan Freunde sein.«

Nachdem der Mann gegangen war, wandte sich der Kaiser an den Einsiedler. »Ich muss jetzt wieder gehen«, sagte er, »und die Antworten auf meine drei Fragen finden.«

Der Einsiedler lachte und erwiderte: »Deine Fragen sind bereits beantwortet. Wenn du mir gestern nicht im Garten beim Umgraben geholfen und damit deine Rückkehr verschoben hättest, wärst du auf dem Heimweg angegriffen worden. Daher war für dich die wichtigste Zeit die Zeit, in der du in meinem Garten umgegraben hast. Der wichtigste Mensch war ich selbst, der Mensch, mit dem du zusammen warst, und die wichtigste Sache war es einfach, mir zu helfen.

Als später der Verwundete kam, war die wichtigste Zeit die Zeit, die du damit verbracht hast, seine Wunde zu versorgen, denn sonst wäre er gestorben, und du hättest für immer die Chance zur Vergebung

und Freundschaft verloren. In jenem Augenblick war er der wichtigste Mensch, und die wichtigste Sache war es, seine Wunde zu versorgen.
Der gegenwärtige Augenblick ist der einzige Augenblick«, sagte der Einsiedler abschließend. »Der wichtigste Mensch ist immer der Mensch, bei dem du bist. Und die wichtigste Sache ist die, dass du den Menschen an deiner Seite glücklich machst. Was könnte einfacher und wichtiger sein?«
Der Kaiser verbeugte sich dankbar vor dem alten Lehrmeister und ging in Frieden.

Rafe Martin und Manuela Soares

Fehler sind Ihr Freund

Es ist durchaus verständlich, warum es Ihnen so schwerfällt zu handeln, wenn Sie solche Angst haben, Fehler zu machen. Doch es ist nicht falsch, Fehler zu machen. Fehler sind schließlich Ihr Freund. Sie können nicht aufstehen, wenn Sie nicht hinfallen. Kein Kind würde je gehen, wenn es Angst hätte hinzufallen. Es ist ganz natürlich, hinzufallen und wieder aufzustehen. Es ist ganz natürlich, zu handeln, aus dem, was geschieht, zu lernen, Ihre Muskeln zu kräftigen und voranzukommen. Sie können nicht vorankommen, wenn Sie Angst haben, zu scheitern oder Fehler zu machen. Tatsächlich ist es gut, einen sogenannten Fehler zu machen. Das bedeutet, dass Sie ein Risiko eingegangen sind. Sie haben der Angst widerstanden und sind stärker als sie geworden. Der große Lehrer Dogen sagte einmal: »Das Leben ist ein ständiger Fehler.«

Jedes Mal, wenn Sie sich der Angst widersetzen, ein Risiko eingehen, der Angst ins Auge sehen und handeln, haben Sie gewonnen. Es spielt keine Rolle, was sich daraus ergibt.

Sie haben den Würgegriff der Angst gelockert und Ihre ursprüngliche Freiheit wiedererlangt.

Wenn Sie hundertmal hinfallen, heißt das, dass Sie hundertmal gewonnen haben. Sie haben sich hundertmal der Angst gestellt, sind aufgestanden und haben es erneut versucht. Sie haben sich dabei gestärkt und die Angst geschwächt. Sie haben zur Wahrheit dessen, der Sie sind, zurückgefunden und sind daraus ganz und gar mächtiger als die Angst hervorgegangen.

Betrachten Sie die Zeiten, *in denen Sie einen Fehler begangen haben, hingefallen sind. Beschreiben Sie, was passiert ist. Was haben Sie daraus gelernt? Was haben Sie versäumt zu lernen? Schreiben Sie auf, was, wie Sie »dachten«, hätte passieren sollen.*

Oft nennen wir etwas einen Fehler, weil wir das Ergebnis nicht erwarteten oder weil es uns Schmerzen bereitete. Aber wer entscheidet darüber, dass es ein Fehler war? Wenn das Ergebnis anders ausgefallen wäre, wäre es dann okay gewesen?

Sie entscheiden, dass ein Fehler ein Fehler ist. Aber er ist bloß etwas, das passiert ist und sich irgendwie ergeben hat. Warum sollen wir das überhaupt einen Fehler nennen? Weil Sie nicht in der Lage waren, alle Aspekte des Lebens im Griff zu haben? Wer hat das schon? Warum sollten Sie sie im Griff haben?

Es ist doch faszinierend, wie sehr wir Angst haben, uns zu irren, wie sehr wir meinen, stets vollkommen sein zu müssen. Diese Gefühle sind reine Einbildung und die Stimme der Angst. Stellen Sie sich bei dieser törichten Stimme taub und freuen Sie sich immer, wenn Sie sich irren.

> *»Es gibt gewisse Dinge«, sagte Nasruddin, »von denen du tief im Inneren weißt, dass sie unwahr sein müssen.«*

»Kannst du mir ein Beispiel nennen?«, fragte einer, der immer Beweise sehen wollte.
»Sicher. Als ich zum Beispiel neulich spazieren ging, vernahm ich ein Gerücht, ich sei tot.«

Idries Shah

Was ist falsch daran, sich zu irren?

Was ist falsch daran, *sich zu irren? Schreiben Sie alle Zeiten auf, in denen Sie sich geirrt haben. Wem machte das etwas aus? Was passierte? Ging die Welt dabei unter? Haben Sie etwas daraus gelernt, sich geirrt zu haben?*

Notieren Sie fünf Möglichkeiten, wie Sie sich jetzt irren können. Probieren Sie es an jedem Tag mit einer. Sehen Sie, was passiert? Ist es so schrecklich? Wollen Sie Ihr Leben damit verbringen, Angst zu haben, sich zu irren?

Wenn Sie solche Angst haben, sich zu irren, und darauf bestehen, immer recht zu haben, machen Sie sich selbst verrückt. Sie machen auch andere verrückt – wenn Sie meinen, dass sie sich irren, behandeln Sie sie abfällig oder lehnen sie ab. Oder wenn Sie sich vorstellen, dass jemand anderes recht hat und Sie sich irren, fühlen Sie sich minderwertig. Wenn Sie auf diese Weise leben, fallen Sie auf ein Trugbild herein. Trugbilder gibt es nicht nur in der Wüste – unser Leben ist voll davon. Wenn Sie durch die Wüste fahren und weit voraus einen nicht existierenden See erblicken, sieht das ganz real aus. Aber es ist bloß ein Trugbild, das Ihnen Ihr Durst vorgaukelt. Doch weil Sie es für real halten, rasen Sie los, um daraus zu trinken. Je mehr Sie auf das Trugbild zurasen, desto weiter weicht es zurück. Dann scheint das Wasser keine hundert Meter voraus zu sein. Sie rasen noch weiter durch die heiße Wüste, was Ihren Durst nur stärker macht und Sie noch verzweifelter nach Wasser verlangen lässt. Aber dieses Trugbild – eigentlich jedes Trugbild – wird niemals Ihren Durst stillen. Die Phantasievorstellung, ein vollkommener Mensch zu sein, der immer recht hat und sich nicht irren darf, ist schlicht ein Trugbild. Die Suche nach Vollkommenheit wird Sie verrückt machen und niemals Weisheit oder Erfüllung in Ihr Leben bringen.

Nichts wird dieses niederschmetternde Muster durchbrechen, wenn Sie nicht akzeptieren, dass ein Trugbild ein Trugbild ist. Es existiert nicht – Sie haben es sich ausgedacht. Das Gleiche gilt für Ihr Streben nach Vollkommenheit und Ihre Angst, etwas falsch zu machen. Das Leben ist ein ständiger Ablauf von Agieren, Reagieren und weiterem Agieren, und dabei ist das Wichtigste: Tun Sie, was Sie tun können, so voll und ganz Sie es können und mit ganzem Herzen. Seien Sie so offen für die Wirklichkeit, wie Sie sein können – sehen, hören und fühlen Sie sie klar und deutlich –, und reagieren Sie dann. Wenn Sie rückhaltlos handeln, ändert sich Ihr Leben, und Schritt für Schritt kommen Sie aus Ihrem Versteck heraus und erinnern sich daran, wer Sie sind. Um die Folgen Ihres Handelns müssen Sie sich nicht kümmern. Tun Sie einfach rückhaltlos jeden Schritt und sehen Sie, was passiert.

Es war einmal ein Prinz, der den Verstand verlor und beschloss, ein Truthahn zu sein. Er legte seine Kleider ab und kauerte sich nackt unter die königliche Tafel, wo er nichts anderes essen wollte als die Krumen, die auf den Boden gefallen waren. Der König war höchst bekümmert. Viele Ärzte wurden in den Palast geholt, um den Prinz zu untersuchen, aber keiner vermochte ihn zu heilen.

Eines Tages kam ein weiser Mann zum König und sagte: »Lass mich in deinem Palast leben. Sei geduldig, ich werde deinen Sohn wieder gesund machen.«

Augenblicklich begab sich der weise Mann an die königliche Tafel, legte seine Kleider ab und setzte sich nackt neben den Prinzen auf den Boden.
»Wer bist du, und was bist du?«, wollte der Königssohn wissen.
»Ich bin ein Truthahn, genau wie du«, erwiderte der weise Mann. »Ich dachte, du könntest einsam sein, und daher beschloss ich, herzukommen und dir für eine Weile Gesellschaft zu leisten.«
Es dauerte nicht lange, und die beiden »Truthähne« gewöhnten sich aneinander und wurden bald gute Freunde. Sie aßen Brotkrumen, tranken von Blechtellern und unterhielten sich über die Vorteile, die es mit sich brachte, zahme Vögel statt Menschen zu sein. Eines Abends, als die Königsfamilie gerade aß, gab der weise Mann dem König ein Zeichen, und dieser ließ von den Dienern zwei Seidengewänder bringen und behutsam unter den Tisch legen. Rasch schlüpfte der weise Mann in ein Gewand, und bevor der Prinz ein Wort sagen konnte, erklärte er ihm: »Manche Truthähne sind so unsicher, dass sie glauben, wenn sie in ein Gewand schlüpfen, könnten sie sich in etwas anderes verwandeln.«
Der Prinz dachte einen Augenblick darüber nach, nickte dann und begann sich selbst anzuziehen. Ein paar Tage später beschloss der weise Mann, Fleisch, Kartoffeln und frisches Gemüse von einem Teller zu essen. Er nahm einen Bissen und sagte: »Das ist ja köstlich. Es ist doch gut, dass man alle Arten von Essen genießen kann.« Der Prinz gab ihm sofort recht und aß sich satt.
Nachdem noch mehr Zeit vergangen war, beschloss der weise Mann schließlich, sich an den Tisch zu setzen. Während er mit der Königsfamilie aß, rief er

zum Prinzen hinunter: »Komm doch zu mir. Das Essen ist zwar das gleiche, doch die Stühle sind etwas ganz Besonderes. Übrigens haben wir Truthähne eine Menge zu bieten. Warum sollten wir uns weiter verstecken?«
Der Königssohn kam hervor und setzte sich an den Tisch. Es dauerte nicht mehr lange, bis er sich daran erinnerte, wer er war.

Rabbi Nachman

Machen Sie sich keine Sorgen wegen der Folgen Ihres Handelns

Wenn wir sagen: »*Tu's einfach*«, dann wollen wir damit eigentlich sagen, dass man sich nicht auf die Konsequenzen seines Handelns konzentrieren soll. Vergessen Sie doch die Folgen. Konzentrieren Sie sich einfach auf das Handeln an sich. Der weise Mann befreundete sich einfach mit dem Prinzen. Schenken Sie nicht jemandem etwas, während Sie im Stillen damit rechnen, dass Ihnen der andere auch etwas schenkt oder Ihnen einen Gefallen erweist. Dann tun Sie es nicht einfach, sondern mit Hintergedanken. Wenn Sie mit Hintergedanken handeln, stören Sie immer das Gleichgewicht, denn Ihre Aufmerksamkeit gilt zur Hälfte dem, was Sie im Gegenzug bekommen. Und wenn Sie es nicht bekommen, ärgern Sie sich und grollen. Ihr Geschenk war kein wahres Geschenk. Es war eine Form der Manipulation.

Gehen Sie nicht zu einer Verabredung und fragen sich, ob Sie einen guten Eindruck machen und lauter richtige Dinge sagen. Seien Sie einfach mit dem anderen Menschen zusammen – wahrhaft zusammen. Konzentrieren Sie Ihre Aufmerksamkeit auf ihn, werden Sie Freunde, hören Sie wirklich zu und antworten Sie wirklich. Genießen Sie die gemeinsame Zeit um ihrer selbst willen und lernen Sie diesen Menschen kennen, ohne von ihm etwas im Gegenzug zu erwarten.

Erwartungen erzeugen Ängste, enttäuscht zu werden. Sie überwachen Ihr Verhalten, damit Sie bekommen, was Sie wollen. Wenn Sie Ihr natürliches Verhalten überwachen, werden Sie automatisch gespalten. Ihre eine Hälfte überprüft ständig, wie es der anderen Hälfte geht – ob Sie auch bekommen, was Sie wollen. Dann sind Sie nicht wirklich da für andere. Stattdessen benützen Sie den anderen Menschen als Objekt. Auch Sie selbst können für sich zum Objekt werden, indem Sie sich herumschubsen. Es ist sogar möglich, dass Sie Angst vor sich selbst bekommen.

Halten Sie inne *und widmen Sie Ihre ganze Aufmerksamkeit dem, der Sie sind, mit dem Sie zusammen sind und was wirklich geschieht. Seien Sie voll und ganz offen für alles, was in Ihrer Welt geschieht.*

Wenn Sie allein sind, lauschen Sie dem, was Sie hören, erkennen Sie, was Sie sehen, spüren Sie die Brise auf Ihrem Gesicht, beachten Sie Ihre Haltung und wie sich Ihr Körper fühlt. Was tun Sie genau in diesem Augenblick? Richten Sie Ihre ganze Aufmerksamkeit darauf. Wenn Sie Gemüse für eine Suppe schneiden, achten Sie auf jeden Schnitt. Stellen Sie fest, was nun mit Ihrer Angst passiert.

Wenn Sie sich auf Ergebnisse konzentrieren, stellt sich die Angst ein. Wenn Sie sich einfach voll und ganz auf das Handeln stürzen, es genießen und voll und ganz tun, werden Sie allein durchs Tun zufrieden, und die Angst vergeht. Diese Art von konzentriertem, ausschließlichem, zielstrebigem Handeln ist eine wunderbare Medizin gegen Ängste aller Art. Man nennt dies auch achtsam leben oder gegenwärtig sein für alles, was sich ergibt.

Kein Ziel wird errichtet,
Kein Bogen wird gespannt,
Der Pfeil verlässt die Sehne.
Er mag nicht treffen,
Aber er kann nicht verfehlen.

Zen-Spruch

Entdecken Sie Ihren Lebenszweck

Wenn uns das Leben platt und sinnlos vorkommt, können Phantasien uns Energie und Aufregung bieten, und wir können leicht von ihnen abhängig werden. Manche dieser Phantasien vermitteln uns das Gefühl, als ob wir unseren Lebenszweck gefunden hätten. Doch früher oder später wird dieses Gefühl vergehen. Wenn Sie in der Phantasie nicht Ihren wahren Zweck gefunden haben, fragen Sie sich vielleicht, wo Sie ihn finden können und wie Sie in Kontakt mit dem treten, das für Sie wahrhaft sinnvoll ist.

Halten Sie inne *und sehen Sie, welche Ihrer Phantasien sich verbraucht haben. Klammern Sie sich noch immer an sie? Greifen Sie nach neuen? Hören Sie damit für einen Augenblick auf, lassen Sie die Phantasien los und verweilen Sie in der Lücke, die entstanden ist, weil Sie für den Augenblick nichts haben, woran Sie sich festhalten können.*

Wenn sich Ihre Phantasien verbrauchen, statt dass Sie sich die Zeit nehmen, den Raum in Ihrem Leben ohne sie zu erfahren, ist es leicht, nach neuen zu greifen. Es kann Ihnen beängstigend vorkommen, in der Leere zu leben, die sich anfangs einstellt, in der Lücke, dem unbekannten Raum zwischen zwei Lebensweisen. Doch wie heißt es im Lankavatara-Sutra? »Wenn du aufgibst, was falsch ist, kommt das, was wahr ist, ganz von allein.« Wenn Sie die Phantasien aufgeben, mit denen Sie herumspielen, wird das, was wirklich ist, Ihr wahrer Zweck, auf ganz natürliche Weise offenbar. Wenn Sie diesen leeren Raum in Ihrem Leben zulassen, werden Sie entdecken, dass er auch ein Schatzhaus ist, aus dem sich neue Möglichkeiten aller Art ergeben, auch wenn Sie oft eine Zeit der Ungewissheit durchleben müssen.

Der große Zen-Meister Dogen erklärt uns:

»Werden Fische aus dem Wasser genommen, werden sie nicht leben. Wasser ist Leben für Fische, Luft ist Leben für Vögel.«

Was ist für Sie Leben? Was bietet Ihnen wahrhaft Nahrung? Wenn Sie das finden, werden Sie zutiefst in der Welt zu Hause sein und sich nicht in Trugbildern verirren, nicht die Orientierung verlieren oder von der Angst beherrscht werden.

Erstellen Sie eine Liste *aller Phantasien, an die Sie sich klammern. Geben Sie nun für ein paar Tage eine davon auf. Stellen Sie fest, wie Sie sich dabei fühlen. Was kommt an ihrer Stelle? Vielleicht geben Sie die Hoffnung auf, dass ein seit langem verlorener Geliebter plötzlich zurückkehren wird? Wie ist es zu erkennen, dass die Beziehung vorbei ist? Wie fühlt sich Ihr Leben ohne ihn an? Welcher neuen Handlung können Sie sich nun widmen? Was brauchen Sie wirklich?*

Ungeheure Kraft wird Ihnen zuteil, und die Angst vergeht, wenn Sie zulassen, dass Sie ganz bei der Wahrheit Ihrer Situation sind und dass das, was dann geschieht, *offenbar wird*. Statt die Wirklichkeit kontrollieren zu wollen, sind Sie einfach da, voller Interesse und Neugier, und lassen zu, dass die Dinge ihren Gang gehen.

Lassen Sie zu, dass es offenbar wird

Der Himmel ist das Akzeptieren dessen, was ist.

Rabbi Lubovitch

»Zulassen« ist ein wunderschönes Wort, das natürliche Gegenteil von »Angst«. Wenn Sie zulassen, was wirklich und nährend ist, damit es offenbar wird, hören Sie auf, sich ins Leben einzumischen, lassen Sie die Finger von Menschen, Ereignissen und sich selbst. Dann verlangen Sie kein Ergebnis oder stören nicht das Fließen der Ereignisse. Wenn eine Wahl oder Entscheidung erforderlich ist, verkrampfen Sie nicht, um sie zu treffen, sondern lassen zu, dass sie offenbar wird. Wenn Sie auf diese Weise leben, wird Ihnen eine ungeheure Erleichterung und Energie zuteil. Normalerweise verwenden wir unsere Energie darauf, alle zu drängen, zu fordern und verrückt zu machen, nur um Lösungen für die Probleme zu finden, vor denen wir stehen. Sobald sich eine Herausforderung ergibt, stürzen wir uns darauf, fangen an zu denken, zu planen, Strategien zu entwickeln, uns zu quälen und uns in ein Gefängnis ohne Gitter zu stecken. Die meisten Probleme sind nicht einmal echte Probleme – nur andere Formen der Phantasie.

Lassen Sie etwas Einfaches zu: *Lassen Sie zu, dass es am Morgen hell wird oder die Sonne am Abend untergeht. Lassen Sie nun etwas anderes zu, das schwieriger sein könnte. Lassen Sie zu, dass Ihr Partner alles ausspricht, was er will, während Sie nur zuhören und kein Wort sagen.*

Wenn Sie zulassen, dass das Leben ist, was es ist, dann sagen Sie nein zur Angst und zur Kontrolle. Lassen Sie die Flut kommen und die Ebbe gehen. Vertrauen Sie darauf, dass es eine Richtung gibt, eine Lebenskraft, eine Quelle der Führung, die in jedem Augenblick weiß, was richtig ist. Hören Sie auf zu kämpfen, sich anzustrengen, zu fordern und Pläne zu schmieden. Entspannen Sie sich und lassen Sie diese Quelle der Weisheit in Ihr Leben. Sie weiß, was für Sie wirklich, was gut, was wahr ist. Sie ist in jedem Augenblick bei Ihnen. Sie haben nur noch nicht *zugelas-*

sen, dass sie offenbar wird. Dann wird es Zeit, das *Zulassen* zu üben, eine weitere starke Medizin, die Angst zu vertreiben.

Es war einmal eine einsame junge Frau, die sich verzweifelt nach Liebe sehnte. Als sie eines Tages im Wald spazieren ging, entdeckte sie zwei hungernde Singvögel. Sie nahm sie mit und steckte sie in einen kleinen, vergoldeten Käfig und versorgte sie. Die Vögel wurden kräftig und begrüßten sie jeden Morgen mit wunderbaren Liedern. Sie empfand eine große Liebe zu den Vögeln und wollte, dass ihr Gesang ewig währte.

Eines Tages ließ die junge Frau die Käfigtür offen, und der größere Vogel flog heraus. Ängstlich beobachtete sie, wie er hoch über ihr kreiste, und sie hatte solche Angst, dass er davonfliegen und sie ihn niemals wiedersehen würde, und als er näher heranflog, griff sie wie wild nach ihm. Sie fing ihn ein und umklammerte ihn fest in ihrer Hand. Plötzlich spürte sie, dass der Vogel sich nicht mehr rührte; sie öffnete die Hand und starrte entsetzt auf den toten Vogel.

Dann bemerkte sie, dass der andere Vogel neben der Käfigtür flatterte, und sie spürte sein großes Bedürfnis nach Freiheit. Sie hob ihn aus dem Käfig, warf ihn sacht in die Luft und sah zu, wie er sie umkreiste.

Während die junge Frau ihn weiter beobachtete, wurde ihr Entzücken über die Freude des Vogels an seiner neuen Freiheit so groß, dass ihr Verlust ihr nichts mehr ausmachte. Genau in diesem Augenblick flog der Vogel näher, landete sacht auf ihrer Schulter und sang die lieblichste Melodie, die sie je gehört hatte.

Loslassen und das Leben seinen Lauf nehmen lassen ist auch ein Akt der Liebe. Je mehr Sie das Leben loslassen und ihm vertrauen, desto schönere Geschenke bringt Ihnen das

Leben. Und Ihr intuitives Wissen entwickelt sich und geleitet Sie zu dem, was wahrhaft sinnvoll und verlässlich ist, und vertreibt eine Menge Ungleichgewicht und Angst.

Begrüßen Sie das intuitive Wissen: Dialog mit den inneren Stimmen

Wir alle sind teils Mensch, teils Truthahn: Wir wollen an seltsamen Bildern von uns festhalten und andere loslassen. In uns leben viele verschiedene Stimmen. Damit Sie mit Ihrem intuitiven Wissen in Kontakt treten können, müssen Sie sich dieser Stimmen bewusst werden und auf sie hören. Doch Ihre inneren Stimmen haben oft widersprüchliche Bedürfnisse und senden unterschiedliche Botschaften, die bewirken können, dass Sie die Orientierung verlieren und sich selbst sabotieren.

Beispielsweise können Sie sich für ein bestimmtes Vorgehen entscheiden, und mittendrin sagt eine innere Stimme Ihnen, eine totale Kehrtwende zu vollziehen. Sie fangen ein neues Projekt an, und plötzlich plagt eine andere Stimme Sie mit Zweifeln und Ängsten. Oder vielleicht verlieben Sie sich und sind glücklich, bis wieder eine andere Stimme nur auf den negativen Dingen an dem anderen Menschen herumreitet. Welche Stimme ist real? Welche ist wahr? Auf welche können Sie sich verlassen?

Nur selten stellen Sie sich diese Fragen, weil Sie sich meist der verschiedenen Stimmen nicht bewusst sind, die von innen her zu Ihnen sprechen und widersprüchliche Botschaften aussenden. Stattdessen laufen Sie hin und her und reagieren auf beliebige Impulse. Tatsächlich sind diese Impulse gar nicht beliebig, sondern eine direkte Reaktion auf die verschiedenen inneren Stimmen.

Auch wenn einige Ihrer inneren Stimmen Angst erzeugen

mögen, ist es äußerst wichtig, dass Sie lernen, ihnen zuzuhören. Weil diese Stimmen bedrohlich sein können, blenden Sie sie aus und glauben, Sie würden nicht hören, was sie sagen. Doch unbewusst vernehmen Sie sie. Unterschwellig beeinflussen Ihre inneren Stimmen Ihr Verhalten und Ihre Gefühle. Sie auszublenden wird gefährlich, denn dann werden Sie von Botschaften beherrscht, derer Sie sich nicht bewusst sind. Sie verlieren Ihre Klarheit und die Kraft, selbst positive Entscheidungen zu treffen.

Wenn Sie sich einfach Ihrer vielen inneren Stimmen bewusst werden, ist das ungeheuer befreiend. Wenn Sie sie sprechen lassen und ihnen zuhören, vergeht nicht nur ein Großteil Ihrer Verwirrung und Angst, sondern Sie werden auch feststellen, dass viele wertvolle Informationen nur darauf warten, gehört zu werden. Wenn ein Teil Ihres Selbst stumm, ungehört, nicht akzeptiert und unerkannt agiert, entsteht Verwirrung. Aber wenn diese Stimme sich äußern darf, wenn Sie zuhören, sie akzeptieren und ihr danken, wird eine Menge Ihrer Energie freigesetzt. Auch die Scham vergeht, wenn Sie sich mit all den verschiedenen Aspekten Ihres Selbst anfreunden und sie vereinen. (Eine Übung, die Ihnen bei diesem Prozess hilft, finden Sie auf Seite 269 ff.)

Das intuitive Wissen entwickeln

Wenn du die Welt akzeptierst,
Wird das Dao in dir sein,
Und du wirst zu deinem ursprünglichen Selbst zurückkehren.

Laozi

In jedem von uns steckt ein ursprüngliches Selbst, das alles bewältigen kann. Dieses weisere, ursprüngliche Selbst ist

Ihr eigenes intuitives Wissen, das ewige Wissen oder der Meister in Ihnen. *Fragen* Sie es, wie es genannt werden möchte, und lassen Sie zu, dass es die Zügel in die Hand nimmt. Dieser Teil von Ihnen gründet in der Wahrheit Ihres Wesens und weiß, was es tut und wohin Sie gehen müssen. Die Praxis des Dialogs mit Ihrem inneren Selbst ist sehr kraftvoll. Die meisten Menschen widmen anderen und äußeren Anforderungen so viel Aufmerksamkeit, und dann fragen sie sich, warum sie sich so leer, benachteiligt oder allein fühlen. Wenn Sie sich selbst Zeit, Aufmerksamkeit und liebevolle Fürsorge widmen, dann hat das kleine Kind in uns, das sich nach Aufmerksamkeit sehnt, das Gefühl, als ob jemand endlich da ist. Auch andere Teile von Ihnen, die verborgen sind, sehnen sich nach Ausdruck und Akzeptanz. Wenn Sie innehalten und respektvoll auf das hören, was in Ihnen vorgeht, jeder inneren Stimme die Chance geben, gehört zu werden, werden Sie lebendiger, befreien Ihre Energie und erlangen wieder die ganze Fülle dessen, der Sie sind.

Wenn Sie diesen Prozess wiederholt durchlaufen, lernen Sie, sich selbst zu geben, was Sie sich immer von jemand anderem ersehnt haben. Nun müssen Sie sich keine Phantasien, Träume und Trugbilder ausdenken, um Ihren Wunsch zu erfüllen, geliebt und verstanden zu werden. Dann werden Sie tatsächlich haben, was Sie brauchen.

Wendepunkt

Es gibt keine Fehler, es gibt nur das, was geschieht

Wir flüchten uns aus der Wirklichkeit in die Phantasie aus vielen Gründen, auch aus Angst, uns zu irren, beschämt zu werden oder einen Fehler zu machen. Doch etwas einen Fehler zu nennen, ist nur ein Etikett, das wir ihm verpassen.

In Wirklichkeit gibt es keine Fehler, sondern nur das, was wir tun, und dann das, was geschieht. Wir können das, was geschieht, so betrachten, dass wir es für einen großen Erfolg halten. Wir können es aber auch so betrachten, dass wir der Meinung sind, wir sind gescheitert, und dann nehmen wir uns selbst unsere Kraft und Energie.
Wir müssen handeln, um unser Leben zu entwickeln, zu erkunden und zu genießen. Es ist besser, hinzufallen und wieder aufzustehen, als stehen zu bleiben und zu erstarren oder uns in Träume und Trugbilder zu flüchten. Und denken Sie daran: Jedes Mal, wenn Sie hinfallen und wieder aufstehen, jedes Mal, wenn Sie ein Risiko eingehen, haben Sie gewonnen – Sie haben den Würgegriff der Angst geschwächt.

5 Finden Sie einen sicheren Hafen

Der Schmerz und die Anstrengung, sich von ihm zu trennen, sind das Gleiche.

Für viele Menschen ist das Leben eine gefährliche Reise, die sie nicht überleben. Niemand übersteht sie unversehrt. Während wir sie unternehmen, ziehen wir uns viele Wunden und Narben zu. Für manche besteht der ganze Zweck der Reise darin, sich vor Schaden zu sichern und so viele Schmerzen wie möglich zu vermeiden. Doch wenn Sie so leben, schließen Sie viele Möglichkeiten aus und werden selten die wunderbarsten Aspekte Ihres Lebens hier auf Erden auszukosten vermögen. Wenn Sie defensiv leben, sind Sie nicht mehr frei für Verbundenheit, Kreativität, Abenteuer und das kostbare Erlebnis der Liebe. Um all das zu erfahren, müssen Sie offen, verletzlich und bereit sein, ein gewisses Maß an Verletzungen und Schmerzen auf sich zu nehmen.

Die gefährliche Reise

Es gibt viele Möglichkeiten, Beschädigungen zu erleben, und mit einigen werden wir eher fertig als mit anderen. Manche Schäden sind unpersönlich: Die Wirtschaft kann sich plötzlich wandeln und Investitionen und Ersparnisse vernichten, oder wir können einem Hochwasser, Krieg, Erdbeben oder Brand zum Opfer fallen. In diesen Fällen hat es den Anschein, als ob größere Lebenskräfte auf uns einwirken, die wir kaum persönlich im Griff haben.

Nasruddin ritt eines Tages auf seinem Esel, als das Tier vor etwas auf dem Weg erschrak und durchzugehen begann.
Als Nasruddin an einigen Landsleuten in diesem unerwarteten Tempo vorbeiraste, riefen sie ihm zu: »Nun mal langsam, Nasruddin. Wohin willst du denn so schnell reiten?«
»Fragt nicht mich«, schrie Nasruddin aufgeregt zurück, »fragt meinen Esel.«

Idries Shah, Sufi-Geschichte

Um die Dinge wieder in den Griff zu bekommen und sich vor Schaden zu schützen, um ihren Esel daran zu hindern, ihr Leben zu beherrschen, rechnen viele Menschen im Voraus mit Gefahren. Sie schließen Versicherungsverträge ab, suchen sich einen sicheren Ort zum Leben, beauftragen Finanzberater, lassen sich vorbeugend medizinisch behandeln und sorgen für ihr körperliches Wohlbefinden. Manche werden religiös, beten um Segen und Schutz und versuchen, ein rechtschaffenes Leben zu führen. Nichts von alldem ist natürlich unklug – es ist schlicht die Angst hinter all diesen Vorsichtsmaßnahmen, die uns in anderer Hinsicht beeinträchtigen kann.

Nehmen Sie sich einen Augenblick Zeit *und stellen Sie fest, wie Sie sich gegen Gefahren oder andere Dinge wappnen, die Unruhe in Ihr Leben bringen könnten. Worüber machen Sie sich am meisten Sorgen?*

Die Schmerzen und Schäden, die wir im Leben erleiden, können auf viele Weisen erlebt werden. Zuweilen betrachten wir dies als das Wirken unpersönlicher Kräfte, wie Unwetter, Epidemien oder wirtschaftlicher Abschwung. Dann wieder können wir das Gefühl haben, dass uns persönlich gezielt geschadet wird. Sie können Ihren Job verlieren, sich körperlich verletzen oder auf irgendeine Weise physisch attackiert werden. Sie können bestohlen werden, wenn jemand in Ihr Haus einbricht. Die intensive Angst, die sich in solchen Situationen einstellt, ist meist akut und schwer zu erschüttern.

Auch Ihr Seelenfrieden kann Ihnen gestohlen werden, auch wenn dies vielleicht nicht so offenkundig geschieht und Sie sich der Folgen nicht bewusst sein mögen. Viele der Unterhaltungen beispielsweise, die wir täglich führen, stehlen uns unser Gleichgewicht und unseren Seelenfrieden.

Martha bekam mit, dass ihre Kollegen hinter ihrem Rücken über sie herzogen. Sie wusste jedoch nicht, was sie wirklich sagten, weil sie ganz still wurden, wenn sie vorbeiging. Daher spielte ihre Phantasie verrückt, und sie fühlte sich ängstlich und allein. Dann begann Martha im Gegenzug über ihre Kollegen mit anderen herzuziehen. Schon bald war sie in einem Teufelskreis von Misstrauen und bösem Willen gefangen.

Es gibt richtige Tratschterroristen, die nur darauf warten, Ihnen Klatsch, Gerüchte, Angst und Schrecken einzuflößen. Wenn Sie nicht wissen, was geschieht, haben Sie vielleicht keine Ahnung, dass Ihnen geschadet wird, haben keine Abwehr dagegen oder wissen nicht, wie Sie dem Ganzen Einhalt gebieten sollen. An diesem Punkt stellt sich eine allgemeine Angst ein, und oft gehen Sie damit auf eine gestörte Weise um.

Selbst Ihre persönlichen Beziehungen zu Menschen, denen Sie vertrauen und die Sie schätzen, können unberechenbar werden. Dann kann es zu einer Krise kommen, wenn eine Freundin etwas Grausames sagt oder Sie die Zielscheibe eines Streichs oder einer Beleidigung werden. Mitten in einer wunderbaren Beziehung kann sich eine eifersüchtige Person einmischen und die Beziehung zu zerstören versuchen. Ein derart persönlicher, emotionaler Schmerz kann schwerer zu ertragen sein als ein physisches Leiden.

Auf welche Weise *gehen Sie mit emotionalem Schmerz um? Funktioniert das, oder müssen Sie einen größeren Preis dafür bezahlen?*

Die meisten Menschen wissen nicht mit schmerzvollen Emotionen umzugehen und ergeben sich stattdessen dem Alkohol, Drogen und Zerstreuungen aller Art, um diesen Emotionen ein Ende zu bereiten. Aber wer sich auf diese Weise gegen den Schmerz wehrt, verursacht langfristig noch mehr Angst und Schmerz. Im Grunde lautet die Frage: Wie gehen Sie mit Stress um, wie können Sie sich auf Beziehungen einlassen, ohne dass Sie am Ende verletzt sind? Daher müssen Sie einen sicheren Hafen finden, in den Sie sich vor dem Sturm zurückziehen, wo Sie unerschütterlich und frei leben können und nicht von Angst und Schmerz herumgestoßen werden.

Den Schmerz verstehen und mit ihm umgehen

Damit Sie wahre Freiheit gegenüber dem Schmerz finden, müssen Sie eine grundsätzliche Annahme in Frage stellen, nämlich die Vorstellung, Schmerz sei schrecklich und müsse um jeden Preis vermieden werden. Wenn Sie normalerweise Schmerz zu empfinden beginnen, versuchen Sie ihn sofort wieder loszuwerden. Sie tun alles, um eine Möglichkeit zu finden, das, was Sie durchmachen, zu ändern, abzuschwächen oder zu unterdrücken. Aber wenn Sie auch nur einen kleinen Augenblick innehalten, erkennen Sie leicht, dass anhaltendes Wohlsein Ihnen nicht auf diese Weise zuteilwird.

Ganz zu Anfang meiner Zen-Praxis saß ich während einer Klausur mitten im Winter im hinteren Teil des Zendo, einem Ort, an dem die Zen-Meditation geübt wird. Dieser hintere

Teil ging auf einen wunderschönen japanischen Garten hinaus. Der ganze Zendo war unbeheizt, und während des Zazen, der Sitzmeditation, darf sich niemand bewegen, außer während der kurzen Gehmeditation zwischen den Sitzungen. Da wir schon seit Stunden praktizierten, war mir unglaublich kalt. Egal, wie viele Pullover ich übereinander anzog – mir wurde einfach nicht warm. Um das Maß vollzumachen, kam ein fortgeschrittener Schüler großspurig vorbei und riss die Tür zum Garten auf, sodass ein eiskalter Wind hereinwehte. Das war zu viel. Zitternd saß ich da und war wütend.

Schließlich war ich mit dem Dokusan an der Reihe, dem Gespräch mit dem Meister. Das war für mich das erste Mal. Als die Glocke ertönte und verkündete, er sei bereit, lief ich die Stufen zu dem Zimmer hoch, in dem er saß.

Der Zen-Meister saß unerschütterlich da, während ich mich vor ihn hinsetzte.

Er nickte. »Wie geht es dir?«

»Ich friere!«, schrie ich.

»Dann friere!«, schrie er zurück und läutete sofort seine Glocke, zum Zeichen, dass das Gespräch vorbei war.

Wenn Sie frieren, dann frieren Sie. Frieren Sie richtig. Mehr muss dazu nicht gesagt werden. Statt sich vor dem Schmerz zu hüten und vor ihm davonzulaufen, halten Sie inne und lassen Sie zu, dass Sie fühlen, was Sie gerade fühlen. Fühlen Sie es richtig. Und fühlen Sie es nicht nur, sondern begrüßen Sie es auch. Was immer es für eine Unannehmlichkeit sein mag – sie bringt ein Geschenk mit.

Der Meister gibt sich allem hin, was der Augenblick bringt.

Laozi

Nach dem Treffen mit dem Meister tat ich nicht, was er mich geheißen hatte, nämlich richtig zu frieren, sondern verbrachte viel Zeit mit der banalsten persönlichen Reaktion: Ich muss etwas falsch gemacht haben, dachte ich. Wahrscheinlich kann er mich nicht leiden. Nein, mit ihm stimmt was nicht. Was ist denn das für ein Ort, wo sie mitten im Winter die Tür aufreißen und eiskalte Luft hereinlassen? Und so ging es immer weiter. Indem ich nach allen möglichen Erklärungen suchte, wurde ich immer bekümmerter. Dabei hätte ich einfach nur voll und ganz im Augenblick gegenwärtig sein und erfahren müssen, was da geschah, und es so seinlassen, wie es war.

Den Giftpfeil herausziehen

Nicht die Antwort leuchtet ein, sondern die Frage.

Eugène Ionesco

Der Buddha hat gesagt, jedes Leben sei Leiden. Diese Aussage wird meist für pessimistisch gehalten. Doch das Gegenteil ist der Fall. Damit soll ja nicht gesagt sein, dass Sie das Leben fürchten, sich verschließen oder sich weigern sollen, Erfahrungen zu machen. Der Buddha will damit sagen, dass das Leiden unvermeidlich sei. Indem Sie lernen, weise mit ihm umzugehen, haben Sie die Möglichkeit, Ihr Leiden ein für alle Mal zu beenden. Der Buddha sagte auch, er sei ein Arzt, der gekommen sei, die Krankheiten der Welt zu heilen. Es gebe nämlich so viel Leiden, weil wir alle von einem Giftpfeil getroffen worden seien, und er sei gekommen, diesen Giftpfeil herauszuziehen. Was ist das für ein Giftpfeil? Wie können wir ihn herausziehen und so vor Schaden sicher sein?

Dieser Giftpfeil steht für unsere Reaktionen auf die Ereignisse. Denn nicht das Ereignis verursacht notwendigerweise den Schmerz, sondern die Art und Weise, wie Sie darauf reagieren. Und wie Sie reagieren, ist Ihre Entscheidung. Sobald Sie diese Entscheidung treffen, fangen Sie an, den Giftpfeil herauszuziehen.

Der Mann, der nicht aufhören konnte, sich zu kratzen

Es war einmal ein Mann, der sich immerzu kratzte. Sein Kratzen wurde so schlimm, dass die Menschen ihn fragten, warum er das tue.
»Ich weiß es nicht«, war alles, was er darauf erwiderte.
Diese Antwort war nicht akzeptabel. Es musste eine Lösung gefunden werden. Ärzte wurden hinzugezogen, doch nach vielen Untersuchungen konnte niemand die Ursache für dieses Kratzen finden. Es gab alle möglichen geheimen Theorien darüber. Vielleicht hatte er etwas Böses getan, und das wurde ihm nun heimgezahlt (schlechtes Karma). Oder vielleicht hatte er eine schreckliche Krankheit, die sich verbreiten konnte, wenn man sich nicht darum kümmerte. Vielleicht sollte man ihm aus dem Weg gehen?
Viele boten ausgeklügelte Erklärungen an, die sich nicht beweisen ließen. Andere lieferten esoterische Mutmaßungen. Ein paar vermuteten metaphysische Ursachen. Nichts half.
Schließlich kam ein weiser alter Heiler in die Stadt. Der Mann, der sich immerzu kratzte, suchte ihn auf und wollte den Grund dafür wissen.
»Warum kratze ich mich nur?«, fragte er.

Der weise Heiler dachte darüber nach. Dann sagte er: »Ich habe mich mit meinem Intellekt mit dem Problem befasst, und jetzt kann ich dir die Antwort geben. Du kratzt dich, weil es dich juckt.«

Idries Shah, Sufi-Geschichte

Verantwortungsbewusst reagieren

Viele Menschen reagieren nicht verantwortungsbewusst, sondern einfach so. Sie kratzen sich immerzu und suchen nach allen möglichen Erklärungen, warum es sie juckt, was dieses Jucken nur noch schlimmer macht. Wenn Sie reagieren, werden Sie leicht von allem beeinflusst – von Ereignissen, Menschen und Ihren Interpretationen dessen, was geschieht. Sie werden wie eine Marionette, die wild herumfuchtelt. Jemand sagt etwas Hässliches, und sofort sind Sie verletzt, dann sagt jemand anderes etwas Verführerisches, und schon erliegen Sie seinem Zauber. Solche Reaktionen sind automatisch, impulsiv und bringen selten Weisheit oder Heilung mit sich. Verantwortungsbewusste Reaktionen sind anders.

Betrachten Sie *einige Ihrer automatischen, reflexhaften Reaktionen. Worauf reagieren Sie normalerweise, das Sie kaum im Griff haben? Wenn Sie durch alles, was geschieht, beeinflusst werden, ist es viel leichter, dass man mit Ihnen spielt und Ihnen schadet.*

Auf der Suche nach Sicherheit und Freiheit von Schmerzen verwenden die meisten Menschen viel Zeit und Energie darauf, Menschen oder Situationen ändern zu wollen. Das ist Zeitverschwendung. Meist können Sie nichts an dem ändern, was gerade geschieht, aber Sie können stattdessen lernen, verantwortungsbewusst zu reagieren. Das ist ungeheuer wichtig, denn noch einmal sei es gesagt: Nicht Menschen oder Situationen erzeugen Angst und Schmerz, sondern Ihre Reaktionen darauf. Man kann dies nicht oft genug betonen.

Wenn Sie sich Ihrer negativen Reaktionen bewusst werden und sie unterlassen, sind Sie den Umständen und anderen Menschen nicht mehr auf Gedeih und Verderb ausgeliefert. Sie können hingehen, wohin Sie wollen, und bei allem, was geschieht, und bei jedem, dem Sie dort begegnen, ganz beruhigt sein. Wie Sie verantwortungsbewusst darauf reagieren, liegt ganz allein in Ihren Händen.

Ärger in Seelenfrieden verwandeln

Die Wahrnehmung ist nicht neutral. So, wie Sie wahrnehmen, sind Sie selbst. Und so, wie Sie einen anderen Menschen wahrnehmen, ist er auch für Sie. Und auch Ihre Wahrnehmung einer Situation wird verschiedene Reaktionen bei Ihnen auslösen.

Damit Sie erkennen, wie Sie normalerweise auf Situationen reagieren, über die Sie sich ärgern, und um alternative Möglichkeiten, sie wahrzunehmen, kennenzulernen, sollten Sie sich die folgenden Szenarien ansehen. Wenn Sie jedes von ihnen mit neuen Augen wahrnehmen, werden Sie anders darauf reagieren, woraufhin sich Ihr üblicher Ärger in Seelenfrieden verwandelt.

- **Sie wollen etwas haben und bekommen es nicht**

Statt sich benachteiligt oder bestraft zu fühlen, könnten Sie einen übergeordneten Standpunkt beziehen und erkennen, dass das, was Sie begehren, letztlich nicht zu Ihrem Besten sein mag. Vielleicht können Sie mehr daraus lernen, es *nicht* zu bekommen. Konzentrieren Sie sich auf die Möglichkeit, dass Sie daran wachsen, wenn sich Ihr Wunsch *nicht* erfüllt.

Konzentrieren Sie sich auf das, was Sie bekommen haben, und schätzen Sie es von ganzem Herzen. Was geschieht nun mit Ihrem Gefühl der Benachteiligung?

- **Sie haben etwas und fürchten, es zu verlieren**

Wenn die Zeit kommt, dass sich etwas ändert, wenn Sie etwas loslassen müssen, das wichtig für Sie ist, dann ist es ganz natürlich, wenn Sie unter dem Schmerz des Verlustes leiden und darauf mit Kummer, Angst oder Bitterkeit reagieren. Vielleicht wollen Sie sogar nie wieder etwas Wichtiges haben, aus Angst, es zu verlieren.

Doch wie könnten Sie noch reagieren? Sie könnten sich auf das konzentrieren, was Sie bekommen haben, und es als ein *Geschenk* betrachten, nicht als etwas, das Ihnen in erster Linie gehört. Sie könnten dankbar sein für die Zeit, in der es bei Ihnen war, und überlegen, wie Sie dieses Geschenk anderen machen könnten. Halten Sie inne und betrachten Sie die Vorteile, die Sie davon hatten. Was haben Sie daraus gelernt? Wie sind Sie ein anderer geworden, weil Sie es gehabt haben? Teilen Sie doch die Freude und Weisheit, die es Ihnen gebracht hat, mit den Menschen, die sie brauchen.

Wenn etwas weggenommen wird, meinen die meisten Menschen, sie müssten darum kämpfen, um es festzuhalten, oder das, was sie verloren haben, zurückerobern. Dabei wird ihnen eins nicht klar: Wenn es Zeit wird, dass etwas geht, egal, wie sehr sie darum kämpfen, wenn die Zeit vorbei ist und es nicht mehr ihnen gehört, dann kann es nicht bleiben. Ja, auch wenn sie sich darüber nicht im Klaren sind, ist es meist zu ihrem Besten, dass es geht. Es macht Platz für etwas Neues in ihrem Leben. Wenn sie gütig loslassen, sind sie imstande, die Lehren und die Freude zu genießen, die ihnen das Geschenk bereitet hat, und dank der Erfahrung zu wachsen statt zu zerbrechen.

- **Sie hören eine negative Bemerkung über sich**

Möglicherweise neigen Sie dazu, sich entweder zu verteidigen oder anzugreifen, wenn andere negative Dinge über Sie sagen. Sie könnten die schlimmen Dinge, die über Sie gesagt worden sind, sogar glauben, sich mit ihnen identifizieren und sich selbstzerstörerisch bestrafen. Stattdessen sollte Ihnen klar sein, dass Menschen nur selten andere angreifen, es sei denn, sie sind selbst verletzt und haben Schmerzen. Der Mensch, der Sie angreift, drückt damit seine eigene Angst, seinen eigenen Schmerz aus. Sie müssen die verletzenden Bemerkungen dieses Menschen nicht als Wahrheit akzeptieren. Weigern Sie sich, das Gift des anderen einzunehmen, und bleiben Sie verwurzelt in der Wahrheit dessen, der Sie sind. Für Ihr Selbstwertgefühl sind Sie nicht auf andere angewiesen.

- **Sie können von dem, was Sie wollen, nicht genug bekommen**

Vielleicht stellen Sie fest, dass Sie immer mehr wollen, egal, was Sie bekommen. Im Augenblick, da Sie es bekommen, meinen Sie, dass es nicht genug sei, sind Sie nicht in der Lage, zufrieden zu sein. Diesen unersättlichen Hunger nennt man den Schmerz der Gier. Je gieriger Sie sind, desto benachteiligter und leerer fühlen Sie sich, und desto mehr haben Sie Angst, sich niemals erfüllt zu fühlen.

Stattdessen könnten Sie lernen, alles, was Ihnen gegeben wird, voll und ganz auszukosten, zu verarbeiten und zu genießen, fähig zu werden, das Nährende daran aufzunehmen und den Abfall wegzuwerfen. Sie könnten bereit sein, Ihren Hunger einfach zu erleben, bis zu seinem wahren Kern. Auch wenn es manchen Menschen schwerfällt, dies in unserer »Überflussgesellschaft« zu akzeptieren, in der mehr immer gut und weniger immer schlecht ist, ist es doch wichtig, dies zu tun. Wir verlangen nur deshalb immer mehr, weil wir unfähig sind, das, was wir haben, voll und ganz zu erfahren. Wenn wir es wirklich auskosten und dankbar dafür sind, fühlen wir uns erfüllt und ganz.

Wenn Sie können, konzentrieren Sie sich auf das Dankbarsein, und sei es nur ein bisschen. Dann können Sie einen Schritt weiter gehen und sich daran erinnern, dass Ihr Hunger nie gestillt wird, wenn Sie einfach immer mehr nehmen. Eine wunderbare Lehre aus der Lojong-Tradition des tibetischen Buddhismus spricht dies an: Immer, wenn Sie etwas bekommen, sagen Sie einfach: »Das genügt.«

- **Sie sehnen sich danach, dass die Verhältnisse anders sind**

Die meisten Menschen sehnen sich danach, dass die Verhältnisse anders sind. Während einer Krankheit beispielsweise sehnen Sie sich vielleicht nach Gesundheit. Irgendwie sind Sie nicht fähig, jeden Augenblick einfach so zu akzeptieren, wie er ist. Sie meinen, Sie müssten das Leben ändern, es mit all Ihren Ideen zwingen, dass alles sich in *Ihrem* Sinn entwickeln müsse. Diese Ichbezogenheit kann man den Schmerz der Überheblichkeit nennen – die Idee, dass alles sich um Ihre persönlichen Bedürfnisse dreht und dass die ganze Welt nur existiert, um *Ihnen* zu entsprechen.

Um dem Zorn und der Angst zu entgehen, die diese Einstellung erzeugt, sollten Sie sich darüber klar sein, dass die anderen genauso wichtig sind wie Sie. Streben Sie danach, das Leben auch für sie besser zu machen. Begreifen Sie, dass sich die Verhältnisse ständig ändern. Statt gegen schwierige Verhältnisse anzukämpfen, sie zu hassen und sich dagegen zu wehren, begrüßen Sie sie als Lehrer. Dieses Akzeptieren führt zu neuen, konstruktiven Reaktionen und bringt vor allem Seelenfrieden.

- **Wenn der Schmerz scheinbar grundlos entsteht**

Der schlimmste Schmerz entsteht aus keinem offensichtlichen Grund, ohne dass Sie sich erklären können, woher er kommt oder was er bedeutet. Wir alle brauchen den Sinn – wir müssen begreifen, warum etwas geschieht. Leiden, das sich ohne offensichtlichen Grund einstellt, kann man den Schmerz der Sinnlosigkeit nennen. Wenn Sie mit einer derartigen Verzweiflung konfrontiert werden, können Sie nihilistisch werden und meinen, dass letztlich nichts zählt. Oder Sie könnten das Interesse daran verlieren, zu leben und zu lieben, und sich einen seelischen Panzer zulegen.

Sie können aber auch anders auf den Schmerz der Sinnlosigkeit reagieren, indem Sie sich darüber klarwerden, dass er in Ihr Leben gekommen ist, damit Sie die wahre Bedeutung Ihrer Zeit hier auf Erden erkennen und tiefer verstehen.

Alle Schmerzen und Leiden, die sich einstellen, verlangen von Ihnen, dass Sie ihnen Aufmerksamkeit schenken. Vielleicht haben Sie sich zu sehr unter Druck gesetzt und zu lange töricht und gedankenlos drauflosgelebt. Halten Sie inne und hören Sie auf das, was der Schmerz sagt – er fordert Sie auf, sich genau anzusehen, was geschieht. Wir haben nicht gelernt, innezuhalten und Aufmerksamkeit zu schenken, zu respektieren, was wir fühlen, ihm Zeit und Raum in unserem Leben zu geben. Doch sobald Sie dies tun, verwandelt Ihr Schmerz sich nicht in Leiden. Sie ziehen den Giftpfeil heraus.

Halten Sie inne *und stellen Sie Ihrem Schmerz die grundlegende Frage: »Warum bist du jetzt hier? Was willst du von mir? Was muss ich lernen?«*

Wenn aus Medizin Gift wird

Die meiste Zeit kennen wir nicht den Unterschied zwischen Medizin und Gift, zwischen dem, was in unserem Leben nützlich ist, und dem, was giftig ist: Was süß schmeckt, könnte Gift sein, was bitter schmeckt, könnte eine gute Medizin sein. Sie lieben vielleicht eine Nahrung, einen Menschen oder eine Situation, die schädlich sind, und bleiben dennoch weiter dabei, vielleicht weil Sie abhängig sind oder glauben, am Ende werde sich doch noch etwas Gutes daraus ergeben.

Oder Sie haben vielleicht eine Beziehung, die süß schmeckt, und bemerken gar nicht, wie sehr sie Ihr Leben schwächt und untergräbt. Andererseits kann ein Mensch, ein Job oder eine Situation bitter schmecken, anfangs schwierig und dennoch in jeder Hinsicht nützlich sein. Das Ringen mit schwierigen Menschen oder Verhältnissen kann Sie stärken und Ihnen ermöglichen, Ihren Mut und Ihre Kraft zu entfalten. Sie glauben vielleicht, dass Ihnen Gefahr und Schaden drohen, aber die Situation kann insgeheim ein Geschenk sein.

Die meiste Zeit bestimmen wir jedoch, was gut oder schlecht ist, nur weil wir es mögen oder nicht mögen, weil etwas süß oder bitter schmeckt. Aber das ist eine beschränkte Perspektive. Es gibt ein wunderbares Zen-Koan, das sich mit diesem Problem befasst: *»Die ganze Welt ist Medizin. Was ist die Krankheit?«*

Dieses Koan fordert Sie auf, sich genauer anzusehen, was in Ihrem Leben wahrhaft nützlich ist und was wirklich Kummer oder Leid verursacht. Es besagt nicht direkt, was die Krankheit ist, sondern fordert Sie nur auf, genauer hinzusehen. Es lässt auch durchblicken, dass Sie die Krankheit verstärken, die Angst in Ihrem Leben vergrößern, wenn Sie nur nach Süße suchen, wenn Sie Bitterkeit oder Schmerz vermeiden wollen. Wenn Sie bereit sind, sich mit Ihrer ganzen Erfahrung darauf einzulassen, das Bittere *und* das Süße zu kosten, dann nehmen Sie eine Medizin ein, die Sie letzten Endes stärker macht. Wie viel Macht kann die Angst dann noch in Ihrem Leben haben, wenn Sie bereit sind, Ihren

Schmerz zu akzeptieren? Wenn Sie bereit sind, alles, was kommt, zu nehmen, kann die Angst Sie nicht mehr zwingen, ein kleines, abgeschiedenes, verschlossenes Leben zu führen.

> *Wir machen den Arzt entbehrlich, wenn wir die Krankheit akzeptieren.*
>
> *Henry Miller*

Medizin kann zu Gift werden, aber Gift kann auch zur Medizin werden. Anthony Papa, Künstler, Aktivist und Autor von *Fifteen to Life*, erzählt eine wunderbare Geschichte über einen Alptraum, der sein Leben verwandelte.

Ich war Ende zwanzig, hatte Frau und Kind, als ich unbedingt Geld brauchte. Ich war knapp bei Kasse. Mein Kind hatte Geburtstag, und ich wollte ihm was Besonderes schenken. Für ein bisschen Geld sollte ich für einen Freund jemand anderem ein Päckchen bringen. Ich wusste nicht, was darin war, und kannte auch nicht den Typen, dem ich es brachte. Ich geriet in eine Drogenrazzia – in dem Päckchen befand sich Kokain. Die Cops schnappten mich, und obwohl ich keine Vorstrafen hatte, wurde ich zu fünfzehn Jahren verurteilt.

Mein Leben war zerstört, ich war im Gefängnis eingesperrt und verzweifelt. Es schien keinen Ausweg zu geben. Am Anfang verfluchte ich alles und hasste das Leben. Mir ging's die ganze Zeit mies. Doch nach etwa einem Jahr geschah etwas Erstaunliches. Ich entdeckte einen Ausweg. Ich saß zwar noch immer im Gefängnis, aber ich wurde ein freier Mann. Ich begann mich für Malerei zu interessieren. Ich fing an zu malen, mochte es, konnte nicht genug kriegen, konnte nicht aufhören. In jedem freien Augenblick malte ich in meiner Zelle, und dann studierte ich das Werk der anderen Maler. Ich spürte, wie sich etwas in mir veränderte. Bald schickte ich meine Werke an andere Leute, die sie sich ansehen sollten. Meine Bilder kamen in Ausstellungen. Die Leute reagierten darauf. Sie mochten meine Werke. Es war aufregend. Das Leben war gut.

Meine Bilder wurden nicht nur überall bei Ausstellungen gezeigt, sondern auch ins New Yorker Whitney Museum aufgenommen. Als ich bekannt wurde, ging mir auf, dass ich das benutzen konnte, um anderen zu helfen, und ich wurde zum erklärten Gegner von unfairen Drogengesetzen. Ich unterrichtete auch andere Gefängnisinsassen im Malen, studierte Jura, und als ich endlich nach zwölf Jahren entlassen wurde, gründete ich eine Stiftung namens Drug Policy Alliance, die sich für die Aufhebung extremer Drogengesetze einsetzte und anderen, die wie ich so hart bestraft wurden, half, einen Ausweg zu finden. Heute verstehe ich mich als Künstler-Aktivist und als Kommunikationsspezialist für Drug Policy Alliance.

Als ich ins Gefängnis kam, dachte ich, mein Leben sei vorbei, aber dort begann mein Leben eigentlich erst. Als ich damit aufhörte, alles zu hassen und zu bekämpfen, wurde die Situation mein Ticket in die echte Freiheit. Und nicht nur für mich allein. Der Schmerz, den ich durchmachte, war auf lange Sicht etwas Gutes.

Tonys Gefängniszelle wurde sein Weg in ein neues Leben, war von Kreativität und Weisheit erfüllt, und hier lernte er, sich für das Gute einzusetzen.

Schmerz ist nicht Leiden

Schmerz ist nicht Leiden. Er ist einfach bloß Schmerz. Sie schneiden sich in den Finger, und der Schmerz pocht. Sie werden krank, und Ihr Körper tut weh. Ein lieber Freund stirbt, und Sie trauern. Das sind natürliche Lebensumstände, die sich nicht vermeiden lassen. Man muss sie nicht fürchten, sondern hinnehmen, wie sie sind. Seien Sie sich darüber im Klaren, dass der Schmerz bloß Schmerz ist. Das bedeutet nicht, dass Sie ewig so fühlen werden, dass Sie bestraft werden oder dass die Welt gleich untergeht. Der Schmerz ist nur eine Erfahrung, die Sie gerade machen, und wenn Sie sich nicht dagegen wehren, wird er ganz natürlich vergehen und Raum für das machen, was dann kommt. Erfahrungen kommen und gehen, wie Wolken am Himmel. Wenn Sie sich nicht dagegen wehren oder sich daran festhalten, schweben sie von ganz allein davon.

Doch oft verwandeln wir Schmerz in Leiden, und damit fertig zu werden ist schwerer. Anfangs, als Tony Papa eingesperrt wurde und alles, was geschah, hasste und bekämpfte, litt er sehr. Als er die Situation als solche akzeptierte, begann er Möglichkeiten zu entdecken, sich darin zu entwickeln. Seine Zelle verwandelte sich in ein Atelier, seine Haft wurde zu einer Reise in ein Leben von echtem Wert.

Wir verwandeln Schmerz in Leiden, wenn wir auf unserem Schmerz beharren und ihm eine schreckliche Bedeutung beimessen – wenn wir anderen die Schuld daran geben, mit jedem darüber reden, ihn benutzen, um Sympathie und Aufmerksamkeit zu bekommen. Wir fühlen uns ungerecht behandelt oder werden Opfer oder Märtyrer. Wenn wir uns auf ein solches Verhalten einlassen, wird das Leiden zur Lebensweise. Ein solches Leiden kann zur Sucht werden.

Wie verwandeln Sie *Ihren Schmerz in Leiden? Was bereitet Ihnen das größte Leid in Ihrem Leben? Hat Ihr Schmerz Vorteile? Was können Sie daraus machen? Was würde geschehen, wenn er weg wäre?*

Manche Menschen suchen tatsächlich den Schmerz. Für sie hat das Leiden einen zusätzlichen Nutzen. Masochisten und Märtyrer beispielsweise lieben ihren Schmerz, sehnen sich danach. Das Leiden bietet ihnen eine Identität, eine Möglichkeit, mit der Welt zu interagieren. Es kann auch eine Rechtfertigung dafür liefern, Zorn zu äußern oder Rache zu üben. Diese Menschen genießen es, wenn andere sie bedauern und sich an ihrem Schmerz schuldig fühlen. Das ist eine großartige Manipulation, als ob sie sagen wollten: Schaut her, wie ich leide, nun müsst ihr das tun, was ich will. Wie könnt ihr den Schmerz mehren, mit dem ich lebe?

Andere meinen, wegen ihres Leidens könnten sie tun, was ihnen passt, gemein sein, alles Mögliche verlangen. Wieder andere sehnen sich nach dem Leiden, weil sie sich schuldig fühlen und Bestrafung verlangen, um ihre Schuldgefühle zu beschwichtigen. Diese Menschen suchen das Leiden, ziehen es förmlich an und klammern sich daran.

Wenn sich der Schmerz in Leiden verwandelt, kann er leicht zur tödlichen Kraft werden. Ein im Leiden gelebtes Leben beruht auf Angst. Sie haben Angst, glücklich, erfolgreich oder geliebt zu werden. Sie haben Angst davor, Probleme und Konflikte zu lösen. Sie können eine wunderbare Beziehung haben, und dann sabotieren Sie sie unweigerlich, weil Sie nicht zulassen können, dass Sie Glück oder Erfüllung haben. Das hieße ja, Ihr Leiden loszulassen. Doch wer wären Sie ohne Ihr Leiden? Wie würden Sie dann mit der Welt umgehen?

John war üblicherweise ein halbes Jahr mit einer Frau zusammen. Der Anfang der Beziehung war wunderbar, aber wenn sich die Gefühle vertieften und die Frau mehr wollte, hatte er auf einmal etwas an ihr auszusetzen. Keine war die Richtige. Es hatte keinen Sinn, das Spiel fortzusetzen. Es dauerte nicht lange, da war er wieder allein. Nachdem die Beziehung zu Ende war, gab er der Frau die Schuld, aber er vermisste sie auch und verstand nicht, wieso es so weit gekommen war.

Eines Tages erkannte John: »Ich konnte es einfach nicht ertragen, glücklich zu sein. Das passte nicht zu dem Bild, das ich mir von mir machte. Ich wusste nicht, wer ich war, als ich glücklich war. Ich brauchte etwas, worüber ich mich beklagen, jemanden, mit dem ich streiten konnte.«

Johns Selbstverständnis verschwand, wenn es ihm gutging. Daher klammerte er sich an eine Identität, die von Leiden und Angst genährt wurde. John war süchtig nach Leiden.

Fragen Sie sich, *wer Sie ohne Ihr Leiden wären. Worüber würden Sie mit Ihren Freunden reden? Wie würden Sie es schaffen, dass andere sich für Sie interessieren? Was im Leben würden Sie spannend finden?*

Falsche Erwartungen

> *Es ist, als ob wir geradezu den Lauf unseres Lebens verändern würden, wenn wir unsere Einstellungen ihm gegenüber ändern.*
>
> *Henry Miller*

Was unseren Schmerz und unser Leiden besonders nährt, sind die falschen Erwartungen, die unser Leben beherrschen. Wie John leben wir alle mit vorgegebenen Erwartungen, wie sich die Dinge entwickeln sollten. Diese Erwartungen bestimmen unsere Beziehungen zu anderen Menschen und sogar unser Selbstwertgefühl. Meist sind diese Erwartungen nichts weiter als Illusionen ohne jede reale Basis. Doch wenn sich das Leben nicht nach Ihren Erwartungen entwickelt, haben Sie nicht nur Angst, sondern tun alles, damit die Wirklichkeit Ihren Anforderungen entspricht. Es kann schmerzhaft sein, wenn Sie Ihre Erwartungen betrachten und die falschen aufgeben.

Mulla Nasruddin ist eine wunderbare klassische Figur in den Sufi-Lehren: der weise Narr, der immer Fehler zu begehen scheint, unerwartete Dinge tut und scheinbar nicht begreift, was geschieht. In seinem Verzicht auf jedes konventionelle Denken manifestiert sich jedoch eine tiefere, spontane Weisheit.

Ein paar kleine Jungen wollten Nasruddins Latschen stehlen und damit davonlaufen. Sie sprachen ihn an und zeigten auf einen Baum. »Niemand kann auf diesen Baum klettern«, sagten sie.

»Das kann doch jeder von euch«, erwiderte Nasruddin, »und ich werde euch zeigen, wie es geht.«

Dann zog er seine Latschen aus, stopfte sie unter seinen Gürtel und begann zu klettern.

»Nasruddin«, riefen sie, »du brauchst doch auf dem Baum deine Latschen nicht.«

»Warum denn nicht?«, erwiderte Nasruddin. »Seid für jeden Notfall bereit, sage ich immer. Ich könnte ja da oben eine Straße finden.«

Idries Shah

Die Wirklichkeit ist die Wirklichkeit. Sie ereignet sich, wie sie will. Es ist klar, dass Nasruddin auf einer realen Ebene oben in einem Baum keine Straße finden wird, selbst wenn er dies erwartet. (Diese Geschichte hat jedoch einen tieferen Sinn – es geht auch darum, seine Straße oder seinen Weg im Leben an unerwarteten Orten zu finden.) Auf einer höheren Ebene aber ist die Wirklichkeit nicht Ihr Feind, doch sie kann mit Sicherheit der Feind Ihrer Erwartungen werden. Sie starten ein Unternehmen und erwarten, dass es in ein oder zwei Jahren Erfolg hat, Sie entscheiden sich für einen

Lebenspartner und erwarten, für den Rest Ihres Lebens glücklich zu sein, oder Sie nehmen an einem Wettrennen teil und sind sicher, dass Sie gewinnen werden. Sie sind darauf ausgerichtet, das ganze Leben durch die Brille Ihrer Erwartungen zu betrachten. Sie haben sogar gelernt, dass manche Menschen gut und andere schlecht sind – und Sie erwarten, dass das wahr ist.

Natürlich bringt die Wirklichkeit oft Erlebnisse mit sich, die diesen tiefverwurzelten Überzeugungen widersprechen. Jedes Mal, wenn dies geschieht, macht sich Angst breit. Dabei geht es gerade darum zu erkennen, dass es nicht an der Wirklichkeit, sondern an Ihren Erwartungen liegt, wenn es Probleme gibt.

Wenn Sie die Wirklichkeit Wirklichkeit seinlassen, werden Sie sicher und stark

Erstellen Sie eine Liste *Ihrer grundlegenden Erwartungen an das Leben. Was erwarten Sie, wie andere Sie behandeln? Was erwarten Sie, in Ihrer Arbeit, in der Liebe, im Leben zu leisten? Gibt es einige Erwartungen, die Ihnen nicht genügen? Welche können Sie aufgeben?*

Das ist eine faszinierende Übung. Dabei werden Sie nämlich feststellen, wie starr einige Ihrer Erwartungen sein können. Erwartungen lassen sich nicht als Veränderung, Wachstum oder neue Entwicklungen begreifen. Sie gestatten uns nicht zu erkennen, dass das Leben ständig vor unseren Augen Metamorphosen durchläuft. Was heute Medizin war, kann morgen schon Gift sein und umgekehrt. Jemand, der zornig war, wird versöhnlich. Wer Ihnen vergab, kann plötzlich einen Groll hegen. Jemand, der sich gern in der Sonne aufhielt, wird älter und sucht nun den Schatten der Bäume auf. Erwarten Sie einfach, dass das Leben das Leben ist, dass sich alles ändert, und dann werden Sie im ständig fließenden Panorama der Veränderung sicher sein. Wenn Sie sich von falschen Erwartungen frei machen, können Sie alles, was das Leben bringt, genießen und eine konstruktive Beziehung dazu eingehen.

Erstellen Sie eine Liste *von fünf Erwartungen, die Sie leicht loslassen können. Wie ist es, ohne sie zu leben? Wo ist der Schmerz jetzt?*

Erwartungen loszulassen heißt nicht, auf Ihre Maßstäbe, Werte oder Grenzen zu verzichten. Es bedeutet schlicht, dass Sie die Flexibilität entwickeln, richtig zu handeln und konstruktive Entscheidungen zu treffen, wenn Sie Erwartungen loslassen. Wenn Sie sich an falsche Erwartungen klammern, machen Sie sich von Zorn, Kampf und Herzschmerzen abhängig, wobei Sie zuweilen gerade die Menschen zurückweisen, die Ihnen am meisten bedeuten. Diese Erwartungen sind ein Anzug oder eine Rüstung, durch die Sie eigentlich nicht geschützt werden, sondern sie stellen bloß eine andere Möglichkeit dar, damit Sie abstumpfen.

> *Einer der Jungen in Nasruddins Schule wollte wissen: »Wer hat die größte Tat vollbracht: der Mann, der ein Reich eroberte, der Mann, der es hätte erobern können, es aber nicht tat, oder der Mann, der einen anderen daran hinderte, dies zu tun?«*
> *»Ich kenne keinen von denen«, erwiderte Nasruddin, »aber ich kenne eine Aufgabe, die schwieriger ist als all diese Taten zusammen.«*
> *»Welche denn?«*
> *»Euch beizubringen, die Dinge so zu sehen, wie sie wirklich sind.«*
>
> *Idries Shah*

Sich nach Aufregung und Herausforderungen sehnen

> *Es gibt im Leben zwei Tragödien. Die eine ist, dass man sich einen Herzenswunsch nicht erfüllen kann, die andere, dass man sich seinen Herzenswunsch erfüllt hat.*
>
> *George Bernard Shaw*

Einerseits wollen wir alle Sicherheit haben, andererseits sehnen wir uns nach Aufregung, Herausforderungen und Gefahr. Ohne etwas, das wir überwinden, ohne einen Feind, den wir besiegen, ohne jemanden, den wir in Bann ziehen, ohne eine Hürde bei der Arbeit, ohne Wettbewerb im Sport kann das Leben sinnlos sein. Ja, Herausforderungen sind eine Möglichkeit, wie Sie Ihr Stehvermögen beweisen und wachsen können. Sie setzen sich eine Deadline, übernehmen eine schwierige Aufgabe in der Schule, bei der Arbeit, im Sport oder auf dem Schlachtfeld. Sie besteigen hohe Berge, tauchen tief hinab ins Meer, verlieben sich in einen unerreichbaren Menschen. Sie versuchen, andere Länder zu erobern oder Menschen zu Ihrem Glauben zu bekehren. Es gibt so viele Möglichkeiten, Aufregungen und Herausforderungen zu suchen, und oft vermitteln sie das Gefühl, dass das Leben einen Sinn und Zweck hat.

Herausforderungen haben viele verschiedene Ziele und Resultate. Manchmal sind sie gefährlich und schädlich, dann wieder stellen sie eine Möglichkeit dar, etwas Edles und Mutiges in Ihnen auf die Probe zu stellen und herauszuholen. Ja, je furchtloser Sie werden, desto mehr lebensnotwendige Herausforderungen werden Ihnen gestellt, und desto mehr genießen Sie sie und werden stark.

Das Leben selbst bringt alle möglichen Prüfungen und Herausforderungen mit sich. Da gibt es konstruktive Herausforderungen: ein Wissenschaftler im Labor, der sich die Aufgabe stellt, eine gefürchtete Krankheit zu besiegen, ein Sportler, der einen Weltrekord aufstellen will, eine junge Mutter, die trotz aller nie enden wollender Anforderungen gut für ein Kind sorgen möchte. Plötzlich werden Sie aufgefordert, etwas zu tun, das Sie größer macht, als Sie zu sein glaubten. Vielleicht müssen Sie ins Meer springen, um einen Ertrinkenden zu retten, oder in ein brennendes Haus eindringen, um Menschen herauszuholen. Ein armes Waisenkind könnte Ihnen anvertraut werden, das Sie bei sich aufnehmen.

Es ist ganz wichtig, dass Sie gesunde, lebensnotwendige, konstruktive Herausforderungen von solchen unterscheiden, die aus der Bindung an Gefahr, Leiden und Schaden erwachsen. Manche Herausforderungen ziehen Sie herab, führen zu Besessenheit, Elend und unweigerlichem Scheitern, andere helfen Ihnen, rechtschaffen und stark zu werden.

Konstruktive und destruktive Herausforderungen

Betrachten Sie die großen Herausforderungen *in Ihrem Leben. Welche haben Sie sich ausgesucht, und welche haben Sie ausgesucht? Welche sind anregend und erfreulich? Welche Herausforderungen verstärken Ihr Selbstgefühl? Welche ziehen Sie herab?*

Es ist ganz wichtig, zwischen konstruktiven und destruktiven Herausforderungen zu unterscheiden. Manchmal erzeugen Sie stumpfsinnig monotone Herausforderungen, die auf Ihrem Verlangen basieren, zu leiden und in Angst zu leben. Andere Herausforderungen beruhen auf Ihrem Verlangen, die Angst zu überwinden, stark und mutig zu werden und das Leben voll und ganz zu genießen. Unterscheiden Sie zwischen diesen beiden Arten von Herausforderungen in Ihrem Leben. Ziehen Sie auf einem Blatt Papier eine senkrechte Mittellinie und notieren Sie links und rechts davon beide Arten von Herausforderungen.

Sehen Sie vor sich, *wie Sie heute eine Ihrer falschen, destruktiven Herausforderungen aufgeben. Geben Sie morgen eine andere auf.*

Die Herausforderungen, die für Sie positiv und gesund sind, gehören zur Reise, angstfrei zu werden. Selbst wenn Sie auf dem Weg dahin Schwierigkeiten, Schmerzen oder Scheitern erleben, wird die Angst schwinden, und Sie werden wachsen, wenn Sie sich auf diese Reise begeben.

Die Herausforderungen, die sich monoton wiederholen, obsessiv sind, die Sie schwach machen, sind die destruktiven, falschen Herausforderungen. Sie sind ein Ersatz für echte Herausforderungen. Diese Herausforderungen mögen ein falsches Hochgefühl oder Aufregung erzeugen, doch meist basieren sie auf einer Situation, in der Sie nicht gewinnen können oder jemand anderes Schmerzen erleiden wird – wenn Sie beispielsweise Ihr Familieneinkommen verspielen, eine flüchtige Beziehung eingehen oder sich medizinisch nicht behandeln lassen wollen, obwohl Sie krank sind. Diese Herausforderungen erzeugen keine Stärke oder Wohlbefinden, weil sie aus einer Liebe zur Gefahr, einer Bindung ans Leiden oder aus einem Verlangen hervorgehen, Schaden zu erleiden oder zuzufügen. Betrachten Sie diese falschen Herausforderungen als das, was sie sind, und lassen Sie sie los.

Wenn Sie damit beginnen, falsche, destruktive Herausforderungen loszulassen, mag Ihnen zunächst alles leer und langweilig vorkommen. Sie fragen sich vielleicht, wo die Aufregung oder der Zweck Ihres Lebens geblieben ist. Diese Zeit der Langeweile oder Leere müssen Sie vielleicht durchmachen, damit sich wahre Herausforderungen einstellen. Ja, vielleicht halten Sie an destruktiven Herausforderungen fest, weil Sie keine Ahnung haben, was die wahren Herausforderungen des Lebens sind. Abhängig von der Angst, die falsche Aufregungen erzeugen, verdrängen Sie vielleicht die gewaltigen, nützlichen Aufregungen und Herausforderungen, die das Leben auf natürliche Weise bereithält. Sie lassen nicht zu, dass Sie erkennen, welche wahren Spannungen Sie erwarten oder wer Sie wirklich werden können.

Dem Ruf folgen

Der folgende Bericht erklärt, wie eine schöne Frau auf eine unglaubliche Herausforderung einging und dabei entdeckte, wer sie in Wahrheit war.

Aufgrund großer, unerwarteter Veränderungen in meinem Leben begann ich eine Zeit der Angst durchzumachen, ich war emotional tot und fühlte mich wie erstickt, erzählte LaKeesha Walrond, leitende Pastorin der First Corinthian Baptist Church in Manhattan.

Zu dieser Zeit hob Gott mich buchstäblich auf und bewahrte mich vor dem sicheren Tod. Inmitten dieses Schmerzes wurde ich durch tiefe Gebete und Meditationen aufgerufen, mich auf eine vierzigtägige Pilgerschaft mit Gott zu begeben.

Als ich zuerst den Ruf vernahm, wollte ich meine Familie, mein bisheriges Leben oder die Kirche nicht verlassen. Ich hatte Angst zu gehen, fürchtete mich zu bleiben, war ganz von Angst verzehrt. Als ich hörte, wie Gott mir sagte, ich solle gehen, sagte ich mir, das ist nicht Gottes Stimme, obwohl ich es tief in meinem Inneren wusste.

Dann wurde der Ruf eines Tages von einem anderen Men-

schen bestätigt. Ich hatte zwar mit niemandem darüber gesprochen, doch eine Frau in der Kirche, mit der ich mich sonst kaum unterhielt, kam zu mir und sagte: »Wieso sind Sie noch da? Gott will, dass Sie gehen.«

Ich war schockiert, aber ihre Worte drangen in meine Seele ein, und ich wusste, dass ich gehen musste.

Die Details der Reise erfuhr ich von Gott, jeden Schritt dieses Weges. Ich vernahm, dass das Leben einfach sei und ich in der Einfachheit des Lebens leben sollte. Von Anfang an gab es keinen Luxus auf dieser Reise. Sie sollte nur per Bus und Bahn erfolgen, daher konnte ich mir Zeit lassen und die Schönheit der Schöpfung in mich aufnehmen. Das war beängstigend, da ich nie zuvor per Bus oder Bahn gereist war. Ich sollte keinen Schmuck, keinen Nagellack, kein Make-up tragen. Ich durfte nur ein paar Kleidungsstücke zum Wechseln für vierzig Tage mitnehmen.

Zunächst einmal durfte ich nur in Klöstern absteigen. Ich musste das Land verlassen. Und ich musste vier Teile der Schöpfung sehen, die für die vier Elemente standen.

Der erste Teil waren die Niagarafälle, die für das Wasser standen, der zweite war der Mount Saint Helens, der für den Wind stand, der dritte war der Grand Canyon, der für die Erde stand, und der vierte waren die Everglades, die für die Sonne oder das Feuer standen.

Als ich losfuhr, nahm ich den Zug zu den Niagarafällen und betete und sagte: Gott, was tue ich da? In meinen siebenunddreißig Jahren bin ich nur einmal allein gereist. Als ich am ersten Halt eintraf, rief ich die Diözese der katholischen Kirche an und erklärte, ich befände mich auf einer vierzigtägigen Pilgerreise und bräuchte eine Übernachtungsmöglichkeit. Man gab mir ein paar Telefonnummern, die ich anrufen könnte. In jeder Stadt, in die ich kam, tat ich dies – immer konnte ich in Klöstern absteigen.

Dort war es ganz einfach. Es gab keinen Luxus – kein

Telefon, kein Fernsehen, keine Unterhaltungen oder Zerstreuungen. Überall wurde mindestens ein Gottesdienst am Tag abgehalten, in manchen Klöstern sogar vier. Die Kosten waren minimal und schlossen alle Mahlzeiten ein. In einem Kloster galt die Schweigepflicht, in den anderen durfte man sprechen.

In Kanada schloss ich mich im Kloster einer Frau an, die sich dorthin zur Klausur begeben hatte. Sie nahm mich in einen Garten mit. Dort beschlossen wir, unter einem Baum zu beten. Als wir uns anschickten zu beten, kam ein Mann wie aus dem Nichts zu uns und sagte: »Kennt ihr diesen Baum?«

Wir sahen ihn ein wenig befremdet an und erwiderten: »Nein.«

»Das ist der europäische Lindenbaum, er ist in meinem Land ein sehr berühmter Baum und unterscheidet sich von der amerikanischen Linde.« Er zupfte ein Blatt ab und gab es uns. Dann machte er uns darauf aufmerksam, dass es auf der Unterseite des Blattes Härchen gab, und sagte, dies sei der einzige Unterschied zwischen der europäischen und der amerikanischen Linde. »Dieser Baum steht in meinem Land vor allen Kirchen, und auch vor meinem Haus steht eine. Vor vielen Jahren gab es einen starken Sturm, und ein großer Ast brach vom Baum ab und begann zu verfaulen. Aber im Laufe der nächsten dreißig Jahre wuchs an derselben Stelle des Baums ein neuer Ast. Bäume tun dies eigentlich nicht. Doch dieser Baum besitzt die Fähigkeit, sich selbst zu heilen.«

Wir waren sprachlos, die Tränen traten uns in die Augen, und ich wusste tief innerlich, dass Gott zu mir sagte: Wie diesem Baum habe ich dir die Fähigkeit gegeben, dich selbst zu heilen, weil ich in dir bin. Und wir beteten, und es war wunderbar.

Als ich allein mit Gottes Schöpfung war, war sie so schön

und ehrfurchtgebietend, dass ich erkannte, wie viele von den kleinen Dingen der Schöpfung ich doch durch die Geschäftigkeit meines Lebens ignoriert hatte. Zum Beispiel hatte ich mir nicht einmal die Zeit genommen, den Himmel zu betrachten und die Vögel und Bäume ganz und gar zu schätzen. Das Erstaunliche daran war, dass ich die ganze Zeit an einem Ort gelebt hatte, der voller Leben war, da wuchsen Bäume und Gräser, Vögel sangen, Eichhörnchen huschten herum. Überall um mich herum gab es Leben, aber ich starb. Wie konnte ich an einem Ort sterben, wo es so viel Leben gab?

Indem ich aus meiner persönlichen Situation heraustrat, vermochte ich zu reflektieren und die ganze Wahrheit zu erkennen. Durch diese Reise lernte ich, meine Angst zu besiegen, indem ich akzeptierte und verstand, dass das Leben schwierig und anstrengend ist, doch dass diese Schwierigkeiten auch etwas Schönes haben, weil sie uns stärker machen. Ich lernte, die Unbeständigkeiten des Lebens wirklich als ein Geschenk anzunehmen.

Am Ende der Reise kehrte ich in ein Leben zurück, in dem sich die Verhältnisse nicht viel verändert hatten, die Herausforderungen waren noch immer da, aber ich hatte keine Angst mehr. Ich war an einem Ort, wo ich das Leben annehmen konnte.

Durch diese Erfahrung schenkte Gott mir ein neues geistliches Amt – Total Refuge. *Das ist eine gemeinnützige Organisation, die Frauen und Teenagern helfen will, die Verletzungen durch sexuellen Missbrauch zu bewältigen. Und auf diese Weise ermöglichten die Angst und der Schmerz, unter dem ich litt, ein neues Leben und neue Hoffnung für viele.*

Wendepunkt

Lassen Sie die Wirklichkeit Wirklichkeit sein

Die Wirklichkeit bringt Ihnen stets, was Sie brauchen, ob Sie es mögen oder nicht. Je mehr Sie begrüßen, was Ihnen gebracht wird – es spüren, schmecken, kennen –, desto mehr lassen Sie falsche Erwartungen los und vermögen die Lektionen zu erlernen, die Sie erlernen müssen. Dann können Sie Ihr Schatzhaus öffnen, Ihre enormen inneren Ressourcen erschließen und die reiche Nahrung und Hilfe empfangen, die Sie erwartet.

6 Segnen Sie andere – tätige Liebe

Lass dir die Ehre deiner Mitmenschen genauso lieb und wert sein wie deine eigene und ärgere dich nicht so leicht.

Jochanan ben Zakkai, jüdischer Weiser des 1. Jahrhunderts

Selbsthass ist eine der Hauptkrankheiten unserer Zeit. Wenn uns diese Krankheit befällt, manifestiert sie sich oft als Depression, die ein gegen das Selbst gerichteter Zorn ist. Sie entsteht, wenn Sie selbst es nicht zulassen oder jemand anderes es nicht zulässt, dass Sie sich konstruktiv äußern. Unterdrückter Zorn schwelt innerlich weiter und wendet sich schließlich gegen Sie, wenn Sie sich auf jede nur mögliche Weise bestrafen. Auch wenn dies vielleicht nicht bewusst erfolgt, geschieht es gleichwohl.

Menschen, die sich im Würgegriff des Selbsthasses befinden, haben ein negatives und zerbrechliches Selbstgefühl. Sie sehnen sich nach Respekt und Beifall und wählen oft Partner, Jobs und Lebensweisen, die gesellschaftlich akzeptabel sind. Auf diese Weise haben sie das Gefühl, sie seien respektabel und würden dazugehören. Doch wenn ihre Deckung gefährdet ist und ihre Verletzlichkeiten und Probleme ans Licht kommen, stellt sich nicht nur Selbsthass ein, sondern auch der Hass auf andere.

Ein Zen-Schüler kam zu Bankei und beklagte sich: »Meister, ich habe ein unbeherrschtes Temperament, das mich dazu bringt, mich selbst wie andere zu hassen. Wie kann ich es heilen?«
»Du hast etwas ganz Merkwürdiges«, erwiderte Bankei. »Lass mich doch mal sehen, was du hast.«

»Jetzt kann ich es dir gerade nicht zeigen«, sagte der Schüler.
»Wann kannst du es mir denn zeigen?«, wollte Bankei wissen.
»Es stellt sich völlig unerwartet ein«, erwiderte der Schüler.
»Dann«, schloss Bankei, »kann es nicht deine eigene wahre Natur sein. Wenn sie es wäre, könntest du es mir jederzeit zeigen.«

Zen-Geschichte

Der bösartige Geist

Der bösartige Geist wird vom Gift des Zorns getrieben. Er ist unfähig, einen Augenblick innezuhalten und festzustellen, was er empfindet oder wie er sich verhält. Er ist ein Geist, der jede nüchterne Betrachtungsweise verloren hat – sobald er die Oberhand gewinnt, schadet er ohne Ende. In manchen Fällen sinnt er auf Rache, dann wieder will er beherrschen und seinen Willen haben.

Wenn Sie sich bedroht, attackiert oder nicht richtig gewürdigt fühlen, sagt Ihnen der bösartige Geist, der Gegenangriff werde Sie sicher machen oder Ihren verletzten Stolz wiederherstellen. Aber das ist nicht der Fall – das Gegenteil ist wahr. Ein Gegenangriff macht Ihnen noch mehr Angst vor den Folgen und raubt Ihnen Ihren Selbstrespekt. Der Hass nimmt keine Rücksicht auf Menschen. Genau wie bei einer Autoimmunerkrankung, bei der der Körper seine eigenen Organe angreift, verzehrt der Hass Ihr Wohlbefinden. Menschen im Würgegriff des bösartigen Geistes können leicht Alkohol oder Drogen zum Opfer fallen und außer Kontrolle geraten, sogar schwer erkranken, etwa einen Herzinfarkt, Schlaganfall oder andere körperliche Gebrechen erleiden.

Wenn der bösartige Geist nicht mehr aufzuhalten ist, zermalmt er alles, was ihm im Weg steht. In vielerlei Hinsicht ist er wie ein wildes Tier, das sich mit anderen ums Futter streitet und dem es egal ist, wer das Opfer ist. Hat er Sie in seinem Würgegriff, können Sie denen schaden, die Ihnen am nächsten stehen, besonders aber sich selbst. Natürlich gibt es verschiedene Grade von Bösartigkeit, genauso wie Zeiten, in denen Sie das Licht sehen und zur Vernunft kommen. Zu anderen Zeiten können Sie es nicht.

> *Wer ist weise? Der, der die Folgen seines Handelns kennt.*
>
> *Pier Ke Avot, The Wisdom of the Fathers*

Handeln, weil man zornig ist, gilt oft als Ausdruck von Stärke. Das Gefühl der Macht, das Sie empfinden, wenn Sie angreifen, vermittelt den Eindruck, als ob das, was Sie da tun, eindeutig richtig ist. Doch nachdem der Hass vergangen ist und die Dinge schlimmer sind, als sie vorher waren, fühlen Sie sich meist schwach und erschöpft. Die geschäftige Eile, die aus dem Zorn resultiert, ist ein Ersatz für echte Stärke. Echte Stärke verlangt von Ihnen, dass Sie sich dem Drängen des bösartigen Geistes widersetzen, die Situation im weitesten Sinne klar erkennen und mitfühlend zu reagieren vermögen.

Heutzutage sehen wir, wie sich die Zunahme von Hass und Gewalt auf der ganzen Welt und im Leben vieler Menschen auswirkt. Damit wir dieses Gift loswerden, genügt es nicht, sich mit den Ästen (den Ausdrucksformen des Zorns) zu befassen, vielmehr müssen wir an die Wurzeln gehen und sie herausreißen.

Die Wurzeln des bösartigen Geistes herausreißen

Mit Sanftheit überwinde den Zorn.
Mit Großzügigkeit überwinde die Kleinlichkeit.
Mit Wahrheit überwinde die Täuschung.

Buddha

Das Manataka American Indian Council bewahrt und beschützt die Kultur der amerikanischen Indianer. Die folgende Geschichte ist eine klassische Erzählung, die man unzählige Male am Heiligen Feuer zum Besten gegeben hat.

Ein Enkel kam zu seinem alten Großvater voller Zorn und erklärte ihm, ein Freund habe ihm unrecht getan.

Der Großvater erwiderte: »Ich will dir mal eine Geschichte erzählen. Auch ich empfinde zuweilen großen Hass auf die, die sich so viel nehmen und das, was sie tun, nicht bereuen. Aber der Hass macht dich fertig und tut deinem Feind nicht weh. Das ist etwa so, als würdest du Gift nehmen und wünschen, dein Feind würde sterben.

Ich habe viele Male mit diesen Gefühlen gekämpft. Es ist, als wären zwei Wölfe in mir, und der eine ist gut und richtet keinen Schaden an. Er lebt in Harmonie mit allen und ist nicht gekränkt. Er wird nur kämpfen, wenn es richtig ist, und auf die richtige Weise. Aber der andere Wolf – oje! Beim geringsten Anlass bekommt er gleich einen Anfall. Er streitet sich mit allen, die ganze Zeit und völlig grundlos. Er kann nicht mehr denken, weil sein Zorn und sein Hass so groß sind. Es ist ein hilfloser Zorn, denn er ändert nichts.

Manchmal ist es schwer, mit diesen beiden Wölfen in mir zu leben, denn beide versuchen, meinen Geist zu beherrschen.«

Der Junge sah seinem Großvater unverwandt in die Augen und fragte: »Und welcher gewinnt, Großvater?«

Der Großvater lächelte und sagte leise: »Der, den ich füttere.«

Auch wenn Sie sich dessen vielleicht nicht bewusst sind, kennt der bösartige Geist doch viele Möglichkeiten, in Ihrem Leben Wurzeln zu schlagen und zu wachsen. Eine besonders wirksame Möglichkeit besteht darin, dass er Ihnen sagt, Sie hätten recht und die anderen hätten unrecht, das Leben sei ein Kampf und Sie müssten gewinnen, die anderen seien Ihre Feinde, es spiele keine Rolle, wen Sie auf Ihrem Weg an die Spitze der Leiter vernichten. Der bösartige Geist erklärt Ihnen, wenn Ihnen jemand weh tut, müssten Sie ihm auch weh tun, und zwar doppelt so stark, um zu verhindern, dass sich dieser Angriff je wiederholt. Der bösartige Geist erkennt einfach nicht, dass jede aus Hass begangene Tat nicht verhindert, dass es zu dieser Situation kommt – ja, sie sorgt gerade dafür, dass es dazu kommt.

Durch einen Angriff können Sie keinen Frieden finden. Je mehr Hass Sie gegenüber anderen bekunden, desto mehr schlägt er auf Ihr eigenes Leben zurück. Dies ist ein unwiderrufliches und ewiges Grundgesetz des Lebens. Wer Schaden erleidet, wird sich früher oder später erheben und Rache üben. Das sind die Zyklen von Karma, Schicksal und Kummer. Wie bereitet man ihnen ein Ende?

Halten Sie einen Augenblick inne *und stellen Sie fest, was in Ihnen Hass bewirkt. Was tun Sie, wenn er sich einnistet? Wie hindern Sie ihn daran?*

Um die Angst zu vertreiben, müssen Sie sich mit dem Hass in Ihrem Leben befassen. Weil diese Gefühle für die meisten Menschen und die Gesellschaft im Allgemeinen so inakzeptabel sind, begeben sich Zorn und Hass meist in den Untergrund. Sie unterdrücken Ihren Hass, lächeln liebenswürdig und tun alles, was Sie können, um so zu handeln, als ob Sie so spirituell oder heilig wären, dass Sie der Zorn niemals überkommt. Doch der Zorn überkommt uns alle. Der bösartige Geist ist immer da und wartet nur auf eine Gelegenheit, um aufzulodern. Um seine Wurzeln aus Ihrem Leben wahrhaft auszureißen, müssen Sie sich ihm zuerst stellen und ihn als das akzeptieren wollen, was er ist.

Wenn Sie das tun, geschieht etwas Komisches. Es ist wie bei der Angst: Sobald Sie dem Zorn ins Auge blicken, seine Lügen entlarven, beginnt er zu wanken und sich zu verziehen. Er hat keine eigene Macht, sondern bloß die, die Sie ihm einräumen. Wenn Sie seine Lügen glauben, bildet er wie ein Krebs Metastasen. Doch wenn Sie auf der Hut sind und nein sagen, reißen Sie tatsächlich seine Wurzeln heraus. Die vielen Möglichkeiten, zum Zorn nein zu sagen, erfüllen Sie gleichsam mit Vitaminen und Mineralien für die Seele. Sie bauen Ihr spirituelles Immunsystem auf und machen Sie stark.

Reißen Sie die Wurzeln des Zorns heraus

Verschiedene Wurzeln nähren unseren Zorn und Hass. Sobald wir erkennen, um welche Wurzeln es sich handelt, können wir sie herausreißen.

Egal, was Vinny falsch machte – er sah es einfach nicht ein. Alle anderen machten Fehler. Er hatte recht, und sie hatten unrecht. Er hatte tausendundeine Entschuldigung für alles, was er tat, und meinte immer, die anderen seien die Bösewichte. Natürlich zerstörte dies nicht nur seine persönlichen Beziehungen, es forderte auch von seinem Leben einen hohen Tribut. Nie konnte er sagen, dass es ihm leidtat, oder seine Irrtümer verantwortungsbewusst korrigieren.

Hören Sie auf, Ihren Zorn zu rechtfertigen

Eine Wurzel des Zorns besteht darin, dass man ihn immer rechtfertigt. Manche Menschen meinen, es sei ganz natürlich, ja, gesund, zornig zu sein und seinen Zorn an anderen auszulassen. (Man kann durchaus seinen Zorn auf eine gesunde, verantwortungsbewusste, konstruktive Weise ausdrücken, doch es ist etwas ganz anderes, wenn man ihn dazu benutzt, andere anzugreifen, zu tadeln, zu verurteilen, zu täuschen usw.) Wenn Sie sich darauf einlassen, Ihren Zorn zu rechtfertigen, können Sie alle möglichen Theorien, Überzeugungen und Gründe finden, um Ihr Leben vom Zorn beherrschen zu lassen.

Wie die meisten Menschen haben Sie auch gelernt zu glauben, wenn jemand Sie kränkt oder beleidigt, sei es gesund, ihm Ihre Meinung zu sagen. Wenn Sie es nicht täten, wären Sie ein Waschlappen. Manche Menschen halten immer nach Kränkungen und Beleidigungen von Seiten anderer Ausschau, nur um eine Gelegenheit abzuwarten, an ihnen ihren Zorn auszulassen.

Was tun Sie, *wenn Sie meinen, jemand habe Ihnen einen Seitenhieb verpasst, Sie beleidigt, gekränkt? Wie gehen Sie mit Ihrem Zorn um? Lassen Sie ihm freien Lauf, während Sie so tun, als sei nichts passiert? Erwidern Sie die Beleidigungen und gehen zum Angriff über? Oder reagieren Sie verantwortungsvoll und zeigen Ihre Gefühle deutlich?*

Reagieren Sie konstruktiv auf Beleidigungen

Es gibt viele Möglichkeiten, konstruktiv auf Beleidigungen zu reagieren und dabei nicht in einen negativen Strudel zu geraten. Ja, Sie können die Erfahrung, beleidigt worden zu sein, sogar als eine Chance betrachten zu wachsen. Aber zuerst einmal müssen Sie glauben, dass eine Beleidigung auch positive Folgen haben kann. Vielleicht wurde Ihnen die Beleidigung zuteil, damit Sie Ihr Karma klären – damit Sie etwas Negatives ausgleichen, das Sie in der Vergangenheit getan haben. Oder sie könnte Ihnen zuteilgeworden sein, um Ihnen zu helfen, Stärke und Ausdauer zu entwickeln, um Sie zu lehren, nicht impulsiv zu reagieren. Vielleicht werden Sie auch aufgefordert, Mitgefühl zu entwickeln, sich genauer anzusehen, wer der andere wirklich ist.

Wenn Sie die Beleidigung nicht persönlich nehmen, kann sie Ihnen überhaupt nicht weh tun. Seien Sie sich einfach darüber im Klaren, dass der Mensch, der Sie beleidigte, gelitten haben muss, um sich so zu verhalten. Die Beleidigung beweist Ihnen einfach, dass der andere Mitgefühl und Fürsorge braucht. Sie könnten daher mit Freundlichkeit reagieren, mit Verständnis.

Die folgende Zen-Geschichte der Samurai handelt von einer anderen Möglichkeit, mit aufkommendem Zorn umzugehen.

Es war einmal ein großer Krieger, und obwohl er schon recht alt war, vermochte er jeden Herausforderer zu besiegen. Sein Ruf war weithin bekannt, und viele Schüler kamen, um von ihm zu lernen.

Eines Tages kam ein verrufener junger Krieger. Er war entschlossen, den großen Meister als Erster zu besiegen. Neben seiner Stärke gebot er über die unheimliche Fähigkeit, jede Schwäche eines Gegners zu erkennen und zu nutzen. Er wartete stets ab, bis sein Gegner sich als Erster bewegte und so eine Schwäche zu erkennen gab, und dann schlug er erbarmungslos mit großer Schnelligkeit zu. In einem Kampf mit ihm hatte noch keiner die erste Bewegung überstanden.

Gegen den Rat seiner Schüler nahm der alte Meister gern die Herausforderung des jungen Kriegers an. Als sich beide zum Kampf aufstellten, begann der junge Krieger, den alten Meister zu beleidigen. Stundenlang schleuderte er ihm jedes Schimpfwort ins Gesicht, das die Menschheit kannte. Doch der alte Krieger stand einfach bewegungslos und ruhig da. Schließlich war der junge Krieger erschöpft. Als er wusste, dass er besiegt war, zog er beschämt von dannen.

Ein wenig enttäuscht, dass er gegen den unverschämten jungen Mann nicht gekämpft hatte, versammelten sich die Schüler um den alten Meister und bestürmten ihn mit Fragen. »Wie konntest du so eine Demütigung ertragen? Wie hast du ihn vertrieben?«

»Wenn jemand kommt, um dir ein Geschenk zu geben, und du nimmst es nicht an«, erwiderte der Meister, »wem gehört dann das Geschenk?«

Der Meister hatte seinen eigenen Stolz und sein Selbstwertgefühl besiegt und konnte daher nicht aus dem Gleichgewicht gebracht werden und Schaden erleiden.

Das Leben in einer schwarz-weißen Welt

Eine weitere Wurzel des bösartigen Geistes ist die Vorstellung, die Welt sei in zwei Lager eingeteilt und es gebe nur gute oder böse Menschen. Natürlich gehören Sie stets dem richtigen Lager an und alle anderen dem falschen – und natürlich ist es gut, die Menschen im falschen Lager zu hassen, ja, sie zu vernichten. Vielleicht beweisen Sie sich Ihr Selbstwertgefühl damit, dass Sie die anderen für schlecht oder falsch erklären.

Falscher Stolz lässt uns auf andere herabsehen, unsere Ängste auf sie projizieren, während wir nicht erkennen, wer sie in Wahrheit sind. Das hindert uns daran, uns so zu verhalten, dass es allen zugutekommt. Wenn Sie in Ihrem falschen Stolz nicht innehalten, um zu erkennen, dass der Mensch, den Sie heute für Ihren Feind halten, morgen Ihr bester Freund werden könnte, dann verwandeln sich Freunde ständig in Feinde und Feinde in Freunde. Doch wir leben nicht in einer schwarz-weißen Welt. Ständig verändert sich etwas, auch unser Herz und unser Verstand.

Verzehren Sie Ihren Schatten

Was Sie bei einem anderen nicht akzeptieren können, können Sie bei sich selbst nicht akzeptieren.

Ihr Schatten steht für die unterdrückten Aspekte Ihres Wesens, samt allen Einstellungen, Erinnerungen oder Begierden, die Sie bei sich nicht akzeptieren. Es ist viel einfacher, das Negative in anderen zu sehen, sie dafür zu hassen und zu bekämpfen, als sich mit diesen Eigenschaften bei sich selbst auseinanderzusetzen. Dieser Schatten hat einen mächtigen Einfluss und wirkt sich auf Ihr Leben in jeder Hinsicht aus. Während Sie ihn verbergen müssen, entzieht er Ihnen Energie, verstrickt Sie in Konflikte und macht Sie ganz allgemein elend.

Überall begegnete Lou Männern, die sich an verheiratete Frauen heranmachten. Darüber konnte er sich mächtig aufregen. Lou hasste sowohl die Männer wie die Frauen, die sich darauf einließen. Lou, der etabliert und angesehen und unglücklich verheiratet war, war frustriert und einsam. Ihm entging völlig, dass ihn selbst das Verlangen erfüllte, das Gleiche zu tun. Die Männer, die sich an verheiratete Frauen heranmachten, zeigten Lou nur, was er an sich selbst hasste und ablehnte. Sobald er diese Eigenschaften an sich selbst erkennen und akzeptieren konnte (und nicht zwangsläufig danach handelte, sondern sie einfach hatte und akzeptierte), schwand nicht nur seine Empörung, sondern fortan erlebte er nicht mehr derartige Situationen.

Sobald Sie sich Ihrem Schatten stellen, werden Ihre Energie und Ihr Wohlbefinden befreit. Nun müssen Sie nicht mehr andere für das tadeln, was Sie an sich selbst nicht akzeptieren können. Dies nennt man »den Schatten verzehren«. Es ist eine so wichtige Vorstellung, dass es sich lohnt, innezuhalten und sie sich wirklich zu eigen zu machen. Wenn es jemanden gibt, den Sie hassen und ablehnen, der Sie aufregt, seien Sie sich darüber im Klaren, dass Sie diese Person anziehen und dass sie Ihnen einfach etwas zeigt, das Sie an sich selbst nicht akzeptieren können.

Machen Sie sich die Eigenschaften bewusst, *die Sie an anderen hassen oder inakzeptabel finden. Dann stellen Sie fest, ob diese Eigenschaften auch in Ihnen existieren. Finden Sie heraus, wann Sie sich genau wie die anderen verhalten oder gefühlt haben. Beschließen Sie, diese Eigenschaften bei sich und den anderen zu akzeptieren.*

Je mehr Sie Aspekte von sich selbst unterdrücken und auf andere projizieren, desto mehr werden Sie Menschen anziehen, die sie widerspiegeln. Wenn Sie sich weigern, sich dem inneren Schatten zu stellen, wenn Sie Zeit damit verbringen, ihn auf andere zu projizieren, kann sich schlimmstenfalls eine Paranoia entwickeln. Dann können Sie leicht meinen, die ganze Welt sei bösartig und plane hinter Ihrem Rücken, Ihnen zu schaden. Dies ist nicht nur eine Projektion Ihres eigenen Hasses, sondern kann auch ein unbewusster Wunsch sein, Schaden zu erleiden.

Nasruddin, der bekannte Held vieler Sufi-Geschichten, zeigt uns immer wieder, wie sehr wir von der Welt, wie wir sie kennen, zum Narren gehalten werden. Mit seinen unerwarteten Denk- und Verhaltensweisen verweist er auf tiefere Wahrheiten.

Nasruddin vertrug sich nicht mit dem Vorsteher des Klosters, in dem er sich aufhielt. Eines Tages fehlte ein Sack Reis, und der Vorsteher befahl, dass alle im Hof antraten. Dann erklärte er ihnen, dass der Mann, der den Reis gestohlen habe, einige Körner in seinem Bart habe.

Das ist ein alter Trick, damit der Schuldige seinen Bart berührt, dachte der richtige Dieb und rührte sich nicht.

Der Vorsteher will sich nur an mir rächen, dachte Nasruddin, und hat mir bestimmt Reis in meinen Bart manipuliert. Ich sollte ihn lieber möglichst unauffällig abstreifen.

Er strich sich mit den Fingern durch den Bart und merkte, dass alle ihn ansahen.

»Ich wusste, dass du mich früher oder später drankriegen würdest«, sagte Nasruddin.

Universale Paranoia

> *Nur weil ich paranoid bin, heißt das noch lange nicht, dass sie nicht hinter mir her sind.*
>
> *Thomas Pynchon*

Paranoia wird völlig von Angst beflügelt. Der wahrhaft Paranoide hat überhaupt keinen Bezug zur Wirklichkeit mehr, er stellt sich nur das Schlimmste vor, sieht überall Gefahren lauern, meint, dass hinter jedem Wort, das er vernimmt, Verachtung oder ein Angriff steckt, und glaubt, die ganze Welt sei hinter ihm her. Wenn jemand nur beiläufig eine Grimasse zieht, ist der Paranoide sofort überzeugt, dass ihn der andere gleich angreifen wird.

Jeder kann einmal seine paranoiden Momente haben, doch

hier geht es um ein Kontinuum. Anfangs mag es nur ein paar Augenblicke dauern. Aber wenn Sie nicht aufpassen, kann sich das zu einer echten Paranoia auswachsen, die Ihr Leben beherrscht. Die Paranoia ist eine große Behinderung, da sie Sie daran hindert, die Welt klar zu erkennen, Ihre Möglichkeiten mindert, Ihre Angst verstärkt und Ihre Welt mit Feinden bevölkert. Es ist wirklich ganz wichtig, dass Sie verstehen, wie sie im privaten Bereich ebenso wie zwischen Völkern funktioniert und wie man sie wieder loswird.

Wenn die Paranoia zuschlägt, schreiben Sie anderen finstere Motive und ein verdächtiges Verhalten zu, sind Sie überzeugt, dass Sie es mit einem gefährlichen Feind zu tun haben und ihn aus Ihrem Leben beseitigen müssen. Sie erkennen nicht die Menschlichkeit, die Sie beide vereint, sondern nur das, was anders ist. Sie sind sich nicht darüber im Klaren, dass dieser Mensch genau wie Sie glücklich sein und Kummer vermeiden möchte, dass er genau wie Sie leidet und sicher sein möchte und dass er wie Sie eines Tages dem Tod ins Angesicht schaut.

Wenn die Angst aktiviert ist, blüht der paranoide Geist erst so richtig auf. Genauso leicht kann man auf paranoide Weise reagieren, wenn man mit Angehörigen einer anderen Rasse, Religion oder Kultur konfrontiert wird. Weil diese Menschen anders und unvertraut sind, lässt sich auf sie leicht das Schlimmste projizieren. Je mehr Sie in jemandem einen Feind erblicken, desto mehr lassen Sie zu, dass der paranoide Geist wächst, und desto mehr rufen Sie diese Eigenschaften tatsächlich im anderen hervor. Die Wahrnehmung hat etwas Fatales: So, wie Sie andere sehen, reagieren sie.

Was wir in anderen erblicken, rufen wir in ihnen hervor.

Wenn Sie in einem Menschen das Schlimmste erblicken, senden Sie ihm eine unbewusste Botschaft darüber, was er für Sie ist, und unbewusst füllt er diese Rolle aus. Diese Dynamik vollzieht sich auf vielen Ebenen – zwischen Eltern und Kindern, Mann und Frau sowie Freunden und Liebenden, genauso wie zwischen verschiedenen Völkern und Religionen. Werden hingegen Individuen, Gruppen oder Völker mit Respekt behandelt, spüren sie dies, und es wirkt sich auf ihr Selbstgefühl aus.

Suchen Sie bewusst *nach den besten Eigenschaften in jemandem, den Sie für schlecht halten. Verweilen Sie dabei. Suchen Sie dann nach etwas anderem, das Sie an ihm bewundern können. Denken Sie an eine Zeit, als er Ihnen half oder etwas tat, was Ihnen gefiel. Das wird das Negative ausgleichen, das Sie in ihm sehen, und neue Möglichkeiten für die Beziehung eröffnen.*

Eine alte Zen-Geschichte erzählt vom berühmten Meister Bankei und von seiner Art, mit negativem Verhalten umzugehen.

Als der Zen-Meister Bankei seine Klausuren abhielt, nahmen Schüler aus vielen Teilen Japans daran teil. Bei einer dieser Klausuren wurde ein Schüler beim Stehlen erwischt. Die Angelegenheit wurde Bankei berichtet, und man verlangte, dass der Schuldige hinausgeworfen werden solle. Bankei ignorierte den Vorfall.

Später wurde der Schüler bei einer ähnlichen Tat ertappt, und wieder tat Bankei die Angelegenheit ab. Dies erzürnte die anderen Schüler, die eine Petition aufsetzten und darum baten, den Dieb hinauszuwerfen, andernfalls würden sie gemeinsam gehen.

Als Bankei die Petition las, rief er alle zu sich.

»Ihr seid weise Brüder«, erklärte er ihnen. »Ihr wisst, was richtig und was falsch ist. Ihr könnt irgendwo anders hingehen, um zu studieren, wenn Ihr wollt, aber dieser

arme Schüler weiß nicht einmal Richtig von Falsch zu unterscheiden. Wer wird es ihn lehren, wenn ich es nicht tue? Ich werde ihn hierbehalten, selbst wenn ihr anderen alle geht.«

Dem Schüler, der gestohlen hatte, liefen die Tränen übers Gesicht. All sein Verlangen zu stehlen war verschwunden.

Ichbezogenheit

Ichbezogenheit ist eine Zwischenstation auf dem Weg zur Paranoia. Wenn Sie völlig von sich selbst besessen sind, dreht sich die ganze Welt nur um Sie, und Sie fühlen sich großartig und ungeheuer wichtig. In dieser Geistesverfassung nehmen Sie alles persönlich, beziehen es auf sich selbst. Wenn Ihnen jemand nicht die Ehre und Aufmerksamkeit erweist, die Sie verdienen, streichen Sie diese Person aus Ihrem Leben.

Wenn Sie von sich selbst besessen sind, wollen Sie nur für sich selbst Gutes, nicht für andere. Geradezu zwanghaft schützen Sie sich selbst und alles, mit dem Sie sich identifizieren. Gleichzeitig lehnen Sie andere ab. Das ist eine furchtbare Art, durchs Leben zu gehen. Auch hier haben wir es mit einem Kontinuum zu tun. Es ist ganz normal, dass wir alle derartige Augenblicke erleben, doch unkontrolliert kann der selbstbezogene Geist wachsen und Ihre Art und Weise, in der Welt zu sein, grundlegend bestimmen.

Der selbstbezogene Geist handelt in bösem Glauben. Andere Menschen werden zu Objekten, die sich manipulieren lassen, damit sie den selbstbezogenen Geist verherrlichen und ihm dienen können. Dieser Geist betrachtet andere nicht als ebenbürtig, zuweilen nicht einmal als Menschen mit den gleichen Rechten, Bedürfnissen und Wünschen. Andere sind nur dazu da, seinen Überzeugungen zu dienen und sie zu bestätigen.

Beachten Sie, *auf welche Weise Sie in Ichbezogenheit verstrickt sind. Wem gegenüber weigern Sie sich, freundlich zu sein? Wen verurteilen Sie? Was für Phantasien geben Sie sich über Menschen hin, die ganz anders als Sie zu sein scheinen?*

Die Ichbezogenheit drückt nicht die grundlegende Wahrheit dessen aus, was Sie sind. Wenn Sie ein selbstbezogenes Leben führen, umgeben Sie sich einfach mit einem Kokon, der eher ein Gefängnis als einen sicheren Ruheort darstellt. Um eine Paranoia zu überwinden, müssen Sie lernen, aus dem vom selbstbezogenen Geist geschaffenen Kokon auszubrechen. Das kann am Anfang beängstigend sein, weil Ihnen der Kokon so vertraut und sicher vorkommt. Doch je länger Sie darin verharren, desto isolierter sind Sie von der Welt, und desto weniger verstehen Sie sie und wissen nicht, wie Sie auf sie reagieren sollen. Dieser Kokon an sich bringt Sie in Gefahr. Der sicherste Ort ist draußen an der Luft, unter dem weiten, offenen Himmel.

Wie *spinnen Sie sich in Ihren Kokon ein? In welchen Bereichen Ihres Lebens sind Sie nur auf sich selbst bezogen? Wo verkriechen und verstecken Sie sich?*

Den Hass loslassen – die Praxis der Vergebung

Wenn du Frieden finden willst, schließe Frieden.

Rabbi Elieser

Entgegen einer weitverbreiteten Überzeugung ist es überhaupt nicht schwer, den Hass loszulassen. Wenn Sie in einem finsteren Raum sind, brauchen Sie nur ein wenig Licht, um die Finsternis zu vertreiben. Das Gleiche gilt für den Hass – es genügt ein wenig Mitgefühl, um sich auf die Situation einzulassen, und rasch verschwindet die Finsternis des Hasses.

Es ist so leicht, einen Feind loszuwerden. Laden Sie ihn zum Essen ein. Lassen Sie ihn der Star sein. Denken Sie sich Möglichkeiten aus, die Sie ihm einräumen können. Verwandeln Sie ihn in einen Freund.

Es gibt verschiedene Möglichkeiten, den Hass loszulassen und Vergebung zu entwickeln, aber zunächst einmal muss die Bereitschaft da sein, es zu tun. Wenn Sie Ihren Hass nicht wirklich loslassen wollen – wenn Sie glauben, an ihm festhalten zu müssen, weil er Ihnen dient oder Sie schützt, dann wird dies das Loslassen behindern. (Um Vergebung zu üben, gehen Sie zu Seite 280 im Abschnitt »Workshop« dieses Buches und versuchen Sie es mit den einfachen Schritten. Sie sind angenehm und effektiv.) Jede Interaktion mit einem anderen Menschen kann der Himmel sein – oder die Hölle. Es ist gut, dass Sie Ihr Ziel selbst wählen können und nicht von Zorn und Angst beherrscht werden, die sich automatisch einstellen und die Kontrolle übernehmen wollen.

Vergebung bedeutet nicht, dass Sie in einer vergifteten oder Sie missbrauchenden Beziehung verharren oder sich an etwas beteiligen, das Ihnen schadet. Vergebung bedeutet einfach, dass Sie den Zorn, den Sie empfinden, loslassen und dem anderen Menschen das Beste wünschen. Wenn Sie das tun, werden Sie in der Lage sein, gesunde Entscheidungen für sich selbst zu treffen.

Sie haben es nicht im Griff, wie sich ein anderer Mensch verhält, aber Sie können selbst darüber entscheiden, wie Sie reagieren wollen. Entscheiden Sie sich für die Liebe; entscheiden Sie sich für die Gesundheit. Entscheiden Sie sich nicht dafür, im Morast des Schmerzes stecken zu bleiben. Wenn Sie entschlossen sind, andere nur als gut oder schlecht zu betrachten, engen Sie Ihre Wahrnehmung von ihnen ein und sind außerstande, sie oder sich selbst im größtmöglichen Zusammenhang zu betrachten.

Das Leben ist ein ständig fließender Prozess, in dem wir alle alles erhalten. Alles, was ein anderer Mensch erfährt, steckt auch in Ihnen. Da das Leben ständig fließt, hat jemand, der in einem Augenblick sehr zornig ist, im nächsten Augenblick die Möglichkeit, zu erwachen und voller Liebe zu sein. Denn stets haben wir alle die Möglichkeit, uns zu verändern, zu wachsen und uns zu erneuern. Wenn Sie andere in diesem Licht sehen, helfen Sie ihnen zu wachsen und leben selbst ein Leben in Vergebung. Sie holen sich auch aus der Falle des bösartigen Geistes heraus, der Sie an die Angst ketten will.

Wenn Sie ein Leben führen, das auf Vergebung basiert, können Sie keinen Schaden erleiden. Und Ihnen erwächst eine gewaltige Kraft, um konstruktiv und fröhlich zu sein. Ein wunderbares Beispiel dafür ist das Leben von Rabbi Joseph Gelberman.

Rabbi Joseph Gelberman, der Gründer der amerikanischen Interfaith Movement, *verbringt sein ganzes Leben in tiefer Vergebung. Stets begegnet er Schülern und Freunden mit weit offenem Herzen. Mit seinen achtundneunzig Jahren ist er noch gut in Form und ganz vital, er hält Vorträge, Workshops und Gesprächskreise, schließt Ehen und leitet lustvoll seine Seminare. In all den vielen Jahren, da ich ihn kenne, habe ich noch nie erlebt, dass er jemanden verurteilt, getadelt oder schlecht von ihm gesprochen hat.*

Rabbi Gelberman, der in Ungarn aufwuchs, verlor seine ganze Familie – Eltern, Schwestern und Brüder, Frau und

Tochter – im Holocaust. Was ihn jedoch von vielen anderen Überlebenden unterschied, war seine Reaktion auf diesen furchtbaren Alptraum. Statt bitter und zornig zu werden, meinte er schlicht: »Jetzt werde ich genug für sie alle leben.« Er entschied sich, sein Leben dem Dialog und dem Frieden zwischen den verschiedenen Religionen zu widmen, damit es hoffentlich nie wieder eine derartige Tragödie geben wird.

Seine Lehren handeln von den Möglichkeiten, auf Zorn und Angst zu reagieren. Das Lied, das er ständig auf den Lippen hat, lautet schlicht: »Gott ist bei mir, ich fürchte mich nicht.«

»Die Angst ist nur ein falsches Zeugnis, das sich als real ausgibt«, sagt der Rabbi oft. »Wenn Sie wahrhaft wissen, dass Gott da ist und dass er Sie liebt, wie können Sie dann Angst haben? Sie fürchten sich nur oder regen sich auf, weil Sie es vergessen. Alle Angst und aller Zorn kommen nur daher, dass wir nicht wissen, dass Gott da ist.«

»Die Angst ist ein Fehler und auch eine Sünde«, sagt er auch. Mit Sünde meint er, dass sie ihr Ziel verfehlt. »Sie beweist, dass Sie vergessen haben, wer Sie sind und wer jeden Augenblick bei Ihnen ist.«

»Ich habe eine Menge von meinem Vater gelernt«, erzählt uns der Rabbi. »Einmal«, fährt er fort, »vor Jahren zu Hause in Ungarn, ging unsere ganze Familie am Sabbat zur Synagoge, wie es bei uns Brauch war. Als wir wieder nach Hause kamen, hatte jemand bei uns eingebrochen und alles gestohlen. Er hatte sogar unser Sabbatmahl mitgenommen. Nichts war mehr da. Meine Mutter fing an zu weinen, und meine Brüder und Schwestern waren voller Angst. Doch mein Vater klatschte einfach in die Hände und rief: ›Ruhe, es ist Sabbat. Dieser Einbrecher kann uns alles nehmen, aber er kann uns nicht unsere Sabbat-Freude nehmen. Unsere Seelen kann er nicht anrühren.‹ Und dann begann er, zu

Ehren des Sabbat zu singen und zu tanzen, und wir machten alle mit.

Ich habe diesen herrlichen Abend nie vergessen. Wann immer etwas Schreckliches passiert, erinnere ich mich daran, dass niemand mir meine Freude nehmen kann, dass niemand meine Seele anrühren kann, wenn ich sie nicht hergebe. Die muss ich schützen.

Ich lebe auch deshalb schon so lange, weil ich hässliche Worte oder zornige Gesichter kaum beachte. Wenn jemand sehr unangenehm ist, danke ich einfach Gott, dass ich nicht so bin, und achte nicht weiter darauf. Es ist wichtig, in jedem Menschen etwas Schönes zu sehen, und das versuche ich auch. Liebe ich deswegen jeden? Nein, aber ich hasse auch niemanden.

In uns allen gibt es zwei Selbst, das Aetza Hura und das Aetza Tov – die böse Neigung und die gute Neigung. Wenn wir uns darauf konzentrieren, unsere gute Neigung zu entwickeln, wenn wir uns auf Liebe und Akzeptieren konzentrieren, verschwindet die böse Neigung.

Und ich lebe auch deshalb schon so lange, weil ich das elfte Gebot entdeckt habe. Es lautet: Du sollst einen Sinn und Zweck haben. Du musst wissen, wozu du da bist, was du tun musst.

Ich unterweise gerade einen jungen Mann für seine Bar-Mizwa, der sich anfangs für die Lehren überhaupt nicht interessierte. Schließlich sagte ich eines Tages zu ihm: ›Bist du dir eigentlich im Klaren, dass Gott dich braucht?‹ Das weckte seine Aufmerksamkeit. Er war überrascht. ›Er braucht dich sehr‹, erklärte ich ihm. ›Du bist wichtig für ihn. Er kann nämlich nicht alles allein machen.‹

Das machte den jungen Mann sehr glücklich. Er ging nach dem Unterricht nach Hause und sagte zu seiner Mutter: ›Mom, hast du gewusst, dass Gott mich braucht?‹ Die Mutter lächelte. ›Was ich tue, ist sehr wichtig‹, sagte der junge Mann.

Danach änderte sich unser Unterricht, er hing an jedem Wort, das ich sagte.

Erkennen Sie Ihren Sinn und Zweck. Gott braucht uns alle. Solange wir nicht wissen, wozu wir da sind, ist es leicht, voller Angst zu sein. Sobald wir es wissen, haben wir eine Richtung, und wir haben Unterstützung. Dann gibt es keinen Grund, irgendetwas zu fürchten. Wir haben Gott auf unserer Seite.

Wenn Sie Ihren Zweck gefunden haben, dann haben Sie Ihren wahren Partner gefunden. Nehmen Sie sich Zeit, das zu verstehen. Machen Sie jeden Tag mit Gott einen kleinen Spaziergang, kommen Sie ihm näher, erkundigen Sie sich nach Ihrem Zweck und werden Sie still, damit Sie hören können, was Gott zu sagen hat.

Dann entwickeln Sie Ihren Glauben. Der Glaube lässt uns selbstbewusst auftreten, egal, was passiert. In jedem von uns ist eine Kerze, aber in manchen brennt sie noch nicht. Die Zeit, die wir allein mit Gott verbringen, hilft uns, unsere Kerze anzuzünden, damit wir erkennen können, wohin wir gehen, und damit wir auch anderen Licht spenden, die in die Irre gehen. Unsere Aufgabe ist es, diese Kerze am Brennen zu halten. Und wie tun wir das? Im Grunde ist es ganz einfach. Auf der Abschlussfeier meines Seminars singen alle meine Schüler dasselbe Lied. Einen Vers singen sie immer wieder. Das ist ein Lied, das ihre Kerze anzünden und am Brennen halten soll.

›Ich bin bereit, ich bin bereit, ich bin bereit,
Das Gute und das Schöne zu tun.‹

Auch Sie können dieses Lied singen, wer und wo immer Sie sind. Dann tun Sie mehr, als nur das Lied zu singen – tun Sie das, wovon es spricht. Suchen Sie sich etwas, das gut und schön ist, und tun Sie es jeden Tag. Wenn Sie dies eifrig tun, hat die Angst niemals Macht über Sie.«

Selbstachtung entwickeln

> *Wir werden krank, weil wir auf eine krank machende Weise handeln.*
>
> *Louis Jourard*

Wie bei Rabbi Gelberman ist die Frucht eines Lebens in Vergebung und voll gutem Willen die Selbstachtung. Es ist unmöglich, voller Hass zu sein, wenn Sie ein Leben führen, das auf Achtung basiert. Die Krankheit des Selbsthasses ist eine direkte Folge unseres Mangels an Achtung, sowohl uns gegenüber wie gegenüber der Welt, in der wir leben. Um den Selbsthass verschwinden zu lassen, stellen Sie einfach fest, ob Sie ein Leben führen, das aller Achtung wert ist.

Ein Leben führen, das aller Achtung wert ist

Tief in jedem von uns gibt es ein starkes Gefühl für das, was sinnvoll ist, was wir wertschätzen und achten. Manche haben eine Beziehung dazu, andere nicht. Doch ganz gleich, ob Sie sich darüber im Klaren sind oder nicht – Ihr inneres Selbst reagiert immer negativ, wenn Sie gegen Ihre wahren Werte und gegen das verstoßen, was Ihnen wirklich etwas bedeutet. Der Preis, den Sie dafür bezahlen, ist ein Mangel an Selbstachtung.

Auf dem Weg zur Angstlosigkeit ist es wichtig, in Kontakt mit Ihrem angeborenen Sinn für das zu treten, was Sie wahrhaft schätzen. Wenn Sie Ihr inneres Vertrauen verraten, wenn Sie es verletzen, fallen Sie dem Selbsthass leicht zum Opfer. Ein ausgezeichnetes Mittel dagegen besteht darin, ein Leben zu führen, das Sie achten können.

Halten Sie inne und stellen Sie fest, *welche Menschen Sie* *im Leben am meisten respektieren. Wer sind Ihre Helden und Heldinnen? Was haben Sie getan, dass sie in Ihren Augen Respekt verdienen? Dies wird Ihnen zeigen, was Sie am meisten schätzen. Versuchen Sie dann festzustellen, ob dies gerade jetzt auch in Ihrem Leben so ist. Wenn nicht, beziehen Sie es ein. Erfüllen Sie Ihr Leben mit Selbstachtung.*

Wenn Sie sich wahrhaft selbst achten, können Sie andere nicht missachten. Automatisch erkennen Sie dann, was an anderen wertvoll ist, und reagieren auf eine positive Weise. Wenn Sie dies tun, beginnen Sie ein Leben zu führen, das aller Achtung wert ist.

Den Mangel an Selbstachtung beheben

Wir machen alle Fehler, teils schwere, teils weniger schwere. Aber alles lässt sich wiedergutmachen, wenn wir nicht in Selbsthass versinken. Selbsthass lässt keine Wunden heilen und bewirkt, dass wir uns meist schuldig fühlen. Viele Menschen glauben, wenn sie sich schuldig fühlen, würden sie etwas tun, was sich lohnt, und wiedergutmachen, was sie falsch gemacht haben. Tatsächlich aber tun sie es nicht. Schuldbewusstsein, ein Ersatz für wahre Wiedergutmachung, ist in vielerlei Hinsicht giftig und hindert Sie oft daran, die notwendigen Korrekturen vorzunehmen und weiterzuleben.

Betrachten Sie, *was Sie getan haben, weswegen Sie sich schuldig fühlen. Fragen Sie sich nun, was Sie tun müssen, um diese Situation wiedergutzumachen. Bedarf es einer Entschuldigung? Können Sie Ihre Dienste anbieten? Wenn der Mensch, dem Sie unrecht getan haben, verstorben ist, können Sie es dann wiedergutmachen, indem Sie jemand anderem etwas anbieten? Nur Sie allein wissen, was wahrhaft erforderlich ist.*

Finden Sie heraus, was erforderlich ist, und tun Sie es heute. Ihre Handlungen werden Taten der Liebe und des Respekts sein, sich selbst und der Welt gegenüber, in der Sie leben. Diese Taten wandeln Fehler in Wachstum um und nützen jedem. Weil es unmöglich ist, keine Fehler zu begehen, lautet die eigentliche Frage, ob Sie getan haben, was erforderlich ist, um sie zu beheben. Haben Sie Ihre Fehler in nützliche Handlungen oder in eine Grundlage für ein lebenswertes Leben umgewandelt? Fangen Sie gleich jetzt damit an, stellen Sie fest, was erforderlich ist, und beheben Sie einen Fehler nach dem anderen. (Genauere Anweisungen finden Sie auf Seite 268 ff. im Abschnitt »Workshop«.)

Taten der Liebe und Segen

> *Ein Gefühl, das in der einen Minute da und in der nächsten wieder weg ist, kann nicht als Liebe gelten.*
>
> *Kabir*

Taten der Liebe heilen Wunden und verhindern, dass Angst aufkommt. Aber zunächst einmal ist es wichtig zu wissen, was Liebe ist. Liebe ist nicht unbedingt ein Gefühl. Liebe ist ein Wort, etwas, was Sie tun können, egal, wie Sie sich gerade fühlen. Gefühle sind wie das Wetter – sie kommen und gehen und besagen gar nichts. Auch wenn Sie Ihre Gefühle nicht im Griff haben, so haben Sie doch stets im Griff, wie Sie sich verhalten. Sie können immer Taten der Liebe tun. Es gibt viele Handlungen, die für Sie und die ganze Welt ein Segen sein können.

Wenn Sie Taten der Liebe anbieten, erhalten Sie Schutz gegen die Auswirkungen des Zorns. Wenn sich zornige oder hasserfüllte Gedanken einstellen, ersetzen Sie sie sofort durch eine Tat der Liebe. Während Sie andere auf diese Weise segnen, werden auch Sie gesegnet. Und während Sie dies tun, erkennen Sie, wie sich Ihr Leben erweitert und gedeiht. Jede erwiesene Tat der Liebe wird geschätzt, egal, wem Sie sie erweisen.

Danny, der in Brooklyn lebte, hielt sich gerade im Fort Tryon Park in der Nähe der Cloisters in Manhattan auf. Ein Hund, der nichts als Haut und Knochen war, kam herbei und legte seinen Kopf direkt auf Dannys Schoß. Eine Freundin von Dannys Freundin, mit der er damals zusammen war, fragte: »Und was machen wir mit ihm?«

Danny sagte: »Ich werde ihn mit nach Hause nehmen.«

»Aber wie?«, erwiderte sie. »Wir haben kein Auto, und es ist eine lange Fahrt mit der U-Bahn, und in die U-Bahn darfst du keinen Hund mitnehmen.«

Danny zog los und lieh sich von jemandem, den er in diesem Viertel kannte, einen Gürtel, um für den Hund eine Leine zu haben, und nahm ihn mit in die U-Bahn. Niemand hielt ihn auf, und während der eineinhalbstündigen Fahrt gab es auch keine Probleme. Der Hund gehorchte und saß neben Dannys Füßen.

Dann ging Danny zu seinem kleinen Haus, um das Tier zu füttern und zu baden. Nachts heulte der Hund wie ein Kojote, und die Nachbarn beschwerten sich darüber. Danny brachte den Hund in seinen Keller und dichtete die Fenster ab, damit der Lärm nicht nach draußen drang. Nach zwei Wochen, in denen er gut gefressen und sich jeden Tag in Dannys Garten ausgetobt hatte, sah der Hund gepflegt aus, und sein Fell glänzte. Doch eines Tages lief das Tier weg.

Danny hielt überall nach dem Hund Ausschau und vermisste ihn sehr. Oft fragte er sich, wie es ihm wohl gehen möge. Eines Nachmittags, als Danny draußen auf der

Veranda saß, bemerkte er, wie sich ein Rudel streunender Hunde näherte. An der Spitze war der Hund, um den er sich gekümmert hatte. Danny war begeistert, ihn wiederzusehen. Der Hund blieb vor der Veranda stehen, rührte sich nicht und sah Danny lange an. Danny fühlte sich wohl. Er spürte, dass der Hund zurückgekommen war, um ihm zu danken, bevor er mit dem Rudel wieder weiterzog.

Wie Sie Ihre Liebestaten erkennen

Glück kommt vom Lieben, nicht vom Geliebtwerden.
Erich Fromm

Es ist leicht herauszufinden, welches Ihre Liebestaten sind. Denn jeder Mensch ist anders. Nehmen Sie sich etwas Zeit und erstellen Sie eine Liste von Taten, die für Sie von Bedeutung sind. Was gibt Ihnen das Gefühl, geliebt zu werden? Welche Taten drücken Ihre Liebe zu anderen Menschen aus? Manche Menschen müssen Geschenke, Postkarten, Blumen bekommen, während andere sich geliebt fühlen, wenn ein Freund prompt zurückruft oder pünktlich erscheint. Für wieder andere ist es ganz wichtig, dass ihre Freunde ihr Wort halten. Bei jedem Vertrauensbruch fühlen sie sich ungeliebt.

Denken Sie an einige Handlungen, die Ihr Interesse und Ihre Liebe ausdrücken. Auch dies ist bei jedem Menschen anders. Sie könnten zum Beispiel eine Mahlzeit für einen anderen Menschen kochen, einen Freund im Krankenhaus besuchen oder Besorgungen für einen Nachbarn machen, der Hilfe braucht. Nehmen Sie sich die Zeit, um herauszufinden, was Sie gern anderen geben und was andere wirklich brauchen. Wichtig ist, dass Sie andere fragen, was Sie ihnen Gutes tun könnten, und herausfinden, was ihnen etwas bedeutet.

Vergleichen Sie die Liebestaten auf Ihrer Liste mit den Taten, die Sie jeden Tag verrichten. Dabei kann sich eine große Diskrepanz ergeben. Übernehmen Sie einige Liebestaten von Ihrer Liste in Ihr tägliches Leben. Egal, in welcher Stimmung Sie sind, tun Sie mindestens eine pro Tag. Besonders gut ist es, wenn Sie diese Taten denen erweisen, mit denen Sie Schwierigkeiten haben. Wenn Sie freundlich von ihnen denken, ihnen entgegenkommen, werden Sie nicht nur Ihr eigenes negatives Denken beseitigen, sondern auch lernen, sie mit neuen Augen zu sehen.

Andere segnen

Wenn wir andere segnen, werden auch wir gesegnet.

Wir haben alle die Macht, Segen zu erteilen, das heißt, zu ermutigen, zu bestärken und allem Leben Auftrieb zu geben. Die Worte, die Sie zu anderen sagen, können mächtige Kräfte für das Gute sein. Wenn Sie nicht die Verantwortung für Ihre Worte übernehmen, wenn Sie negativ zu jemandem sprechen, statt ihn aufzurichten, ziehen Sie ihn herab. Unsere Absichten haben eine starke Auswirkung auf unsere Beziehungen und das Ergebnis unseres Handelns. Wenn Sie einen Segen erteilen, senden Sie eine tiefe Absicht und einen intensiven Wunsch aus, dass ein Mensch, eine Tätigkeit oder ein Projekt gedeihen möge.

Wann immer Sie sich bewusst werden, dass Sie über jemanden negativ denken, halten Sie inne und segnen Sie ihn stattdessen. Sagen Sie: »Ich sende dir einen Segen für alles Gute, das du dir in deinem Leben wünschst. Ich segne dich, damit du gesund bist und dich wohl fühlst.«

Genauso können Sie Tätigkeiten und Projekte segnen und verstärken. Wenn Sie einen Segen der Arbeit erteilen, die Sie verrichten, oder einem Projekt, an dem Sie oder jemand anderes beteiligt ist, nehmen Sie sich die Zeit, dieser Arbeit oder diesem Projekt mächtige, liebevolle Energie zu senden. Wenn Sie regelmäßig üben, anderen und sich selbst Segen zu erteilen, werden Sie erstaunt feststellen, wie sehr Ihre Gesundheit, Ihr Wohlbefinden und Ihre Lebensfreude verstärkt werden.

Mit den Augen der Liebe sehen

Durch Liebe wird alles Bittere süß.
Durch Liebe wird jeder Fusel reinster Wein.

Rumi

Das Folgende ist ein Prozess, der nur ein oder zwei Momente dauert und rasch »Ärgernisse« in Glück verwandelt:

Denken Sie einen Augenblick lang an jemanden, den Sie kennen und der Sie nicht sehr mag. Betrachten Sie sich selbst mit seinen Augen. Wie fühlt sich das an? Wahrscheinlich nicht so gut.

Denken Sie nun an jemanden, der Sie wirklich liebt, für den Sie sein Ein und Alles sind. Betrachten Sie sich jetzt durch seine Augen. Wie fühlt sich das an? Wahrscheinlich wunderbar.

Es ist so leicht, so einfach, die Dinge zu verwandeln. Wären Sie bereit, andere und auch sich selbst immerzu mit den Augen der Liebe zu betrachten? Sie müssen niemals dem Selbsthass oder dem Hass auf andere nachgeben. Es dauert nur einen Augenblick, Ihren Blickwinkel zu ändern.

Wendepunkt

Schon ein kleines bisschen Liebe beseitigt jeden Hass und jeden Schmerz

Selbst ein kleines bisschen Liebe hat eine ungeheure Wirkung. Sie hat die Kraft, unglaubliche Veränderungen in unserem Geist, Körper und Herzen zu bewirken. Wir alle haben die Macht, Liebe zu erweisen und Segen zu erteilen. Wir alle haben eine ganze Menge Liebe in uns. Wenn Sie sich für die Liebe statt für den Hass entscheiden, heilen Sie nicht nur Ihr Leben, sondern die ganze Welt.

7 Lassen Sie das Kontrollieren und Beherrschen

Glaubst du, dich des Universums bemächtigen und es verbessern zu können?
Ich glaube nicht, dass dies möglich ist.
Das Universum ist heilig,
du kannst es nicht verbessern.
Wenn du versuchst, es zu verändern, wirst du es ruinieren.
Wenn du versuchst, es festzuhalten, wirst du es verlieren.

Laozi

Uns und unsere Umwelt im Griff zu haben, ist ein grundlegendes Bedürfnis. Das ganze Universum samt allem, was darin lebt, ist ein Ökosystem mit einem natürlichen Gleichgewicht. Unwetter, Erdbeben, Waldbrände und andere Störungen ereignen sich letztlich, um das natürliche Gleichgewicht wiederherzustellen. Selbst der Tod macht Platz für Veränderungen, so dass neues Leben wachsen kann. Wenn die Natur nicht gestört wird, ergänzt sie sich ständig. Es herrscht höchste Harmonie und Weisheit.

Doch wir Menschen haben anscheinend eine angeborene Angst vor Kontrollverlust. Viele geben sich der Illusion hin, dass ihre Welt und ihre Beziehungen zerbrechen werden, wenn sie keine Kontrolle ausüben. Wir verwenden ständig einen Großteil unserer Lebensenergie darauf, kontrollieren zu wollen. Keine Kontrolle mehr zu haben, wird damit gleichgesetzt, dass man verrückt wird, den Verstand und sich selbst verliert. Keine Kontrolle mehr zu haben, kann man auch mit dem Ausbruch eines intensiven Verlangens oder von Emotionen gleichsetzen, die sich nicht fassen oder erfüllen lassen. Wir alle sind ja von einer unglaublichen Energie erfüllt – Emotionen, Begierden, Träumen und Fähigkeiten, die großenteils unterdrückt und »unter Kontrolle« bleiben.

Es lohnt sich durchaus, die verschiedenen Aspekte der Kontrolle zu kennen. Es gibt nämlich auch eine gesunde Kontrolle, die natürliche, harmonische Beherrschung der Natur, wenn die Dinge mühelos zusammenwirken und Körper und Geist sich im Gleichgewicht befinden und optimal funktionieren. In diesem Fall müssen Sie sich nicht ständig darauf konzentrieren, ob Ihre Leber, Ihre Nieren oder Ihre Ehe richtig funktionieren. Sie kümmern sich entspannt und voller Seelenfrieden um Ihre Angelegenheiten.

Anders die ungesunde Kontrolle. Sie wird von der Angst erzeugt und vom rationalen Verstand oktroyiert. Wenn etwas auftaucht, das das Gleichgewicht bedroht, setzt das Verlangen zu kontrollieren ein. Gesund ist es, die Dinge im Griff zu haben, ungesund jedoch, kontrollieren zu wollen, das Gefühl zu haben, als ob einem die Kontrolle fehle und alles außer Kontrolle sei. Es ist schon merkwürdig: Je mehr Sie versuchen, Kontrolle auszuüben, desto mehr verlieren Sie die Kontrolle.

Was ist das, *das Sie kontrollieren zu müssen meinen? Wie tun Sie es? Wann tun Sie es? Bringt Ihnen das Entspannung und Sicherheit, oder müssen Sie das nächste Mal, wenn sich die Situation ergibt, sogar noch mehr kontrollieren?*

Das Verlangen zu kontrollieren: andere besitzen wollen

Als ich eine Tasse grünen Tee trank,
Beendete ich den Krieg.

Zen-Gedicht

Jeder Zwang beruht auf dem Verlangen nach Kontrolle. Sie können sich gezwungen fühlen, Beziehungen, Geld, Zeit, Arbeit, Nahrung, Sexualität, Gefühle, Gedanken, Verhaltensweisen zu kontrollieren. Wenn sich Ihrer ein Zwang bemächtigt, ist es schwer, sich hinzusetzen und das Leben so zu genießen, wie es ist. Dann ist es schwer, jeden Augenblick zu schätzen, eine köstliche Tasse grünen Tees voll und ganz zu genießen.

Am Anfang ihrer Beziehungen war Julia gern mit Männern zusammen, die die Kontrolle haben wollten. Dadurch kamen ihr die Männer stark vor, und sie fühlte sich beschützt. Je besitzergreifender ein Mann wurde, desto mehr hatte sie das Gefühl, dass er sich etwas aus ihr machte. Doch wenn die Beziehung enger wurde, fühlte sie sich umso weniger geliebt, je größer seine Anforderungen wurden und je mehr er ihre Freiheit einschränkte. Schon bald begann sie sich zu fürchten und kämpfte darum, wieder frei zu werden und auf eigenen Füßen zu stehen.

In allen Beziehungen werden sich früher oder später Ihre natürlichen Bedürfnisse einstellen und durchsetzen wollen. Je mehr Sie eine Beziehung zu kontrollieren versuchen, desto eher wird sie zerbrechen. Niemand lässt sich für immer kontrollieren oder beherrschen, und falls er es zulässt, verliert die kontrollierende Person oft ihr Interesse und ihre Achtung. Was Zuneigung zu sein schien, war niemals da – vielleicht war es einfach nur der Reiz der Eroberung.

Der Zwang, Beziehungen zu kontrollieren

> *Er inspirierte andere, nicht durch Zwang oder Beherrschung,*
> *sondern weil er wahr war.*
>
> *Buddha*

Kontrolle ist in vielen Beziehungen ein großes Problem. Zunächst kann die Person, die die Kontrolle hat, gebieterisch und stark wirken, doch das stimmt einfach nicht. Kontrollierende Menschen haben in Wirklichkeit keine Kontrolle und können sich auf ihre eigenen Gefühle nicht einlassen oder mit ihnen umgehen. Sie kompensieren dies, indem sie jeden zu beherrschen versuchen. Auch wenn das Beherrschen anderer ihnen vorübergehend ein Gefühl von Stärke vermittelt, erkennt man leicht, wer sie wirklich sind, wenn sie die Kontrolle über den anderen Menschen oder die Beziehung verlieren.

Es gibt viele Gründe, warum Sie der Meinung sind, Kontrolle ausüben zu müssen. Wenn Sie diese Gründe kennen, können Sie innehalten und loslassen. Und wenn Sie loslassen, vergeht die Angst, Sie gewinnen Ihr Gleichgewicht, und das Leben beginnt zu fließen. Dann ist leicht zu erkennen, dass die Kontrolle letztlich erstickt und nichts mit Liebe oder gutem Willen zu tun hat. Kontrolle ausüben zu wollen erzeugt nur noch mehr Spannungen und verhindert eine größere Harmonie. Praktizieren Sie die folgende Übung:

Halten Sie einen Augenblick inne *und hören Sie auf, kontrollieren zu wollen. Atmen Sie tief ein. Öffnen Sie die Hände, öffnen Sie Ihren Geist, treten Sie beiseite und lassen Sie los. Anfangs mögen Sie das Gefühl haben, dies sei gefährlich. Doch das ist es nicht. Wenn Sie es immer wieder tun, werden Sie erkennen, dass Ihre wahre Sicherheit auf dem*

Loslassen der Kontrolle beruht. (Auf Seite 282 ff. finden Sie weitere Übungen zum Loslassen der Kontrolle.)

Beherrschen oder beherrscht werden

Manchmal entsteht das Bedürfnis zu kontrollieren aus der Angst, selbst kontrolliert zu werden. Vielleicht befürchten Sie, von jemand anderem vereinnahmt oder beherrscht zu werden, oder Sie wissen nicht, wie Sie Grenzen ziehen sollen, oder Sie meinen, nicht das Recht zu haben, nein zu sagen. Das ist leicht zu kompensieren, indem Sie selbst vereinnahmen und beherrschen. Lernen Sie stattdessen, gesunde Grenzen zu ziehen. Geben Sie sich selbst das Recht, ein von Schuldgefühlen freies Nein zu sagen.

Es ist wichtig, dass Sie sich Ihrer besonderen Verhaltensmuster bewusst sind. Vielleicht versuchen Sie, die Kontrolle zu behalten, indem Sie Ihrem Partner erlauben, Sie zu kontrollieren, und in alles einwilligen, was er will. Doch wenn Sie dies tun, verstärken Sie nicht nur den Zwang zur Kontrolle im anderen Menschen, sondern machen sich auch selbst fertig. Niemand kümmert sich um Ihre eigenen Gefühle, Bedürfnisse und Werte. Früher oder später macht sich Ihr Groll Luft.

Erlauben Sie niemandem, Sie zu kontrollieren. Erkennen Sie, wo Sie wirklich stehen, was wichtig ist, und behaupten Sie sich. Falls jemand Sie deswegen verlässt, lassen Sie ihn gehen. Das war kein wahrer Freund oder keine gesunde Beziehung, in der Sie wachsen könnten.

Der Drang zur Kontrolle verstärkt sich in romantischen Beziehungen, in denen tiefe Gefühle alle verletzlich machen. Wenn sich manche Menschen verletzlich fühlen, ziehen sie sich zwanghaft zurück, sabotieren die Beziehung oder lassen sich vom Misstrauen beherrschen. Das kann ein schleichender Prozess sein: Vielleicht müssen Sie alles wissen, was Ihr Partner gerade tut, mit wem er gesprochen hat, wohin er gegangen ist. Dann fangen Sie an, E-Mails oder Anrufe zu überprüfen. Wenn Ihr Partner nicht da ist, werden Sie von misstrauischen Phantasien erfüllt. Sie wollen seine Handlungen, Entscheidungen, Freunde, Angehörige kontrollieren, was sie essen und was sie anziehen.

Wenn dies geschieht, meinen manche Menschen, ihre Liebe sei tiefer geworden. Doch das ist kein Zeichen von Liebe – es ist der Zwang zu kontrollieren. Achtung: Das ist schädlich und gefährlich. Statt sich misstrauischen Phantasien hinzugeben, sollten Sie sich mit Ihren Ängsten direkt auseinandersetzen. Reden Sie offen und aufrichtig mit Ihrem Partner darüber. Stellen Sie ihm Fragen, äußern Sie Ihre Bedürfnisse und Gefühle und finden Sie heraus, was Sie brauchen, um vertrauen zu können. Bitten Sie Ihren Partner um das, was Sie brauchen. Bilden Sie sich nicht ein, dass er weiß, was das ist, oder dass er es automatisch wüsste, wenn er Sie liebte. Die meiste Zeit hat Ihr Partner nicht die geringste Ahnung, was gerade in Ihnen vorgeht. Daher ist es sehr wichtig, wirklich danach zu fragen.

Sie konnte sagen, was sie wollte – Max glaubte seiner Verlobten einfach nicht. Er wusste, da lief noch mehr. Er hatte das Gefühl, sie würde sich für andere Männer interessieren und ihn nun mit allen möglichen Ausreden für ihr neues Verhalten abspeisen. Zuerst begann sie, sich provokanter zu kleiden, dann trug sie mehr Make-up und Parfüm. Als er sie fragte, warum sie das tue, erwiderte sie, sie wolle ihm gefallen. Wieder hatte er das Gefühl, sie würde lügen. Er litt Höllenqualen, und schon bald belauschte er heimlich ihre Telefongespräche, überprüfte ihre Verabredungen und spionierte ihr sogar hinterher. Es gab zwar nicht den geringsten

Beweis dafür, dass sie log, doch er machte ihr weiter Vorwürfe. Die Beziehung ging in die Brüche, und obwohl sie ihn liebte, vertrieb er sie schließlich.

Das Geschenk des Vertrauens

Es ist schwer, mit dem Kontrollieren aufzuhören, wenn Sie nicht vertrauen können. Vertrauen entsteht, wenn Sie sich selbst vertrauen und vertrauenswürdig sind. Es ergibt sich auch im Laufe der Zeit, die Sie mit einem anderen Menschen verbringen und in der Sie erfahren, wer er wahrhaft ist. Vertrauen ist kostbar und muss gepflegt und geschützt werden. Wenn etwas geschieht, das Ihr Vertrauen erschüttert, kümmern Sie sich sofort darum. Sprechen Sie darüber, klären Sie die Dinge. Lassen Sie Ihren Partner wissen, was Sie brauchen, um vertrauensvoll zu sein, und achten Sie darauf, dass er Sie wirklich hört. Vertrauen wird durch tägliches Handeln aufgebaut.

Manchmal kann Ihr Partner Ihnen nicht geben, was Sie brauchen, um sich sicher zu fühlen. Vielleicht ist er dazu nicht in der Lage. Das muss respektiert werden, und egal, wie viel er Ihnen bedeutet, müssen Sie doch auch die Tatsache respektieren, dass dies vielleicht keine Beziehung ist, in der Sie Vertrauen haben können oder die für Sie auch gesund ist.

Wenn Misstrauen und Angst stärker werden, ist ein Ende der Beziehung im Streit nicht weit. Manche Menschen werden gemein, damit ihr Partner die Fassung verliert und Angst bekommt. Sie tun alles, was in ihrer Macht steht, um ihren Partner zu kritisieren und sein Selbstwertgefühl zu zerstören. Tief im Inneren haben sie das Gefühl, wenn ihr Partner wirklich unsicher ist, werden sie ihn nicht verlassen oder jemand anderen finden können. Und in vielen Fällen ist dies auch so. Der Partner wird einfach noch abhängiger und ausfallender.

Warum verhält ein Mensch sich so? Weil er in seiner verzerrten Wahrnehmung meint, dass er Schmerz abwehrt, wenn er Kontrolle ausübt. Dabei erkennt er nicht, dass er damit gerade die schmerzlichen Folgen herbeiführt, vor denen er Angst hat. Damit eine Beziehung gedeiht, müssen die Bedürfnisse beider Partner geachtet und gepflegt werden. Ganz wichtig sind gegenseitiger Respekt, das offene Gespräch und ein grundlegendes Vertrauen. Natürlich kann sich all dies unmöglich einstellen, wenn Sie sich im Würgegriff des Kontrollzwangs befinden.

Wenn du deinem Schaf oder deiner Kuh eine große, geräumige Weide gibst, kannst du sie kontrollieren.

Suzuki Roshi

Wenn Sie ihrem Partner zugestehen, so zu sein, wie er ist, und wenn Sie den Dingen ihren natürlichen Lauf lassen, ruhen Sie in sich und gewinnen Klarheit, und Sie erkennen leicht, was geschieht, und wissen, was zu tun ist. Wenn Ihr Partner gehen will, dann lassen Sie ihn gehen. Wenn er zu Ihnen steht, wird er zu Ihnen zurückkehren. Wenn nicht, können Sie ihn sowieso nicht halten.

Betrachten Sie Ihre Beziehungen. *Wann haben Sie das Gefühl, die Kontrolle verloren zu haben, und wie gehen Sie damit um? Stellen Sie auch fest, ob Sie eine Beziehung mit jemandem haben könnten, der Sie kontrolliert. Achten Sie darauf, dass Sie klar den Preis erkennen, den Sie dafür zahlen müssen, dass dies so weitergeht.*

Holen Sie nun tief Atem und lassen Sie den Wunsch zu kontrollieren los.

Gesunde und ungesunde Kontrolle

Öffne deine Hände, wenn du gehalten werden willst.
Rumi

Es gibt gesunde ebenso wie ungesunde Formen der Kontrolle. Wenn wir in unserem Leben eine gesunde Kontrolle haben wollen, müssen wir es ertragen, dass wir zuweilen die Kontrolle oder das Gleichgewicht verlieren. Man sagt, dass ein Pilot, der zu einem Zielort fliegt, während etwa 99 Prozent der Flugzeit davon abweicht. Ständig passt er die Flugroute an und berücksichtigt alle möglichen Flugbedingungen – Wind, Regen, Höhe, Turbulenzen. Der Pilot unterliegt nicht dem Zwang, den Flug zu kontrollieren, denn dann hätte er nicht die Flexibilität und Klarheit, um sich auf natürliche Weise unvermeidlichen Änderungen dieser Bedingungen während des Flugs anzupassen. Er könnte das Flugzeug nicht sicher landen. Wenn der Pilot wahrhaft konzentriert, klar und gegenwärtig ist für das, was gerade geschieht, weiß er, was erforderlich ist, und übt eine gesunde Kontrolle aus.

Das Gleiche gilt für Ihr Leben und Ihre Beziehungen. Wenn Sie dem Zwang zu kontrollieren erliegen, verlieren Sie den Kontakt zum natürlichen Geben und Nehmen des täglichen Lebens, zu den sich ändernden Verhältnissen, den Reaktionen Ihres Partners und zu dem, was wahrhaft von Ihnen verlangt wird. Und das gilt auch für Ihre Beziehung zu sich selbst. Wenn Sie sich ständig überwachen und kontrollieren, sich zwingen, nach bestimmten Vorgaben zu leben, sich stets auf eine bestimmte Weise darstellen, verlieren Sie das Vertrauen in sich selbst. Statt Ihre natürlichen Rhythmen zu achten, bringen Sie Ihr Leben aus dem Gleichgewicht.

Ein Mann fand die Puppe eines Schmetterlings. Eines Tages erschien eine kleine Öffnung. Er saß da und sah mehrere Stunden lang zu, wie sich der Schmetterling bemühte, seinen Körper durch das kleine Loch zu zwängen. Dann schien es, als würde er nicht mehr weiterkommen.
Da beschloss der Mann, dem Schmetterling zu helfen. Also nahm er eine Schere und schnitt den Rest der Puppe ab. Nun schlüpfte der Schmetterling leicht heraus. Aber er hatte einen geschwollenen Körper und kleine, verschrumpelte Flügel.
Der Mann beobachtete den Schmetterling weiter, da er erwartete, dass sich die Flügel in jedem Augenblick vergrößeren und ausdehnen würden, um den Körper tragen zu können, der sich im Laufe der Zeit zusammenziehen würde. Doch nichts geschah! Ja, der Schmetterling verbrachte den Rest seines Lebens damit, mit geschwollenem Körper und verschrumpelten Flügeln herumzukriechen. Er vermochte nie zu fliegen.
Der Mann hatte in seiner Freundlichkeit und blinden Hast nicht begriffen, dass die einengende Puppe und die Anstrengungen des Schmetterlings, durch die kleine Öffnung hinauszugelangen, von der Natur so vorgesehen waren, damit Flüssigkeit aus dem Körper des Schmetterlings in seine Flügel gepresst wurde und er fliegen konnte, sobald er es geschafft hatte, sich aus der Puppe zu befreien.

Afterhours Inspirational Stories

Es ist so wichtig, den natürlichen Rhythmen zu vertrauen. Manchmal müssen wir uns einfach anstrengen. Wenn uns die Natur erlauben würde, ohne jedes Hindernis durchs Leben zu gehen, würden wir nicht die Kraft entwickeln, die wir brauchen, und wie der Schmetterling behindert und flugunfähig werden.

Beziehungen, auch die, die Sie mit sich selbst haben, sind ein Tanz, der Flexibilität, Bewusstheit und die Bereitschaft verlangt, sich nicht von vorgefassten Vorstellungen und dem Bedürfnis nach Beifall oder Kontrolle beherrschen zu lassen. Die Menschen, die fähig sind, die tiefsten, schönsten Erfahrungen in Beziehungen zu machen, sind die, die die große Kunst des Vertrauens und Loslassens erlernt haben.

Welche Art von Beziehung *haben Sie mit sich selbst? Trauen Sie sich zu, natürlich zu leben? Erlauben Sie sich, mit Hindernissen fertig zu werden, wenn Sie so weit sind, oder stellen Sie strenge Erwartungen und Anforderungen an jeden Augenblick Ihres Lebens? Sie können auch eine kaputte Beziehung mit sich selbst haben.*

Sei du selbst, das ist alles, was du sein kannst.
Denn sonst gerätst du auf Abwege.

Bhagwan Shree Rajneesh

Manipulation und Kontrolle: Autoritätspersonen

Einige der gefährlichsten Formen von Kontrolle sind die, derer Sie sich nicht bewusst sind. Sie können einen noch stärkeren Einfluss haben, wenn sie in Ihr Unbewusstes gelangen und unterschwellig auf Sie einwirken, so dass Sie unruhig oder ängstlich sind, ohne zu wissen, warum. Eine Bedrohung oder Manipulation ist ungeahnt in Ihr Dasein eingedrungen. Wenn Sie sich ängstlich und nachgiebig fühlen, können Sie leichter auf schädliche Weise kontrolliert werden. Sobald Sie jedoch ein Bewusstsein davon haben, die Fähigkeit zu unterscheiden, können Sie entscheiden, ob

Sie den negativen Vorschlag akzeptieren wollen oder nicht, egal, ob er von normalen Menschen oder mächtigen Autoritäten stammt.

Sue Matthews ist das wunderbare Beispiel einer Frau, die im Kampf um das Leben ihrer Tochter Taylor Autoritäten nicht nachgeben wollte. Sue weigerte sich zu akzeptieren, was alle ihr weismachen wollten. Sie beschäftigte sich intensiv mit der Krankheit ihrer Tochter und stellte alle Annahmen in Frage. Sie war bei jeder medizinischen Behandlung anwesend und war nicht automatisch mit jedem Befund einverstanden, sondern suchte ständig nach Erklärungen und Wissen. Das verlangte viel Mut von ihr, doch schließlich stand das Leben ihrer Tochter auf dem Spiel. In einem Interview schilderte Sue den folgenden Vorfall, der exemplarisch für den Kampf stand, den sie durchgemacht hatte.

Wieder erblickten wir die grellroten Lampen der Notaufnahme, während wir uns rasch in den Triageraum begaben. Meine Tochter Taylor wurde schnell eingestuft und bekam Antibiotikainfusionen, während ich mich mit den Notärzten beriet. Da sie Taylors ganze Krankengeschichte nicht kannten und äußerst beschäftigt waren, waren ihre Auskünfte wie üblich unvollständig und nicht korrekt. Wie immer bestand ich darauf, dass sie den Bereitschaftsarzt über seinen Pager verständigten, und wie üblich weigerten sie sich und behaupteten, sie kämen schon selbst damit zurecht. Aber ich wusste, diesmal gab es echte Probleme, und dies würde ein harter Kampf werden.

Ich rief den Bereitschaftsarzt auf seinem Pager an und gab vor, zu Hause zu sein. Als der Rückruf kam, erfuhr ich, dass sich die zuständige Ärztin nur ein paar Stockwerke über mir im Krankenhaus befand. Ich seufzte erleichtert auf, da ich die Ärztin kannte – sie würde mir die Wahrheit sagen. Sie kam in die Notaufnahme und bestätigte meine Befürchtungen. Ja, Taylor sei wieder einmal in Lebensgefahr. Ja, mein Misstrauen sei berechtigt, das Krankenhaus, in dem wir seien und in dem wir hauptsächlich behandelt würden, sei nicht bereit, die notwendigen Maßnahmen durchzuführen, um Taylors Leben zu retten. Ihre Lunge müsse einer Drainage unterzogen werden, aber wegen der Komplikationen und aus Haftungsgründen würden sie die Behandlung nicht vornehmen. Sie seien nur bereit, ihr intravenös Antibiotika zu verabreichen.

So merkwürdig das klingen mag, war ich doch erleichtert, dass mir die Ärztin immerhin die Wahrheit sagte. Wenigstens wusste ich nun, was ich zu tun hatte. Ich hatte nicht viele Möglichkeiten. Ich konnte die Kanüle selbst herausziehen, nachdem die Antibiotika verabreicht waren, und versuchen, einfach unbemerkt aus der Notaufnahme zu verschwinden, oder ihnen sagen, dass ich gehen würde, wobei sie mir bestimmt erklären würden, ich könne sie nicht mitnehmen. Ich lief durch die Gänge und bemerkte, dass an diesem Abend nicht viel los war und ich sie heimlich hinausbringen konnte.

Warum konnte ich sie diesmal einfach nicht überzeugen, dass Taylor sterben könnte, wenn wir nicht gingen? Dann startete ich meinen Kreuzzug. Ich wandte mich in sanftem, mütterlichem Ton an die am wenigsten erfahrene Person, die ich auftreiben konnte. Die erwartete Antwort kam wie aus der Pistole geschossen.

»Mrs. Matthews, sollten Sie versuchen, Ihre Tochter aus diesem Krankenhaus herauszuholen, während sie sich in Lebensgefahr befindet, werden wir Sie hierbehalten, Ihnen Handschellen anlegen, Sie zur Polizei bringen und anzeigen.«

Ich wusste, dass es keinen Zweck hatte zu widersprechen. Stattdessen musste ich mobilmachen. Ich begab mich direkt ins Bad und richtete mich häuslich darin ein. Mein erster Anruf galt meinem Mann zu Hause. Da er merkte, wie verzweifelt ich war, begann er sich sofort mit anderen Ärzten und Krankenhäusern zu vernetzen, während ich das Gleiche tat. Alle paar Minuten verständigten wir uns miteinander. Die Zeit verging, während wir beide unaufhörlich versuchten, andere Arrangements zu organisieren. Zwischendrin sah ich immer wieder nach Taylor. Sie schlief, und die ganze Nacht über gab es neue Infusionen mit Antibiotika.

»Halt durch, Liebes«, flüsterte ich ihr immer wieder zu, »du schaffst es schon. Daddy und ich werden auf dich aufpassen.«

Endlich, in den frühen Morgenstunden, konnte ich Taylor wecken, als ich durchs Fenster das grell blinkende Rotlicht erblickte. Wir konnten ganz legal verschwinden – ein Krankenwagen holte uns ab. Er würde uns in ein anderes Krankenhaus transportieren, das bereit war, die erforderlichen Maßnahmen zu ergreifen, um Taylors Leben zu retten.

Alles Mögliche ging mir durch den Kopf, darunter auch Worte, die ich einmal in einem Buch von Dr. Bernard Siegel gelesen hatte. Er meinte, der Patient, der den Arzt in Frage stellt, der seine Auskünfte nicht für bare Münze nimmt, sei der Patient mit der besten Prognose. Ich musste die Dinge selbst in die Hand nehmen. Jeder weitere Tag, den sie leben würde, war kostbar. Ich wollte nicht, dass sie einen einzigen davon versäumte.

Die Bindung an Autoritätspersonen

> *Die Bindung an irgendein System oder an einen Menschen ist eine Empfehlung, sich ängstlich aus dem Leben zu stehlen.*
>
> *Henry Miller*

Manche Menschen brauchen alle möglichen Autoritätspersonen in ihrem Leben. Das vermittelt ihnen ein Gefühl von Sicherheit, als ob es irgendwo irgendjemanden gäbe, der weiß, was letztlich gut und richtig ist. Diese Person weiß, welche Richtung wir einschlagen sollten – sie kennt die richtige Medizin, die beste Lebensweise, sie weiß, wen wir heiraten, wen wir ablehnen sollten.

Wir alle haben eine angeborene tiefe Sehnsucht nach Helden und Heldinnen, ein Verlangen, jemanden zu respektieren, zu bewundern und zu ihm aufzuschauen. So sieht ein Kind seine Eltern. Für ein Kind wäre es beängstigend, ohne Eltern durchs Leben zu gehen, zu denen es aufschauen, die es idealisieren und in deren Obhut es sich sicher fühlen kann. Wenn wir älter werden, sollte dieses Bedürfnis sich legen. Sehr oft geschieht dies nicht. Vielen Menschen gelingt es nicht, wirklich reif zu werden und andere als das anzusehen, was sie sind – Individuen mit Stärken und Schwächen, die sich mühsam durchs Leben schlagen.

Ist die Bewunderung für einen anderen Menschen gesund, wird dieser Mensch eine Quelle der Inspiration oder ein Vorbild. Ist die Bewunderung hingegen ungesund, bezahlen Sie dafür einen hohen Preis. Wenn Sie einen anderen Menschen auf ein Podest stellen, geben Sie gleichzeitig Ihre Selbständigkeit auf. Übertriebene Bewunderung erzeugt Abhängigkeit von diesem Menschen, und Sie fangen an zu glauben, solange dieser Mensch auf der Welt ist, seien Sie sicher – er werde sich schon um Sie kümmern. Möglicherweise nehmen Sie sogar stillschweigend an, dieser Mensch sei Gott näher als Sie. Autoritätspersonen nehmen Ihnen die Verantwortung ab, auf eigenen Füßen zu stehen und Ihre eigenen, einzigartigen Antworten und Ihren eigenen, einzigartigen Weg zu finden.

Sie können keinen größeren Fehler begehen, als auf Ihr Recht zu verzichten, Fehler zu begehen.

Je mehr Sie sich an Autoritäten klammern, desto eher werden Sie enttäuscht sein, wenn Sie letztlich erkennen, wer sie in Wirklichkeit sind. Wenn Sie merken, dass Ihr Idol auch nur ein Mensch ist, sich irren, verwirrt, manipulativ oder gar Ihnen gegenüber machthungrig sein kann, kann dies Ihre ganze Welt erschüttern. Manche Menschen sind dann so am Boden zerstört, dass sie nicht mehr weiterwissen. Andere werden wütend gegenüber Autoritätspersonen und vergeuden Jahre damit, sie zu hassen und als Betrüger entlarven zu wollen.

Wenn sie gefragt werden, warum sie so schreckliche Taten begangen haben, erwidern viele Menschen zu ihrer Verteidigung: »Ich habe doch bloß Befehle befolgt.« Ihr höchster Wert war es, blind zu vertrauen und das zu befolgen, was die Autoritäten ihnen aufgetragen hatten, selbst wenn sie wussten, dass es falsch und unrecht war. Diese Menschen haben den Bezug zu ihrer eigenen Menschlichkeit und ihrem angeborenen Sinn für Richtig und Falsch verloren. Sie haben sich selbst aufgegeben, sich in goldene Ketten legen lassen und sich dann gewundert, wie sie in diese Falle tappen konnten.

Nur wenige Menschen sind fähig oder willens, ihren eigenen Weg zu gehen, für sich selbst zur Autorität zu werden. Nyogen Senzaki, ein wundervoller Lehrer, hat dies so formuliert: »Setze dir nicht einen anderen Kopf auf deinen Kopf. Was stimmt denn mit deinem eigenen Kopf nicht?«

Wer sind die Autoritäten in Ihrem Leben und warum? *Was ist an ihnen, das Sie veranlasste, ihnen diese Position einzuräumen? Was haben Sie, das Ihnen fehlt? Sind Sie willens, diese Qualitäten auch für sich zu beanspruchen? Was haben Sie wiederum, was ihnen fehlen könnte?*

Der Sufi-Weise Nasruddin hat alle Formen von Autorität und die Frage von Richtig und Falsch durchschaut.

Nasruddin wurde zum Friedensrichter ernannt. Bei seinem ersten Fall argumentierte der Kläger so überzeugend, dass Nasruddin ausrief: »Ich glaube, du hast recht.«
Der Gerichtsvorsteher bat Nasruddin, sich zurückzuhalten, denn der Angeklagte war noch nicht gehört worden, und Nasruddin musste als höchste Autorität gerecht sein.
Nasruddin hörte sich dann den Angeklagten an und war von seiner Beredsamkeit so hingerissen, dass er nach dessen Plädoyer ausrief: »Ich glaube, du hast recht.«
Der Gerichtsvorsteher konnte das nicht durchgehen lassen.
»Euer Ehren«, sagte er, »sie können doch nicht beide recht haben.«
»Ich glaube, du hast recht«, sagte Nasruddin.

Idries Shah

Es ist gut, einen anderen Menschen zu bewundern, sich von ihm unterweisen, inspirieren, anleiten oder umsorgen zu lassen. Es ist auch notwendig, dass Sie an Ihrem Arbeitsplatz mit ranghöheren Personen respektvoll und harmonisch umgehen. Aber es ist etwas ganz anderes, einem anderen Menschen Autorität über Ihr Innenleben, die Kontrolle über Ihre Gedanken, Entscheidungen und Handlungen einzuräumen. Wenn Sie das tun, geben Sie sich selbst auf, ziehen sich selbst den Boden unter den Füßen weg und wundern sich dann, warum Sie auf so wackeligen Beinen stehen. Ja, Sie tun noch etwas viel Gefährlicheres als das, wenn Sie diese Person geradezu einladen, Sie zu manipulieren und Ihr Wohlergehen in der Hand zu haben. Wenn Sie sich einer sogenannten Autorität ausgeliefert haben, wird es Zeit, dass Sie den Spieß umdrehen. Holen Sie sich Ihre eigene Macht und Weisheit zurück. Werden Sie angstfrei. Lernen Sie zu würdigen, was Sie wissen und wer Sie sind.

Wem schenken Sie Ihr Vertrauen? *An wen oder was wenden Sie sich in Zeiten der Not? Wer – oder was – lässt Sie niemals im Stich? Wissen Sie, wie Sie sich an Ihr Inneres wenden? Wenn etwas geschieht, weswegen Sie sich normalerweise an jemand anderen wenden würden, wenden Sie sich doch an sich selbst. Setzen Sie sich und fragen Sie sich, was Sie brauchen, und warten Sie dann auf eine Antwort. Je öfter Sie dies tun, desto mehr Vertrauen werden Sie in die tiefe Führung entwickeln, die in Ihnen wohnt.*

Das großartigste Geschenk, das Ihnen zuteilwerden kann, besteht darin, dass Sie in Kontakt mit Ihren eigenen enormen Gaben und Ressourcen kommen. Jeder, der Ihnen diese Gaben nehmen will, der möchte, dass Sie sich an ihn als Autorität wenden, ist nicht Ihr Freund. Warum sollten Sie Ihre enorme Weisheit wegwerfen? Warum sollten Sie sie nicht für sich beanspruchen?

> *In der Gesellschaft ist die am meisten erwünschte Tugend der Konformismus. Selbstvertrauen ist ihr ein Gräuel. Sie liebt keine Tatsachen, sondern Namen und Bräuche. Richtig ist allein, was meiner Verfassung entspricht, falsch allein, was gegen sie ist. Wir sind keine schwankenden Weiden – wir können und müssen uns frei machen. Wenn wir Selbstvertrauen an den Tag legen, stellen sich neue Kräfte ein.*
>
> *Ralph Waldo Emerson*

Religiöser und spiritueller Missbrauch

Die religiöse und spirituelle Praxis ist ein Lebensbereich, in dem Autoritäten dominieren und Angst, Kontrolle und Manipulation extreme Formen annehmen können. Die wahre religiöse und spirituelle Praxis ist von so zentraler Bedeutung für unser Leben, dass der Machtmissbrauch klar angesprochen werden muss.

Viele Glaubenssysteme sind nicht nur voller Autoritätspersonen, sondern auch voller Autoritätstexte, die nicht in Frage gestellt werden dürfen. Wer es dennoch tut, muss mit strengen Strafen rechnen. Hier herrscht große Angst – nicht nur vor den Kernfragen, denen man auf den Grund geht, sondern auch vor den Konsequenzen, wenn man nicht bedingungslosen Gehorsam leistet.

Wenn wir uns auf die religiöse oder spirituelle Praxis einlassen, tun wir dies mit tiefen Bedürfnissen und Fragen, die für uns lebenswichtig sind – wir suchen nach Möglichkeiten, das ungeheure Geheimnis des Lebens und die nicht enden wollenden Herausforderungen zu begreifen, vor denen wir jeden Tag stehen. Wir Menschen brauchen einen Sinn und können nicht ohne ihn gedeihen. Alle religiösen und spirituellen Praktiken weisen einen Weg durch den Irrgarten der Verwirrung und Verzweiflung. Auf diese entscheidende Reise müssen wir alle uns begeben, um mit dem verbunden zu sein, das größer ist als wir selbst, und um dem Würgegriff der Angst zu entkommen.

Weil diese Reise so wichtig ist, kann sie von Autoritäten vereinnahmt und von der Angst entstellt werden sowie eine ungesunde Dosis Kontrolle und Manipulation enthalten. Es ist so wichtig, dass Sie sich Ihre spirituellen Führer genau anschauen. Manche Menschen, die religiöse oder spirituelle Autoritäten werden, verzehren sich nach der Macht, die ihnen damit über das Leben anderer Menschen eingeräumt wird, sie leben von dieser Macht und genießen sie. Wegen der Verehrung, die sie empfangen, können sie leicht meinen, übermenschlich, von Gott berufen zu sein, die endgültige Antwort zu kennen und tun zu dürfen, was ihnen gefällt.

Bei genauerem Hinsehen widerspricht das Verhalten dieser religiösen und spirituellen Autoritäten großenteils oft den Glaubensvorstellungen und Texten, die sie so entschieden verteidigen. Wenn jemand im Namen einer religiösen oder spirituellen Praxis verletzt, beschämt, bestraft, geächtet oder erniedrigt wird, ist dies das Ergebnis von Manipulation und Kontrolle. Dies ist nicht die wahre Praxis, sondern spiritueller Missbrauch.

Menschen, die unter dem Einfluss von Autoritätspersonen stehen, deren dogmatische Überzeugungen nicht in Frage gestellt werden dürfen, befinden sich nicht auf einer wahren spirituellen Reise. Doch wenn wir unsere Autorität diesen negativen Gestalten wegnehmen, wenn wir sie nicht als religiöse Autoritäten betrachten, sondern als Fanatiker, Scharlatane, Hysteriker oder als Machthungrige, die sie oft sind, haben wir den ersten Schritt getan, um die goldenen Ketten zu sprengen, die uns fesseln. Wir haben den Reichtum und die Heilkraft der wahren spirituellen Praxis zurückgenommen und sie uns zu eigen gemacht.

Was ist Ihre spirituelle Praxis? *Wie gehen Sie mit den Urfragen des Lebens um? Wohin wenden Sie sich, um Antworten zu bekommen? Respektiert diese Praxis Sie, gibt sie Ihnen eine Chance, sich um Erkenntnis zu bemühen und sich zu entwickeln? Oder sind Sie gezwungen, blind zu gehorchen und sich anzupassen?*

Die goldenen Ketten sprengen

Auf dem Weg zur Angstlosigkeit müssen wir die Ketten sprengen, die uns an unbarmherzige Autoritäten, dogmatische Glaubensvorstellungen und blinden Gehorsam fesseln. Das heißt nicht, dass Gehorsam unbedingt negativ sein muss – das ist er nämlich nicht, wenn wir selbst entschieden haben, wem wir gehorchen wollen. Aber blinder Gehorsam, der uns auferlegt wird, und dogmatische Glaubensvorstellungen, die wir nicht erkunden dürfen und für die wir uns nicht selbst entscheiden dürfen, machen uns fortwährend blind, taub und gefühllos. Wir missachten unser wahres Erbe und misstrauen ihm – einem denkenden Verstand und einem urteilsfähigen Herzen. Wir lehnen die Verantwortung für unsere Entscheidungen und Handlungen ab und laufen einfach jemandem nach. Ein solches Leben erstickt nicht nur uns schmerzhaft, sondern bereitet unvermeidlicherweise auch anderen Schmerzen.

Alle religiösen Schriften warnen uns davor. Das Alte Testament erklärt uns eindeutig: »*So lasset nun ab von dem Menschen, der nur ein Hauch ist; denn für was ist er geachtet?*«

Der Koran erinnert uns: »*Nimm keine anderen mit, wenn du Gott anbetest. Bete nur Gott an.*«

Und das Neue Testament verkündet: »*Ich bin der Weg, die Wahrheit und das Leben; niemand kommt zum Vater denn durch mich.*«

Wählen Sie das Leben

Ein großer Schritt zur Rückgewinnung Ihrer Freiheit besteht darin, dass Sie Ihre Fähigkeit zurückerlangen, sich zu entscheiden, zu wählen. Die Wahlfreiheit ist ein großartiges Geschenk. Durch Ihre Wahl übernehmen Sie Verantwortung. Jemand hat einmal gesagt, dass uns alle Schwierigkeiten im Leben nur deshalb bereitet werden, damit wir wählen und uns entscheiden können. Ihre Entscheidungen bestimmen Ihren Charakter – Sie sind, was Sie wählen. Eindeutig führt uns das Alte Testament der Bibel dies vor Augen: »*Ich habe euch Leben und Tod, Segen und Fluch vorgelegt, damit du das Leben erwählst …*«

Welches sind einige der wesentlichen Entscheidungen, *die Sie in Ihrem Leben getroffen haben? Was sind die Folgen dieser Entscheidungen gewesen? Wünschen Sie sich, erneut zu entscheiden? Haben Sie das Gefühl, Sie können es? Entscheiden Sie sich jetzt wieder.*

Entscheiden Sie sich für das, was nützlich ist. Entscheiden Sie sich dafür, Ihrem Herzen zu folgen. Entscheiden Sie sich dafür, auf eigenen Füßen zu stehen, öffnen Sie Ihre Augen, Ihre Ohren, Ihren Verstand. Meist leben wir als Opfer anderer Menschen, der Routine oder des Schicksals. Doch tagtäglich stehen wir vor vielen Entscheidungen. Neue Entscheidungen sind wie neue Samen, die wir in den Boden unseres Lebens pflanzen. Sie verlangen Nahrung und Fürsorge, und früher oder später werden unsere Entscheidungen Blüten tragen, neue Chancen und Umstände bringen, neue Möglichkeiten, unseren Mut und unsere Liebe zu beweisen.

Die folgende Geschichte, die in allen möglichen Varianten erzählt wird, bringt es auf den Punkt, dass wir in unserem Leben verantwortungsbewusst handeln und weise Entscheidungen treffen sollen.

Der Fluss trat über die Ufer, und das Wasser stieg um Jims Haus. Es hatte schon die vordere Veranda erreicht, auf der er gerade stand. Da kam ein Mann in einem Ruderboot vorbei und rief ihm zu: »Spring rein, ich bring dich in Sicherheit.«

Jim erwiderte: »Nein, mein Gott wird mich retten!«

Dann lief er in den ersten Stock hinauf. Der Fluss stieg weiter bis an die Fenster im ersten Stock. Da kam ein Mann in einem Motorboot vorbei und rief ihm zu: »Spring rein, ich bring dich in Sicherheit.«

Wieder erwiderte Jim: »Nein, mein Gott wird mich retten!«

Dann lief Jim aufs Dach hinauf. Doch schon bald hatte der Fluss auch das Dach erreicht. Jim saß auf dem Dachfirst, und das Wasser umspülte seine Füße. Da sah er, wie ein Hubschrauber über ihm stand, und die Insassen riefen ihm über ein Megaphon zu: »Pack das Seil, wir ziehen dich hoch und bringen dich in Sicherheit.«

Doch Jim erwiderte: »Nein, mein Gott wird mich retten!«

Der Fluss stieg weiter, verschlang schließlich das ganze Haus, und Jim ertrank. Und dann stand er vor Gott, und Jim fragte ihn voller Zorn: »Ich habe mein ganzes Vertrauen in dich gesetzt. Warum hast du mich verlassen?«

Gott lächelte und erwiderte: »Was verlangst du denn noch von mir? Ich habe dich nie verlassen. Ich habe dir ein Ruderboot, ein Motorboot und einen Hubschrauber geschickt. Warum bist du denn nicht eingestiegen?«

Welche Entscheidungen haben Sie heute getroffen? *Waren Sie sich überhaupt bewusst, dass Ihnen eine Entscheidung abverlangt wurde, oder haben Sie automatisch reagiert? Haben Sie sich entschieden zu handeln? Haben Sie sich entschieden, freundlich zu sein, sich ins Zeug zu legen, ehrlich mit anderen umzugehen, aus Ihrer ganzen Fülle zu reagieren?*

Je mehr wir uns entscheiden, desto weniger benötigen wir eine Autoritätsperson, die für uns entscheidet und *ihre* Antworten auf *unsere* Lebensfragen gibt.

Wir haben nicht nur das Geschenk der Wahlfreiheit bekommen, sondern auch das Geschenk zu sprechen und zu hören. Das sind unglaubliche Instrumente, mit deren Hilfe Sie jede Manipulation und Kontrolle beenden können. Machen Sie von ihnen Gebrauch? Sagen Sie ehrlich, was Sie meinen, bitten Sie um das, was Sie brauchen, und verstehen Sie zuzuhören? Sind Sie bereit, mit anderen zu kommunizieren, oder leben Sie in Ihrer eigenen angsterfüllten Traumwelt?

Kommunikation

Jill glaubt sich mit Recht über Jack zu ärgern,
weil Jack nichts tut.

Sie ärgert sich über Jack,
weil er nichts tut.

Sie ärgert sich über Jack,
weil er ihr keine Angst macht.

Er macht ihr keine Angst,
weil er, untätig, nutzlos ist.

R. D. Laing, Knoten

Eine ganze Menge Manipulation und Kontrolle erfolgt durch eine Kommunikation, die nicht mehr funktioniert. Jemand sagt oder tut etwas und meint etwas anderes. Was da geschieht, verwirrt Sie, und durch Ihre Verwirrung werden Sie geschwächt und manipuliert. Da werden Versprechen gemacht und nicht gehalten. Worte werden gesagt, die jeder Grundlage entbehren. Menschen, die Ihre tiefsten Bedürfnisse spüren, spielen mit Ihnen wie mit einer Marionette – sie verführen, hänseln und quälen Sie, ohne das, was sie versprochen haben, halten zu können oder zu wollen.

Aber alle Vorspiegelungen sind schließlich durchsichtig. Egal, wie viel Sie vorspielen – was Sie auf einer tieferen Ebene kommunizieren, wird immer vernommen und erwidert. Anders kann es gar nicht sein. Die eigentliche Frage lautet vielmehr: Sind Sie bereit, sich offen Ihrer Wahrheit zu stellen und sie anderen mitzuteilen? Wenn Sie das tun, geben Sie sofort den Zwang zu kontrollieren auf.

Mit wem *wollen Sie am meisten kommunizieren? Mit wem wollen Sie am wenigsten kommunizieren? Warum?*

Viele Menschen beklagen sich darüber, dass man sie nicht verstehe. Ehefrauen beschweren sich, dass ihre Männer nicht mit ihnen reden. Arbeitnehmer haben das Gefühl, dass ihre Arbeitgeber ihnen nicht zuhören. Auch in Familien gibt es Komplikationen beim Kommunizieren. Manche geben sich alle Mühe, einander davor zu bewahren, die Wahrheit zu kennen. Manche Menschen verbringen ihr Leben damit, nicht zu kommunizieren, sondern zu verheimlichen, zurückzuhalten und vorzuspiegeln. Diese Menschen sind darauf fixiert, ihre Kommunikation als Mittel zur Kontrolle einzusetzen. Die fehlende Bereitschaft zu kommunizieren ist auch eine Form von Kommunikation.

Die vielen Facetten der Kommunikation

Um die Angst aus Ihrem Leben zu verbannen, müssen Sie wirklich verstehen, welche Macht die Kommunikation hat und wie notwendig es tatsächlich ist, direkt und klar zu sein. Es gibt alle möglichen Arten von Kommunikation – eine Kommunikation, die Gesundheit und Freude vermittelt, und eine Kommunikation, die Schmerzen vermehrt, kontrolliert und Sie auf unterschiedliche Weise zerstört. Bei manchen Menschen gedeihen Pflanzen üppig. Bei anderen welken sie und sterben ab. Warum? Pflanzen brauchen keine Gründe. Sie stellen keine Fragen. Sie gedeihen einfach oder sterben ab. Trotz all Ihrem logischen Denken blühen oder welken auch Sie in Gegenwart unterschiedlicher Menschen. Es ist wichtig, dass Sie dies bemerken, dass Sie in Kontakt zu Ihren emotionalen Reaktionen stehen, nicht zu der Art und Weise, wie Sie empfinden *sollen*.

Die Kommunikation hat viele Facetten. Sie sprechen und hören auf ganz unterschiedliche Art und Weise. Da sind zunächst einmal die Worte, die Sie sprechen. Hinter den Worten gibt es dann Ihre Körpersprache, die subtilen Botschaften, die Sie mit Ihren Gesten und Bewegungen aussenden. Wie stehen, sitzen, gehen oder gestikulieren Sie? Wie sind Sie angezogen? Welchen Ton hat Ihre Stimme? Stimmen Ihre verbale und Ihre nichtverbale Kommunikation überein? Sagen Sie mit Worten das eine und mit Ihrem Verhalten etwas anderes? Es gibt genauso viele Kommunikationsweisen wie Menschen und genauso viele verschiedene Weisen, zu hören und gehört zu werden.

Man sagt Ihnen, wie Sie auf alle möglichen Arten von Kommunikation reagieren, wie Sie fühlen *sollen*. Normalerweise erwartet man, dass Sie jemanden wegen seiner Verdienste »mögen« und ihn wegen seiner Fehler »nicht leiden können«. Aber tatsächlich funktioniert es nicht so. Tief im Innern lieben Sie vielleicht die sogenannten Schurken und fühlen sich eigentlich nicht so gut in Gegenwart der sogenannten Heiligen. Was zählt, ist die grundlegende Kommunikation, die hier stattfindet – Ihr Bauchgefühl weiß das. Wenn Sie lernen, Ihrem Bauchgefühl zu trauen, können Sie nicht mehr geblendet oder manipuliert werden.

Mystifikation

Ich achte mich nicht selbst.
Ich kann niemanden achten, der mich achtet.
Ich kann nur jemanden achten, der mich nicht achtet.

Ich achte Jack,
weil *er mich nicht achtet.*

Ich verachte Tom,
weil *er mich nicht verachtet.*

Nur eine verächtliche Person
kann jemanden so Verächtlichen wie mich achten.

R. D. Laing, Knoten

Die Mystifikation ist eine andere Form von Manipulation und Kontrolle – das bewusste oder unbewusste Bemühen eines Menschen, die Gefühle und Wahrnehmungen eines anderen Menschen oder sogar die eigenen zu verwirren, zu täuschen oder zu leugnen. Als Hauptelement in schädlichen Beziehungen ist die Mystifikation eine toxische Form von Kommunikation, die unser Wohlbefinden trübt und uns herabzieht.

Sind Sie willens, *sich auf ein ehrliches, offenes Gespräch einzulassen? Oder wollen Sie lieber zweideutig und doppelsinnig sprechen? Das ist eine Entscheidung, die Sie treffen müssen.*

Wenn Sie mystifiziert werden, haben Sie das Gefühl, auf keinem festen Boden mehr zu stehen. Sie empfangen gleichzeitig zwei verschiedene Arten von Kommunikation. Sie hören das eine in Worten und etwas anderes nonverbal, oder jemand sagt etwas und tut das Gegenteil. Sie wissen nicht, auf welche Botschaft Sie reagieren sollen. Diese Art von Kommunikation ist lähmend und erzeugt tiefe Angst. Sie ist die beste Möglichkeit, jemanden verrückt zu machen.

Jeder Mensch hat das Bedürfnis, dass man ihn kennt, auf ihn hört und seine Erfahrung achtet. Wenn Sie sich weigern, sich eine verwirrende Kommunikation und gemischte Botschaften anzuhören, können Sie nicht kontrolliert und manipuliert werden. Es ist wichtig, gemischte Botschaften zu entschlüsseln und auf die grundlegende Kommunikation zu reagieren, die gerade stattfindet. Damit Ihnen das gelingt, müssen Sie lernen, nicht nur den Worten zu lauschen, die Sie hören, sondern auch die Gefühle wahrzunehmen, die Ihnen eine Kommunikation vermittelt. Manche Menschen meinen, man würde die wahre Absicht einer Kommunikation erkennen, wenn man die Reaktion bemerkt, die sie auslöst.

Finden Sie heraus, *ob Sie kommunizieren, um in Kontakt mit anderen Menschen zu stehen oder um Ihre Absichten zu verheimlichen, zu verwirren oder zu mystifizieren. Welche verborgene Botschaft senden Sie aus?*

Von Mensch zu Mensch

Die wahre Natur unserer Beziehungen zu anderen ist in der Art und Weise enthalten, wie wir mit ihnen sprechen. Der andere reagiert vielleicht nicht auf unsere Worte, sondern auf den Ton, der kommuniziert, wie wir ihn sehen. Egal, was wir gerade sagen, kommunizieren wir doch immer implizit, was der andere uns bedeutet, was er in unserer Welt ist.

Der andere mag Ihnen nichts bedeuten, und Sie sprechen vielleicht mit ihm, als wäre er ein Objekt, jemand, der nur für Ihre Zwecke existiert. Das ist eine höchst unpersönliche Kommunikation, die auf eine automatische Weise erfolgt. (Auf genau diese Weise sagen manche Menschen: »Ich liebe dich.«)

In einer derartigen Situation wird der Mensch, mit dem Sie sprechen, innerlich schrumpfen. Er wird sich herumkommandiert, belehrt oder herumgestoßen fühlen. In schweren Fällen wird er vielleicht sogar das Gefühl haben, sein Leben schwinde dahin. Manche Chefs sprechen so mit ihren Mitarbeitern. Der Mitarbeiter ist kein Mensch, sondern ein Objekt, das benutzt wird. Unter diesen Umständen kann der Mitarbeiter das Gefühl bekommen, keine Rolle zu spielen. Und in der Welt des Chefs spielt er tatsächlich keine.

Es gibt eine andere Möglichkeit, mit anderen Menschen umzugehen. Dann lassen Sie nämlich zu, den anderen ganz bewusst als *Menschen* wahrzunehmen. Er hat ganz und gar das Recht auf eigene Gefühle und Reaktionen. Sie schaffen Raum für seine Einzigartigkeit. Sie lassen zu, dass der andere Mensch ist, was er ist, und begrüßen ganz und gar Ihre Unterschiede. Diese Art von Beziehung kann sich zu einem Dialog entwickeln.

> *Es gibt keine Begabten und Unbegabten, sondern nur die, die sich selbst hingeben, und die, die sich verweigern.*
>
> *Martin Buber*

In der ersten Art von Beziehung, in der der andere Mensch als Objekt betrachtet wird und die Buber eine »Ich-Es-Beziehung« nennt, ist keine echte Kommunikation möglich. Sie bezieht sich auf den anderen Menschen einfach als ein Objekt, das Ihre eigenen Wünsche erfüllt. In der zweiten Art von Beziehung, in der Sie dem anderen Menschen seine eigene Persönlichkeit zugestehen und die Buber eine »Ich-Du-Beziehung« nennt, öffnen Sie sich für etwas Größeres. Dies kann Ihnen gefährlich erscheinen – weil es unvorhersagbar ist –, und Sie können das Gefühl haben, als ob sich etwas Unkontrollierbares ereignen wird. Doch was unter diesen Bedingungen wirklich möglich ist, ist die Chance einer echten Begegnung.

Echte Begegnungen

> *Manchmal empfangen wir die Kraft, zum Leben ja zu sagen, und dann zieht Frieden in uns ein und macht uns zu einem Ganzen.*
>
> *Ralph Waldo Emerson*

Manchmal sind Sie mutig und in der Lage, ja zu allem zu sagen, was sich ereignet. Sie öffnen Ihr Herz, lassen völlig los und lassen alles einfach so sein, wie es ist. Vielleicht können Sie sogar zulassen, dass ganz allein Ihr Herz sich äußert. Ihr Herz hat nämlich eine eigene Sprache. Die Stimme des Herzens will immer gern gehört werden, und wenn sie einfach aus ihm herausplatzt, kann eine echte Begegnung stattfinden.

Eine echte Begegnung lässt Sie in Ihre Mitte heimkehren. Dann gibt es kein Bedürfnis mehr zu kontrollieren, und Ihr Gefühl des Getrenntseins verschwindet. Sie erkennen, dass alle wahrhaft eins sind.

Echte Begegnungen können spontan geschehen. Sie können nur einen Augenblick oder eine ganze Weile dauern. Sie können zwischen zwei Menschen stattfinden oder zwischen einem Menschen und dem Himmel, einem Felsen, einem Vogel, einem Lied. Sie können nicht verlangen, dass es zu einer echten Begegnung kommt. Aber Sie können lernen, sie geschehen zu lassen.

Am wichtigsten sind dafür zwei Menschen, die real und willens sind, ganz gegenwärtig zu sein. Während der Begegnung ist jeder bereit, sein Bedürfnis nach Kontrolle loszulassen. Sie vergessen auch, in den Augen des anderen Menschen lobenswert zu erscheinen, und haben kein Bedürfnis, wichtig oder richtig zu sein. Es gibt auch nicht mehr das Bedürfnis, sich zu schützen – Sie erkennen vielleicht sogar, dass es nichts zu beschützen gibt. Eine derartige Begegnung ist ungeheuer befreiend. Wenn sie sich vollzieht, können Sie laut lachen oder weinen.

Die meisten Menschen erleben hin und wieder einen Vorgeschmack von einer derartigen Begegnung. Es ist unser aller natürliches Geburtsrecht. Damit Sie voll und ganz in den Genuss einer solchen Interaktion gelangen, müssen Sie sich dafür bereitmachen, um sie zuzulassen.

Martin Buber beschreibt derartige Begegnungen wunderbar in seinem Essay »Was ist der Mensch?«:

Zwei Fremde warten am frühen Abend auf einem verlassenen Bahnsteig auf einen Zug. Sie wissen nichts voneinander. Der eine liest Zeitung. Der Zug fährt ein, und die beiden steigen ein, setzen sich nebeneinander hin und sagen kein Wort.

Plötzlich und unerwartet hebt sich der Schleier über ihren Herzen. Die übliche Abwehr und Verschlossenheit, in der sie leben, löst sich auf. Ohne dass ein Wort gesagt wird, strömt eine vollkommene Kommunikation vom einen zum anderen. In dieser Zeit weiß jeder alles über den anderen und fühlt sich ihm so nahe wie sich selbst. Beide Herzen haben sich geöffnet und gesprochen; jedes fühlt sich erfüllt und gesegnet.

Buber sagt, es ist, als ob ein Zauberbann aufgehoben sei und wir unsere übliche Zurückhaltung aufgäben. Das lässt zu, dass es zu einer echten Begegnung kommt.

Eine derartige Öffnung ist uns allen möglich. Wenn Sie sich für eine echte Begegnung bereitmachen, begeben Sie sich auf eine tiefere Ebene der Kommunikation. Manche sprechen von Kommunion. Es ist die Erfahrung, in Kontakt mit dem zu sein, das größer ist als Sie selbst. Während der Kommunion sind Sie einfach da, in der Gegenwart eines anderen oder einfach des Lebens an sich. Nichts muss da noch gesagt oder getan werden. Sie stehen für alles, was geschieht, voll und ganz zur Verfügung, und indem Sie sich ihm ergeben, treten Sie ein in das Einssein und die Liebe. In diesem Augenblick öffnet sich das ganze Leben, und Sie erkennen, wie herrlich Sie wahrhaft sind.

Unerwartet, in der
Hitze Floridas,
Tanzte der Blaureiher
Für mich.
Hob ein graziles Bein
Aus dem Schlick,
Reckte die Zehen
Und wirbelte herum
Für mich.
Wir verliebten uns.
Bezaubernd
Sah er mich an,
Glücklich sah ich,
Sah ich, sah ich
Unter dem Schleier aus Federn
Und Flügeln,
Wer darin wahrhaft lebte,
Und dass er,
In einem kühnen Augenblick,
Herumwirbelte,
Seine Schwingen spreizte
Und es wagte,
Sich in mich
Zu verlieben.

Eshin

Wendepunkt

Wenn Sie loslassen, schaffen Sie Raum für das Gute, das das Ihre ist, damit es zu Ihnen kommt

Emerson hat einmal gesagt, es gebe ein Naturgesetz des Magnetismus, das jedem bringe, was ihm wahrhaft gehöre und was zu seinem größeren Guten sei. Je mehr Sie aufhören, das Leben zu kontrollieren, und es akzeptieren, ehren und willkommen heißen, desto mehr wird Ihr Leben erfüllt sein, nicht nur von einem tiefen Seelenfrieden, sondern von den vielen Gaben, die das Universum für Sie bereithält.

8 Entdecken Sie Ihre vollkommene Natur – werden Sie ein Freund

Gebt Euer stolzes Gehabe auf, Ihr Herren,
Es wird Euch nichts nützen.
Mehr habe ich Euch nicht zu sagen.

Laozi

Meist wissen wir, wie es uns geht, indem wir uns mit anderen vergleichen. Wenn wir nicht ganz oben rangieren, zu den Schönsten, Reichsten oder Intelligentesten gehören, meinen wir, dass uns irgendetwas fehlt. Zum Maßstab unseres Selbstwertgefühls wird es, um wie viel besser wir als andere sind, wie weit wir sie übertreffen. Doch dann müssen wir nicht nur ständig überprüfen, wie wir dran sind, sondern wir merken auch nicht, wie destruktiv dies für unsere Beziehungen ist. Andere Menschen werden einfach Objekte, die wir überbieten oder besiegen. Unvermeidlich führt uns diese Lebensweise in tiefe Einsamkeit und in ein Leben voller Angst. Dies heißt, nach dem Gesetz des Dschungels zu leben, wo nur die Besten und Stärksten überleben.

Wir sollten daher die folgende berühmte Zen-Geschichte beherzigen:

Ein Mann ging in einen vollen Fleischerladen. Als er an der Reihe war, verlangte er: »Beeilen Sie sich. Ich weiß ja nicht, was noch da ist. Geben Sie mir einfach das beste Stück Fleisch.«

Der Fleischer lachte und erwiderte schlicht: »Jedes Stück ist das beste Stück Fleisch.«

Wenn Sie immer besser als andere sein müssen, leben Sie mit einem »Mangelbewusstsein«, mit dem Gefühl, dass Sie niemals genug Liebe, Lob, Erfolg oder Geld abbekommen und daher alles, was gut ist, an sich reißen und es anderen wegnehmen müssen. Doch egal, wie viel Sie bekommen, es ist nie genug. Und wenn jemand anderer etwas bekommt, glauben Sie, dass umso weniger für Sie übrig bleibt. Wenn die anderen gewinnen, verlieren Sie.

In dieser geistigen Verfassung fällt es leicht, die Augen davor zu verschließen, welchen ungeheuren Reichtum das Universum bereithält, den es immer wieder ergänzt und von dem es immer mehr abgibt. Tatsächlich mangelt es nie an Lob, Erfolg, Beziehungen oder Angeboten jeder Art. Wenn ein Mensch etwas bekommt, ist deswegen kein anderer ärmer. Es ist immer genug für alle da. Wer im Mangelbewusstsein befangen ist, projiziert sein Gefühl der fundamentalen Leere auf die Welt. Er hat seinen wahren Platz im Leben und insbesondere seine Quelle vergessen.

> *Menschliches Glück erwächst aus vollkommener Harmonie mit anderen.*
>
> *Zhuangzi*

Erinnern Sie sich an Ihre Quelle

Clea ging immer wieder auf Singlepartys, entschlossen, einen erstklassigen Partner zu finden. Noch bevor sie durch die Tür trat, sah sie sich die anderen Frauen an, um festzustellen, wie sie abschneiden würde. Keine kam ihr gleich. Sie war eindeutig bei weitem die Schlankste, Hübscheste und Sexyeste. Sie würde nicht den Kürzeren ziehen, dachte sie. Und dann konzentrierte sie sich auf die hübschesten, auffälligsten Typen, die sie finden konnte. Im Grunde war Clea weniger daran interessiert, wer diese Männer waren, sondern vielmehr daran, dass sie den Besten abbekam.

Doch selbst wenn Clea sich einen Mann angelte, den sie wollte, dauerte die Beziehung nicht sehr lange. Eigentlich machte sie sich nicht viel aus ihm – sie wollte nur den Kampf um Liebe gewinnen. Dabei ging es Clea nie auf, dass Liebe kein Kampf ist. Und als die Männer, die sie anfangs attraktiv fanden, die Wahrheit spürten, liefen sie ihr davon, so schnell sie konnten.

Cleas Konflikt mit anderen, ihr sehnlichster Wunsch, besser als sie zu sein, beherrschte ihr Leben, weil sie ihren eigenen inneren Wert nicht kannte. Sie hatte nie gelernt, ihr eigener bester Freund zu sein. Man gewinnt nicht, wenn man immer und überall andere schlägt – Sie gewinnen nur, wenn Sie wissen, wer Sie sind, warum Sie da sind und was von Ihnen in Ihren Beziehungen mit anderen verlangt wird. Sie gewinnen, wenn Sie sich an Ihre Quelle erinnern.

Jeder Mensch hat eine höhere Natur, die mit ihrer Quelle verbunden ist. Diese höhere Natur ist von gutem Willen und Mitgefühl erfüllt, sie weiß, dass die Welt voller Reichtum ist und dass Sie unmöglich etwas verlieren können, das wirklich Ihnen gehört. Je mehr Sie in Ihrer höheren Natur leben, desto weniger werden Sie der Angst ausgeliefert sein. Und wenn Sie sich von der Macht der Angst über Sie befreien, gewinnt Ihre höhere Natur die Oberhand und leitet Ihr Leben.

Wenn wir Freunde werden, gewinnt jeder

> *Von allen Dingen im Leben ist das kostbarste eine Begegnung mit dem Freund.*
>
> *Rumi*

Wir lernen viele Dinge, wenn wir uns weiterentwickeln, doch nur wenige Menschen lernen, wie man ein wahrer Freund ist. So viele Beziehungen basieren auf Rivalität und sind voller Bosheit und Angst. So viele Freundschaften werden von Konflikten zerrissen und enden in Kummer und Verlust. Zwei Menschen, die einmal miteinander verbunden waren, werden plötzlich zu Gegnern. Was einmal für Liebe gehalten wurde, verwandelt sich rasch in Hass. Jeder ist darauf fixiert, den Kampf zu gewinnen, egal, zu wie viel Zerstörung und Qual das führt. Auch das geschieht, weil wir unbedingt besser als andere sein wollen, schlauer sein wollen, recht haben wollen. Machtkämpfe mögen zwar üblich sein, doch sie sind nur ein schwacher Ersatz für Liebe.

Mit wem *haben Sie einen Konflikt? Was tun Sie, um ihn aufzulösen? Funktioniert es?*

Alle Konflikte beruhen auf der Vorstellung, es könne nur einen Gewinner und nur einen Menschen oder einen Standpunkt geben, der recht haben oder richtig sein kann. Aber wahrer Erfolg stellt sich nur ein, wenn man lernt, was es bedeutet, zusammen zu gewinnen, ein Freund zu werden. Ein großer Schritt auf dem Weg, die Ketten der Angst zu brechen, besteht darin, mit den Machtkämpfen aufzuhören und stets nur miteinander gewinnen zu können.

Halten Sie einen Augenblick inne *und stellen Sie fest, wie Sie mit Ihrem besten Freund umgehen. Gehen Sie auch mit sich selbst so um? Meinen Sie, dass Sie das verdienen?*

Konflikte heilen

> *Jeder Konflikt, ob er nun im Körper und im Geist stattfindet oder außerhalb davon, ist stets ein Kampf gegen das Selbst.*
>
> *Taisen Deshimaru*

Konflikte entstehen, wenn Sie von Forderungen und Trieben bedrängt werden, die Sie in entgegengesetzte Richtungen zerren. Sie können nicht feststellen, welchen Weg Sie gehen sollen, was richtig, was nützlich ist oder was zu Kummer führt. Sie meinen, eine Seite des Konflikts akzeptieren und die andere ablehnen zu müssen. Irgendwie können Sie die Fülle all dessen, was Sie sind, nicht akzeptieren und Raum für viele Möglichkeiten schaffen. Wie Clea versuchen Sie vielleicht, Ihren inneren Kampf zu beenden, indem Sie um jeden Preis gewinnen wollen, und bilden sich ein, Ihr Konflikt sei behoben, wenn Sie »besser sind« als andere. Doch der Kampf mit anderen lenkt nur ab vom wahren Kampf, der in Ihnen tobt.

Innere Konflikte und Konflikte mit anderen – zwei Seiten derselben Münze

Wenn Sie nicht wissen, wer Sie sind und was Sie wirklich brauchen, leben Sie nicht nur im Konflikt, sondern glauben auch, Siege über andere würden zu Wohlbefinden und Erfolg führen. Dann glauben Sie, dass Kämpfen zum Frieden führt. Doch das wird nie passieren – Kämpfen führt nur zu noch mehr Kämpfen. Wer ständig andere schlägt, wird schließlich selbst geschlagen. Anders geht es nicht.

Es gibt viele spezielle, konstruktive Schritte, die Sie tun können, um Konflikte wahrhaft zu lösen, Frieden zu schaffen und Ihre Beziehung zu anderen wie zu sich selbst ins Gleichgewicht zu bringen. Wenn dies geschieht, vergeht Ihr Bedürfnis, nach dem Gesetz des Dschungels zu leben. Dann zapfen Sie Ihre inneren Ressourcen an und erinnern sich an Ihre Quelle und leben aus ihr.

Vom Ich zum Wir – wie Sie ein Win-win-Milieu schaffen

> *Für andere zu sorgen, erweckt die ganze Welt zum Leben.*
>
> *Uchiyama Roshi*

Win-win-Beziehungen beruhen auf gegenseitiger Unterstützung und gemeinsamem Erfolg. Ein Mensch muss nicht verlieren, damit ein anderer gewinnt. Jeder gewinnt nur, wenn auch der andere gewinnt. Eine Win-win-Beziehung ist es beispielsweise, wenn ein Mann ins Meer fällt und ein anderer hineinspringt, um ihn zu retten. Beide müssen zusammen gewinnen. Der Erfolg des einen ist der Erfolg des anderen.

Wenn Sie das Gefühl haben, dass man sich um Sie kümmert und Sie unterstützt, tun Sie immer Ihr Bestes. Manchmal fällt es Ihnen allerdings schwer, sich unterstützen zu lassen. Vielleicht meinen Sie, es sei ein Zeichen von Schwäche. Und dann wieder fällt es Ihnen schwer, Ihre Unterstützung anzubieten. Aber alle gesunden Beziehungen beruhen auf gegenseitigem Vertrauen und gegenseitiger Unterstützung.

Eine *ausgewogene Beziehung* besteht im natürlichen Fließen von Energie, Unterstützung und Inspiration zwischen Menschen, die miteinander interagieren. Ist dieses Fließen ausgeglichen und gegenseitig (wie Yin und Yang), wirken beide auf maximalem Niveau. Es stellt sich eine natürliche Synchronizität ein, und unerwartete Ressourcen stehen zur Verfügung. Wird dieses Fließen blockiert oder gerät es sonst wie aus dem Gleichgewicht, kommt es zu einem Energieverlust, der Depression, Groll und destruktives Verhalten auslöst. Das ist der vollkommene Boden, auf dem Konflikte gedeihen.

Alle Menschen, Beziehungen und Organisationen streben auf natürliche Weise nach Harmonie und Gleichgewicht. Es gibt viele Möglichkeiten, dies zu erreichen, und eine davon ist der Konflikt. Ein Konflikt ist nicht immer negativ – er kann ein Mittel sein, ein neues Gleichgewicht herzustellen, wenn alte Formen des Interagierens nicht mehr effizient sind. Wenn es auf Wandel und Wachstum ankommt, werden sie durch einen Konflikt beschleunigt.

Eigentlich ist es nicht schwer, ein Milieu zu erschaffen, in dem jeder gewinnen kann. Sie müssen sich nur an gewisse Grundprinzipien halten und einfache Maßnahmen ergreifen. Diese Maßnahmen und Prinzipien mögen sich zwar von dem unterscheiden, was Sie gewöhnt sind, doch wenn Sie ihnen eine Chance geben, werden Sie eine ganz neue Welt entdecken. Es erfordert eben eine bewusste Anstrengung, das Gesetz des Dschungels aufzuheben. Doch wenn Sie sich dieser neuen Lebensweise bewusst widmen, wird es Ihnen nicht nur leichtfallen, Konflikte zu lösen, sondern Angst und Stress werden vergehen, und in Ihrem Leben werden sich unglaubliche Dinge ergeben.

Win-win-Beziehungen

Vor ein paar Jahren versammelten sich bei den Paralympics in Seattle neun körperlich oder geistig behinderte Teilnehmer am Start zum 100-Meter-Sprint. Nach dem Startschuss liefen sie alle los, nicht unbedingt im Sprinttempo, doch voller Enthusiasmus, um das Ziel zu erreichen und zu gewinnen.

Doch ein Junge geriet ins Stolpern, stürzte ein paarmal und begann zu weinen. Die anderen acht hörten dies. Sie blieben stehen und schauten sich um. Dann machten alle kehrt und liefen zurück.

Ein Mädchen mit Down-Syndrom beugte sich zu dem Jungen hinab, küsste ihn und sagte: »Jetzt wird's dir gleich bessergehen.« Alle neun hakten sich unter und gingen zusammen über die Ziellinie. Die Besucher im Stadion erhoben sich und spendeten minutenlang Beifall. Augenzeugen erzählen noch heute diese Geschichte. Warum? Weil wir tief in unserem Inneren wissen: Eins zählt in diesem Leben mehr, als allein zu gewinnen – nämlich anderen zu gewinnen helfen, selbst wenn wir dabei innehalten und unseren Kurs ändern müssen.

Wer ist der Konkurrent?

Wir alle reagieren anders auf Konkurrenz. Manche Menschen verhalten sich so wie in dieser Geschichte und sehen in einem Konkurrenten einen Partner im Wettlauf des Lebens. Ihr größter Wunsch ist es, dass es allen gutgehen möge. Für andere ist Konkurrenz ein Anreiz, ihr Bestes zu geben. Konkurrenz ist für sie gesund, und sie genießen die Chance, neue Höhen zu erklimmen, und strengen sich richtig an.

Wieder andere Menschen reagieren ganz anders. Sie ziehen sich zurück und weigern sich, die Herausforderung anzunehmen. Taucht ein Konkurrent auf, kommen sie sich wie Versager vor und geben auf, lange bevor der Wettbewerb überhaupt beginnt.

Schließlich gibt es noch diejenigen, die einen Konkurrenten zu vernichten suchen, sobald sie ihn wittern. Für sie ist ein Konkurrent gefährlich, bösartig, wie ein Räuber, der ihnen ihr Hab und Gut wegnehmen will. Ein Räuber ist ein Konkurrent, der einen persönlichen Rachefeldzug gegen Sie unternimmt oder Ihnen aktiv schaden will. Dieser Mensch kann eifersüchtig, misstrauisch, instabil oder rachsüchtig sein. Entscheidend ist, dass Sie wissen, wer wer ist, denn Sie können auf Konkurrenten so reagieren, als wären sie Räuber, auch wenn sie es gar nicht sind. Diese Verwechslung hindert Sie daran, Ihre Energie zu nutzen und sich darüber klar zu sein, wie Sie reagieren sollen.

Notieren Sie fünf positive Dinge *über Konkurrenzsituationen in Ihrem Leben. Wann hat ein Konkurrent Ihnen geholfen, mehr zu können, als Sie glaubten?*

Wenn Sie es mit einem Räuber zu tun haben, müssen Sie anders reagieren als bei gesunden Konkurrenten. Es ist eben ein Unterschied, ob Sie bedroht oder ob Sie herausgefordert werden, und Sie müssen wissen, was gerade der Fall ist.

Wenn Sie es wirklich mit einem Räuber zu tun haben, wenn persönlicher Zorn, Missbrauch oder emotionale Instabilität im Spiel ist, sind andere Maßnahmen gefragt als bei einem gesunden Konkurrenten. Es besteht nie ein Grund, in Panik zu geraten, weil Ihnen so viele Quellen für eine verantwortungsbewusste Hilfe zu Gebote stehen.

Erstellen Sie eine Liste der Menschen, *die Sie für Räuber in Ihrem Leben halten. Erstellen Sie eine Liste Ihrer gesunden Konkurrenten. Wie unterscheiden sich beide?*

Stille Killer beseitigen

Stille Killer sind Menschen, deren Kommunikations- und Verhaltensweisen Ihnen jede Begeisterung, jeden Mut und jede Kraft nehmen. Man könnte sie auch Energievernichter und Fallgruben nennen. Weil sie still sind, werden sie nicht bemerkt oder geleugnet. Die Verleugnung an sich ist ein großer stiller Killer. Wenn Sie verleugnen, tun Sie so, als würde etwas nicht passieren, während Sie doch die ganze Zeit unter seinen Auswirkungen leiden.

Nehmen Sie sich Zeit, *täglich festzuhalten, wann und wo Sie das Gefühl haben, Kraft, Mut, Freude oder Lebendigkeit zu verlieren – wenn Sie sich also geschwächt fühlen. Wer war gerade bei Ihnen, was hat er zu Ihnen gesagt? Wenn Sie sich die Verleugnung bewusstmachen, verliert sie ihre Macht.*

Jeder hat andere stille Killer in seinem Leben. Sie mögen Ihnen albern oder unbedeutend vorkommen – etwa eine Nebenbemerkung oder wenn jemand Sie übersieht. Vielleicht ist es Ihnen peinlich zuzugeben, dass diese Dinge so viel Macht über Sie haben. Ihrem Wesen nach sind stille Killer subtil – wären sie es nicht, hätten Sie sie schon längst bemerkt. Es sind oft kleine Vorfälle, Bemerkungen oder Unterlassungen, die Sie kaum wahrnehmen. Doch was Sie dann plötzlich doch merken und spüren, sind Energieverluste, Depressionen oder Aufregungen. Sobald Sie aber wachsam werden und alles bemerken, was um Sie herum vorgeht, wenn derartige Reaktionen auftreten, spüren Sie Ihre ganz besonderen stillen Killer auf und machen sich ans Werk, sie zu beseitigen.

Missverständnisse ausräumen

Damit ein Win-win-Milieu entsteht, müssen Missverständnisse auf der Stelle ausgeräumt werden. Wenn man Missverständnisse weiterschwelen lässt, richten sie schlimme Schäden an. Groll entwickelt sich, Zwangsvorstellungen entstehen, Beziehungen geraten durcheinander. Reden Sie darüber, reagieren Sie bewusst auf das, was Sie gehört haben, oder glauben, gehört zu haben. Tun Sie es auf der Stelle.

Denken Sie daran, dass Welten liegen können zwischen

dem, was Sie gehört haben, und dem, was der andere tatsächlich gemeint hat. Ein Feedback ist hier ganz entscheidend. Viele Menschen sind einfach zu stolz, um ein Feedback zu bitten oder es zu gewähren. Meist nehmen wir sofort an, wir wüssten, was gesagt worden ist. Dabei liegen wir die meiste Zeit daneben.

Sobald es zu einem Missverständnis kommt, seien Sie sich darüber im Klaren, dass es auf mangelnder Kommunikation beruht. Hier ist ein Feedback erforderlich. Damit lassen sich schlechte Gefühle augenblicklich kurzschließen. Wenn Sie feststellen, dass es ein Missverständnis gibt, sagen Sie: »Ich würde gern klarstellen, ob ich richtig gehört habe, was du gesagt hast.« Dann kann der andere mitteilen, was er wirklich gesagt und gemeint hat.

Allein schon die Bereitschaft, sich zu verständigen und den anderen nicht zu beschuldigen, ist ein offenkundiger Akt der Freundschaft und des guten Willens und wird normalerweise auch als solcher verstanden. Er gibt Ihnen Gelegenheit, die Dinge klarzustellen. Von nun an verläuft eine weitere Kommunikation ganz natürlich.

Oft basiert ein Missverständnis auf einer Enttäuschung. Wenn jemand Sie enttäuscht, besteht eine übliche Reaktion darin, dass Sie sich zurückziehen und nicht mehr kommunizieren wollen.

Machen Sie sich bewusst, *was Sie brauchen, damit Sie sich in einer Beziehung respektiert und sicher fühlen. Wenn das ständig in Frage gestellt wird, dann halten Sie es fest. Achten Sie Ihre Bedürfnisse und kommunizieren Sie sie.*

Wenn Sie rasch kommunizieren, was Sie in einer Situation für wahr halten, hat dies eine geradezu magische Wirkung. Am Anfang kann das schwer sein, aber im Laufe der Zeit erweist es sich als ein wunderbares Instrument, um Beziehungen aufzubauen, die sich mit Sicherheit weiterentwickeln.

Andere Möglichkeiten, Konflikte zu entschärfen

Man kann leicht vorschnell zu dem Schluss kommen, dass jemand ein Räuber oder ein stiller Killer ist. Bevor Sie dies tun, versuchen Sie die Situation zu entschärfen. Versuchen Sie all das festzustellen, was an der betreffenden Person positiv ist. Betrachten Sie sie nicht mit negativen Augen. Wenn Sie kein Öl ins Feuer gießen und ständig nur das Positive sehen, reagieren andere oft genauso.

Sie können das Negative auch dadurch entschärfen, dass Sie auf Hänseleien nicht reagieren. Die betreffende Person kann dann das Interesse an weiteren Sticheleien verlieren, und die Situation kann sich entspannen. Wenn dies aber nicht möglich ist, muss etwas unternommen werden – am besten auf eine unpersönliche Weise.

Der große Samurai Tsukahara Bokuden war ein Meister im Schwertkampf, der im Laufe seines Lebens mit rund zweihundert Samurai die Klinge gekreuzt und alle besiegt hatte. Er gründete auch seine eigene Fechtschule.

Einmal fuhr Meister Bokuden auf einem Schiff mit einigen anderen Passagieren. Darunter befand sich auch ein besonders rüder und streitlustiger Samurai, der vor jedem, der ihm zuhörte, mit seiner großartigen Fechtkunst prahlte. Meister Bokuden interessierten solche Angebereien natürlich überhaupt nicht. Er ging auf die andere Seite des Schiffes und hielt ein kleines Nickerchen.

Nach einer Weile bemerkte der Prahlhans Meister Bokudens völliges Desinteresse an seinen Ruhmestaten. Dieser Mangel an Aufmerksamkeit ärgerte den Samurai, und er ging hinüber, schüttelte Meister Bokuden grob an den Schultern und fragte: »Wieso interessierst du dich so wenig fürs Fechten, dass du lieber ein Nickerchen hältst?«

Höflich erwiderte Meister Bokuden: »Meine Kunst ist ganz anders als deine – sie besteht darin, andere nicht zu besiegen und von anderen nicht besiegt zu werden.«

Der Samurai wurde noch wütender. »Was für einen Namen hat denn deine Fechtschule?«, schrie er.

Meister Bokuden erwiderte ruhig: »Sie heißt Ohne-Hände-Schule. Das bedeutet, dass wir den Feind schlagen, ohne zum Schwert zu greifen.«

»Warum trägst du dann ein Schwert?«, wollte der Samurai wissen.

»Dieses Schwert«, antwortete Meister Bokuden, »dient nicht dazu, andere zu besiegen. Es beseitigt vielmehr meine eigenen egoistischen Motive.«

Inzwischen war der Samurai fuchsteufelswild. »So! Du meinst also, gegen mich ohne dein Schwert kämpfen zu können?«

»Warum nicht?«, erwiderte Meister Bokuden.

Augenblicklich wies der Samurai den Schiffsführer an, die nächste Insel anzusteuern, wo diese Angelegenheit sofort geklärt werden könnte. Meister Bokuden riet dringend davon ab und schlug eine abgelegenere Insel vor, wo die Gefahr nicht so groß sei, dass irgendwelche Zuschauer verletzt werden könnten.

Der Schiffsführer willigte ein und steuerte das Schiff zu einer abgelegenen Insel. Als das Schiff das seichte Gewässer um die Insel erreichte, sprang der kampfbesessene Samurai von Bord, zog sein Schwert und watete an Land.

Auf dem Schiff legte Meister Bokuden gelassen seine Schwerter ab. Er reichte sie dem Schiffsführer, als dieser von Bord ging.

Plötzlich packte Meister Bokuden das Ruder und stieß sich damit von einem Felsen ab, so dass das Schiff in tiefes Wasser geriet. Während sich das Schiff von der Insel und dem nun gestrandeten Samurai entfernte, erklärte ihm Meister Bokuden: »Das ist meine Ohne-Hände-Schule.«

Neil Dunnigan

Vitamine und Mineralien für Herz, Geist und Seele

Vitamine und Mineralien für Herz, Geist und Seele sind Gedanken, Verhaltensweisen, Gefühle und Entscheidungen, die nicht nur Sie, sondern jeden stärken, mit dem Sie in Kontakt kommen. Dazu gehören auch bestimmte Handlungen, und alle zusammen bilden die Grundlage für ein Leben, das konstruktiv und förderlich ist. Wenn Sie auf dieser Basis leben, kann nichts Sie erschüttern, egal, welche Stürme Sie heimsuchen. Dann stimmen Sie mit Ihrer Quelle überein.

Hier nun eine Reihe von Vitaminen und Mineralien für Herz, Geist und Seele. Nehmen Sie sie wie angegeben zu sich und stellen Sie fest, wie stark Sie werden.

Ein Reisender kam zu einem Festmahl, wo es zwei große Räume gab. In dem einen Raum saßen hungernde Menschen am Tisch und aßen, so viel sie konnten. Sie wirkten sehr aufgeregt. Der Reisende erkundigte sich, warum sie so aufgeregt seien, und jemand erklärte ihm, dass sich die Menschen am Tisch in der Hölle befänden.

Der Reisende begab sich sodann in den nächsten Raum, in dem alle glücklich und zufrieden am Tisch saßen. Er erkundigte sich, warum sie so glücklich seien. Jemand sagte: »In dem anderen Raum, wo die Menschen in der Hölle sind, füttern sie eifrig nur sich selbst. Hier füttern wir einander und sind im Himmel.«

Zen-Geschichte

- **Die Macht der Anerkennung**

Paul konnte machen, was er wollte – nie fühlte er sich anerkannt. Selbst wenn er große Verkäufe erzielte, wurde nicht viel dazu gesagt. Es fiel ihm schwer weiterzumachen, und er wunderte sich, warum er seine Begeisterung verlor. Doch als seine Gruppe einen neuen Teamleiter bekam, der nicht nur Pauls Erfolg, sondern auch seine täglichen Leistungen anerkannte, war Paul nicht mehr zu bremsen. Er fühlte sich nicht mehr unsichtbar, und was er tat, spielte eine Rolle.

Andere Menschen anzuerkennen ist wie das Gießen einer durstigen Pflanze. Wenn Sie jemanden anerkennen, geben Sie ihm ein ehrliches, positives Feedback zu dem, was er getan hat und was für Sie von Bedeutung ist oder Sie aufbaut. Jeder blüht auf, wenn er anerkannt wird, doch meist bezieht sich das Feedback, das wir gewöhnlich bekommen, auf das, was wir falsch gemacht haben. Anerkennung ist so einfach, aber äußerst mächtig, weil es Ihnen ermöglicht, sich gewürdigt, respektiert und unterstützt zu fühlen, statt schlechtgemacht zu werden.

Sie können jemanden ganz leicht anerkennen, indem Sie einfach sagen »Ich möchte Ihnen meine Anerkennung dafür aussprechen, dass Sie …« und dies dann entsprechend formulieren. Lassen Sie es sich dann setzen. Warten Sie nicht auf eine bestimmte Reaktion. Erteilen Sie Ihre Anerkennung frei und lassen Sie sie frei entgegennehmen. Erkennen Sie andere für so viele Dinge an, wie Sie können, und zwar laufend. Und nehmen Sie sich die Zeit innezuhalten und erkennen Sie auch sich selbst an. Beachten Sie Ihre positiven Handlungen und Leistungen. Nehmen Sie sich einen Augenblick Zeit, um sich selbst zu danken. Sie werden sich gefördert und aufgebaut und inspiriert fühlen, mehr zu tun.

- **Lassen Sie einen Menschen niemals fallen**
  Lojong-Praxis aus dem tibetischen Buddhismus

Wir lassen andere so häufig fallen, wenn sie auf einmal Fehler machen oder uns auf irgendeine Weise beleidigen. Oft tun wir dies, bevor wir wissen, wer sie wirklich sind und wozu sie letztlich fähig sind. Doch wenn wir mit dem Menschen, mit dem wir eine Beziehung haben, gemeinsam durch dick und dünn gehen, wird er sich sicher fühlen, um sich zu entwickeln und zu lernen. Dann wird er erkennen, dass Fehler nicht tödlich sind, sondern ein natürlicher Teil des Lernprozesses.

Wenn ein Mensch frei ist, Fehler zu begehen, und dafür nicht bestraft wird, entwickeln sich Engagement und Kreativität in der Beziehung auf unerwartete Weise. Wenn Sie jemandem eine derartige Unterstützung gewähren, lassen Sie zu, dass sich sein Potenzial verwirklicht, und Sie lernen auch Geduld und Ausdauer. Außerdem lernen Sie, andere nicht vorschnell zu bewerten und dass jeder Mensch ungeheure Gaben hat, die unter den richtigen Bedingungen erblühen.

In der Zen-Praxis werden Zeiten des intensiven Übens Sesshins genannt. Sie können von einem Tag bis zu sieben Tagen oder länger dauern, wobei das Zazen, die Sitzmeditation, von vier oder fünf Uhr morgens bis spätabends währt. Es herrscht Stille. Niemand darf in dieser Zeit kommen oder gehen. Die Intensität nimmt mit jedem Tag zu, und die Praxis vertieft sich.

Wie beim Bergsteigen stellen sich alle möglichen Hindernisse ein, während die Zeit vergeht und Sie dem Gipfel immer näher kommen. Doch egal, was passiert – man erwartet, dass Sie still sitzen und das Problem bewältigen. Mein geliebter Lehrer, ein japanischer Zen-Meister, ist ein wunderbares Beispiel für einen derartigen Mut. Jahrelang sah ich, wie er durchhielt und alles überstand, was in sein Leben kam, ganz gleich, wie schwierig es war.

Doch in den vielen Jahren, in denen ich an diesen Sesshins teilnahm, tat ich, was viele dort für unvorstellbar hielten – ich lief viele Male weg. Bevor ich mich entschloss zu gehen, kam mir der Schmerz oder die Schwierigkeit unerträglich vor. Ich konnte an nichts anderes denken, als zu gehen und so weit wie möglich wegzukommen. Wenn ich anfangs weglief, verspürte ich eine große Erleichterung, ich war begeistert, draußen zu sein, und schwor, nie wieder zurückzukehren. Dann fuhr ich zum nächsten Diner, trank Kaffee und beglückwünschte mich dazu, so schlau gewesen zu sein wegzugehen.

Nach einer Weile, auf der Heimfahrt, erfüllte ein Gefühl der Trostlosigkeit mein Herz. Wieder eine Chance vertan. Ich erkannte, dass ich nicht davonlaufen konnte – ich nahm diese Probleme überall mit, wohin ich ging. Unweigerlich kehrte ich jedes Mal ins Zen-Zentrum zurück, um wie immer meine Praxis aufzunehmen.

Mein Zen-Meister sprach kein einziges Mal mit mir darüber, in über dreißig Jahren nicht. Selbst wenn ich mich fallenließ, ließ er mich niemals fallen. Ich kehrte zurück, und als ob nichts geschehen wäre, machten wir einfach von da an weiter.

Wie vermochte er auf diese Weise zu reagieren? Welche gewaltige Kraft und Hingabe hatte er entdeckt, um das Leben so tief zu achten?

- **Entscheiden Sie im Zweifel für den anderen**

Betrachte nicht die Fehler anderer,
betrachte deine eigenen Taten,
die getanen und die ungetanen.

Buddha

Wenn jemand Sie beleidigt, sollten Sie im Zweifel für ihn entscheiden, bevor Sie damit anfangen, ihn zu bewerten und sich alle möglichen schrecklichen Geschichten über ihn auszudenken. Nehmen Sie das, was er gesagt hat, nicht persönlich – suchen Sie nach anderen, positiven Erklärungen dafür, warum alles so und nicht anders geschah. Diese Erklärungen mögen Ihnen anfangs zwar gesucht vorkommen, doch sie sind eine starke Medizin, um Sie ruhigzustellen, Ihnen zu ermöglichen, die Situation in einem anderen Licht zu sehen, und Ihnen Freundlichkeit und Barmherzigkeit zu gewähren.

- **Lassen Sie andere recht haben**

Lassen Sie alle recht haben. Sagen Sie sich, dass Sie ja genügend Zeit haben, um morgen recht zu haben, denn heute sind die anderen an der Reihe. Wenn Sie bereit sind einzuräumen, dass andere recht haben können, selbst wenn sie anderer Meinung sind als Sie, machen Sie in Ihrem Leben Platz für Offenheit, Vielfalt und die Bereitschaft, sich zu entwickeln. Dieser Mensch kann für sich recht haben. Sie können auch recht haben. Deswegen muss es doch keinen Schmerz und keinen Konflikt geben – es gibt Raum für jeden, ein Leben zu führen, das ihm richtig vorkommt.

- **Hören Sie auf mit Schuldzuweisungen**

Es ist ja so leicht, anderen die Schuld an Ihren eigenen Schwierigkeiten, an Ihrem Scheitern oder Ihrem Minderwertigkeitsgefühl zu geben. Doch wenn Sie das tun, schwächen Sie sich selbst. Indem Sie anderen die Schuld geben, verhindern Sie, dass Sie Ihre Rolle in der Situation erkennen und wahrnehmen, was Sie tun, damit alles so weitergeht, und was Sie tun könnten, um eine Veränderung herbeizuführen.

- **Lassen Sie Ihren Groll los**

Wenn Sie sich weigern, das Unrecht loszulassen, das man Ihnen Ihrer Meinung nach angetan hat, steigert sich Ihr Groll und schürt den Konflikt. Das verschließt Sie nicht nur, sondern der Zorn auf andere fällt auf die eine oder andere Weise immer auf Sie zurück.

- **Geben Sie unrealistische Hoffnungen und Erwartungen auf**

Die meisten unserer Erwartungen sind schlicht Wünsche oder Träume. Wenn diese Erwartungen im Konflikt stehen mit dem, »was tatsächlich geschieht«, kann dies zu Ärger, Zorn, Kummer und Schmerz führen. Dann können Sie das Gefühl haben, betrogen worden zu sein. Sie verschließen sich, weigern sich mitzuspielen oder lassen es an allen anderen aus.

Halten Sie einen Augenblick inne *und stellen Sie fest, dass das Leben so geschieht, wie es geschieht. Sind Sie bereit, es so zu begrüßen, wie es ist? Könnten Sie einige Ihrer Erwartungen loslassen und bereit sein zu sehen, was wirklich geschieht? Wenn Sie das können, vergeht der Konflikt.*

- **Seien Sie sich über angemessene und unangemessene Ansprüche im Klaren**

Es mag schwer sein, angemessene und unangemessene Ansprüche auseinanderzuhalten. Vielleicht kämpfen Sie, leisten Widerstand oder zögern, weil Sie meinen, die an Sie gestellten Ansprüche seien nicht fair. Oder vielleicht grollen Sie insgeheim, weil Ihre eigenen Bedürfnisse nicht erfüllt werden. Vielleicht fällt es Ihnen schwer, zu anderen Menschen nein zu sagen, weil Sie meinen, Sie würden sie damit zurückweisen. Doch ein Nein ist keine Zurückweisung eines anderen Menschen, sondern zieht nur eine Grenze, die für Sie beide angemessen und von Vorteil sein kann. So wollen beispielsweise kleine Kinder den ganzen Tag nur Süßigkeiten essen. Nein zu ihnen zu sagen ist nicht schädlich. Haben Sie keine Angst, nein zu sagen.

- **Verlangen Sie, dass Ihre Bedürfnisse erfüllt werden**

Konflikte stellen oft eine Möglichkeit dar, dass Ihre Bedürfnisse erfüllt werden. Früher haben Sie Ihre Bedürfnisse vielleicht verdeckt artikuliert, indem Sie manipuliert, geschmollt, gefordert oder sich zurückgehalten haben. Vielleicht haben Sie sich geweigert zu verlangen, was Sie wollten. Sie erwarten wohl, dass andere auf magische Weise Ihre Bedürfnisse kennen, und regen sich auf, wenn dies nicht der Fall ist. So empfindet natürlich ein Kind gegenüber seinen Eltern. Es will, dass sie all seine Bedürfnisse kennen und sie augenblicklich erfüllen. Es kann Ihnen schwerfallen zu erkennen, wenn Sie erwachsen sind, dass Sie Ihre Partner wissen lassen müssen, was Sie brauchen. Es ist kein Beweis dafür, dass sie Sie nicht lieben, wenn Sie etwas verlangen müssen. Es ist unmöglich, Konflikte klug zu bewältigen, wenn Sie nicht in der Lage sind, zu verlangen, was Sie brauchen und wollen.

- **Lassen Sie zu, dass Sie Erfolg haben**

Viele Menschen können nicht zulassen, dass sie selbst Erfolg haben, denn erfolgreich oder mächtig zu sein kommt ihnen vielleicht gefährlich vor. Manche Menschen fühlen sich sicherer, wenn sie sich hilflos und schwach machen. Diese Menschen sabotieren stillschweigend ihre Bemühungen und die anderer. Am schlimmsten sabotieren Sie sich natürlich, wenn Sie ständig Konflikte herbeiführen. Dann ergreift Sie die Angst, und statt aufzublühen, wie Sie sollten, verunsichern und sabotieren Sie sich.

- **Machen Sie aus einem Konkurrenten einen Freund**

Suchen Sie sich jemanden aus, mit dem Sie konkurrieren, und laden Sie ihn zum Essen ein. Sorgen Sie dafür, dass sich beim Essen alles um den anderen dreht. Lassen Sie sich alles von ihm erzählen, über sein Leben, seine Hoffnungen, Träume und Ängste. Lassen Sie ihn erstrahlen. Denken Sie sich aus, wie Sie ihm helfen können. Am Ende des Essens wird Ihnen dieser Mensch nicht mehr bedrohlich erscheinen. Stattdessen erkennen Sie spontan, wie Sie einander unterstützen können, dass Sie beide zum Teil die gleichen Bedürfnisse haben und wie Sie zum beiderseitigen Vorteil zusammenarbeiten können. Dann wird das Bedürfnis, diese Person zu eliminieren oder besser als sie zu sein, auf ganz natürliche Weise vergehen.

Jeder Mensch wird in diese Welt mit seinen besonderen Gaben und Stärken hineingeboren. Dass Sie sich wohl fühlen, weil Sie »besser als andere« sind, ist letztlich grundlos. Ja, es verwehrt Ihnen Freundschaft, Liebe und wahre Unterstützung. Der Zwang, sich zu vergleichen, beruht auf mangelnder Bereitschaft, die Kraft und Schönheit in jedem Leben zu erkennen. Lassen Sie tagtäglich jeden, den Sie sehen, schön und vollkommen sein, genau wie er es ja ist.

Die Rosen unter meinem Fenster verweisen nicht auf frühere oder bessere Rosen. Sie sind, was sie sind. Sie existieren heute bei Gott.

Ralph Waldo Emerson

Wendepunkt

Einen Feind wird man am besten los, indem man ihn zum Freund macht

Wenn Sie Ihre Feinde hassen und Ihre Freunde lieben, wenn Sie feststellen, dass ein Mensch für oder gegen Sie ist, weisen Sie diesem Menschen in Gedanken eine starre, statische Rolle zu. Sie ignorieren die Tatsache, dass das einzig Beständige der Wandel ist, dass Wachstum und Verwandlung die Wurzel unseres Lebens bilden. Ein Mensch, der einst Ihr Feind war, kann sich ändern und eines Tages Ihr Freund werden. Es ist wichtig, alle Aspekte dieses Menschen wahrzunehmen und zuzulassen, dass er sich entwickelt und ändert. Wenn Sie so leben, werden Sie nicht von Angst und Werturteilen beherrscht und bald in einer Welt aus lauter Freunden leben.

Zweiter Teil

Ganz werden

9 Finden Sie das kostbare Juwel

Das kostbare Juwel, das wir verloren haben,
Sagen manche, sei im Osten,
Andere meinen, es sei im Westen.

Kabir

Was ist das für ein kostbares Juwel, das wir verloren haben? Wo ist es verborgen? Wir alle haben zwar das Gefühl, etwas Kostbares verloren zu haben, das unauflöslich zu unserem Leben gehört, haben aber keine Ahnung, was es ist. Die Suche nach diesem Schatz geht unaufhörlich weiter, auf unterschiedliche Art und Weise. Manche suchen im Osten danach, andere im Westen. In allen Ecken dieser Welt suchen wir nach Reichtum, Beziehungen, Erfolg, Beifall. Manchmal glauben wir sogar, »es« gefunden zu haben, aber meist währt die Freude darüber nur kurz, und wir begeben uns erneut auf die Suche. Die Suche als solche kann für Enttäuschung und Angst sorgen. Wir haben Angst, etwas Wichtiges zu verpassen und kein erfülltes Leben zu führen.

Doch je mehr Sie nach dem kostbaren Juwel außerhalb von sich selbst suchen, desto weiter zieht es sich zurück. Es ist sogar möglich, dass Sie zu glauben beginnen, das kostbare Juwel existiere gar nicht und das ganze Suchen sei sinnlos und führe zu nichts. Es ist eben ganz entscheidend, dass Sie wissen, wo Sie suchen müssen und was das eigentlich ist, wonach wir so intensiv suchen.

Wenn du aufhörst zu suchen, ersparst du dir ganz
sicher eine Menge geistiger Energie.

Zen-Spruch

In der griechischen Mythologie hatte Sisyphos die Aufgabe, einen großen Felsen einen steilen Berg hinaufzurollen. Sobald er es bis nach oben geschafft hatte, rollte der Felsen wieder hinunter. Dann musste er ihn erneut nach oben rollen. Dies ging endlos so weiter. Wie Sisyphos tragen Sie Ihr Verlangen mit sich herum und bemühen sich, den Berggipfel zu erreichen, um Befriedigung zu finden. Zuweilen schaffen Sie es sogar dorthin. Und dann rollt wie bei Sisyphos alles früher oder später wieder nach unten. Früher oder später ändern sich die Verhältnisse, die Dinge lösen sich auf, und Sie sind wieder dort, wo Sie angefangen haben. Und dann beginnen Sie erneut ganz von vorn.

Die meisten würden sagen, das kostbare Juwel, nach dem sie suchen, während sie den Berg hinauf- und hinabtrotten, sei die Erfahrung des Einsseins und der Liebe. Aber warum ist die Suche so schwierig? Vielleicht, weil wir nicht wissen, wonach wir suchen, weil wir den Unterschied zwischen echter und falscher Liebe nicht kennen. In diesem Abschnitt wird dieser Unterschied genauer beschrieben und damit der Kurs für Ihre Reise zur heilenden Trennung und zum Einssein in Ihrem Leben festgelegt.

> *Ein Gefühl, das in der einen Minute da und in der nächsten wieder weg ist, kann man nicht Liebe nennen.*
>
> *Kabir*

Der Unterschied zwischen echter und falscher Liebe

Falsche Liebe ist die Vorstellung, dass Liebe ein Gefühl sei und nicht eine Lebensweise. Damit wird die Erfahrung von Erregung, Verliebtheit, Abhängigkeit und Bindung mit

Liebe verwechselt. Sobald Sie starke Gefühle für jemanden empfinden, meinen Sie begeistert, Sie seien verliebt. Endlich werden sich Ihre Sehnsüchte und Träume erfüllen.

Das ist das Gefühl eines Kindes, das glaubt, endlich die idealen Eltern gefunden zu haben, die all seine Wünsche erfüllen werden. Nun wird es nie wieder allein sein müssen.

Doch wenn Sie einen anderen Menschen als Objekt benutzen, das Ihre Wünsche erfüllt, ist das nicht Liebe.

Wenn Ihr Partner sagt: »Ich liebe dich so sehr, dass ich ohne dich nicht leben kann«, ist das nicht unbedingt Liebe. Es kann ein Zeichen dafür sein, wie unsicher oder besitzergreifend er ist oder dass er Angst hat, verlassen und einsam zu werden. Ein anderer Mensch kann Ihnen jedoch nie mehr geben, als Sie sich selbst geben. Niemand kann Sie für die Liebe entschädigen, die Sie als Kind nicht gehabt haben. Aber ein anderer Mensch kann eine Quelle der Abhängigkeit werden, eine Möglichkeit, den inneren Kummer nicht mehr zu empfinden.

Frank verliebte sich immer wieder. Das fiel ihm nicht schwer. Anfangs schien ihm die neue Freundin genau die zu sein, nach der er gesucht hatte – sie war schön, klug und humorvoll. Am Anfang geschah alles, was Frank sagte. Er machte alle Pläne. Sie machte ihm nie das Leben schwer.

Aber nach ein paar Monaten begann sich alles unmerklich zu ändern. Sie kam zu spät zu ihren Verabredungen, schien nicht mehr ganz so glücklich und wollte auch einige Pläne schmieden. Schon bald sah sie nicht mehr ganz so hübsch aus. Wo war das schöne Mädchen geblieben, das er vor ein paar Monaten kennengelernt hatte und das ihn wie einen Prinzen behandelte? Er fragte sich, wo die Liebe hingegangen war.

Sobald die Phase der Verliebtheit vorbei ist (meist nach etwa einem halben Jahr) und sich die Wirklichkeit bemerkbar macht, hören wir den vertrauten Refrain: »Ich weiß nicht, wo die Liebe hingegangen ist.« Natürlich ist die Liebe nirgendwo hingegangen. Nur die Illusion verschwand, wie alle Illusionen einmal verschwinden müssen. Wenn dies geschieht, kehrt Frank wie Sisyphos einfach zum Berg zurück und beginnt wieder hinaufzuklettern und nach jemand anderem zu suchen.

»Sie ist irgendwo dort draußen«, sagt Frank dann. »Ich weiß, dass ich früher oder später den Menschen finden werde, der mein Leben vollkommen machen wird.«

Frank erwartet, dass ein anderer Mensch seine innere Leere füllen werde. Die Wahrheit lautet schlicht, dass kein anderer ihm seine Leere nehmen kann. Sobald der andere Mensch ihn verlässt oder die Beziehung sich ändert, taucht die Leere wieder auf. Sie selbst müssen herausfinden, wo sich Ihr kostbares Juwel verbirgt. Und es besteht auch kein Grund, auf diesen besonderen Menschen zu warten. Sie können Ihr Herz sofort öffnen. Wenn Sie das tun, werden Sie entdecken, dass jeder Mensch der Richtige ist, den Sie lieben können. Es besteht niemals ein Grund, sich einsam zu fühlen.

Wir sind so sehr gewohnt, unser kostbares Juwel in anderen zu suchen, dass wir meist keine Ahnung haben, wie wir damit aufhören und in uns selbst danach suchen sollen. Doch es gibt ein paar einfache Gesetze der Liebe, die Ihnen auf Ihrer Reise als Wegweiser dienen können. Diese Gesetze der Liebe werden Sie davor bewahren, wie Sisyphos zu leben, immer wieder das Gleiche zu tun und auf die gleichen Illusionen hereinzufallen. Diese Gesetze der Liebe schützen Ihre kostbare Energie und ermöglichen es, dass Ihre Suche nach dem kostbaren Juwel reiche Früchte trägt.

Richard Schiffman, Suchender, Autor und Dichter, ging

nach Indien, um einen Lehrer zu finden, der ihn zu seinem kostbaren Juwel führen würde – zur direkten Erfahrung von Gott und der Liebe. Er verbrachte mehrere Jahre in verschiedenen Zentren und gelangte dann an einen Ort, der sein wahres Zuhause wurde: The House of All in Jillellamudi in Südindien. In seinem Buch *The Mother of All* schildert er, wie er das kostbare Juwel in seinem Leben fand:

Im südindischen Dorf Jillellamudi lebte eine Mutter. Sie ernährte ihre Kinder, pflegte sie, wenn sie krank waren, schalt sie aus, schmeichelte ihnen und tröstete sie in ihrem Kummer. Sie sah ganz normal aus und hatte keine Marotten, durch die sie sich von anderen Müttern unterschied. Wenn sie nicht einen bestimmten Charakterzug gehabt hätte, wäre sie kaum aufgefallen, geschweige denn verehrt worden, wie es Abertausende taten, die sie schließlich besuchten.

Was also unterschied diese Mutter von allen anderen? Ganz einfach: Während wir normalerweise unsere tiefste Liebe und Zuneigung auf unsere biologische Familie beschränken, meinte die Mutter in Jillellamudi, dass alle ihre Kinder seien – alle Männer, alle Frauen und alle Tiere. Sie schätzte und behandelte alle gleich, mit zärtlicher Fürsorge. Ich habe nie erlebt, dass Mutter jemanden zurückwies oder ablehnte. In allen, die zu ihr kamen, erblickte sie nur ihr Kind, das zahllose Namen, Lebensumstände und Formen hatte.

Von klein auf begegnete Mutter dieser Welt mit ungewöhnlicher Weisheit und Liebe. Wenn sie gefragt wurde, wer sie sei, erwiderte sie: »Ich bin die Mutter von allen.«

Wunderbare Dinge ereigneten sich häufig in ihrer Nähe während ihrer frühen Jahre.

Wenn sie später gefragt wurde, erwiderte sie mit einem Lächeln: »Ich bin die Mutter, die nicht verletzt werden kann.«

Nichts und niemand konnte ihr weh tun oder sie aufregen.

In den vier Jahren, in denen mir der Segen gewährt wurde, bei Mutter zu leben, sah ich, dass sie sich in ihrer entschiedenen Liebe und Freundlichkeit gegenüber allen nicht erschüttern ließ. Ihr Gesicht und ihre Haltung strahlten absolute Ruhe aus. Wenn man zum ersten Mal zu ihr kam, schaute sie einen mit einer überraschenden Vertrautheit an, als ob sie einen bereits kenne – man war für sie überhaupt kein Fremder.

Man musste nur kurze Zeit bei ihr sitzen, um zu erkennen, warum sich so viele Menschen zu ihr hingezogen fühlten. Tagtäglich wand sich ein unaufhörlicher Strom durch ihre kleinen Räumlichkeiten. Man hatte den Eindruck, als ob die ganze Last der Freuden und Kümmernisse der Welt täglich zu Mutters Füßen abgeladen würde. Und stets hörte sie geduldig zu, mit einem seltenen Interesse, das nie nachzulassen schien. Für alle und jeden hatte sie liebevolle Worte, ein Lächeln oder mütterliche Zärtlichkeit – und das Geschenk ihrer absoluten Aufmerksamkeit.

Es ist bemerkenswert, dass trotz der zahllosen Besucher jeder mit dem Eindruck ging, Mutter habe für ihn allein einen besonderen Platz in ihrem Herzen. In Wahrheit war jeder für sie absolut kostbar, ein geliebtes Kind. Bald war klar, dass Mutters Liebe nicht von der marktschreierischen Art war, die schmeichelt, besticht und nur einen angemessenen Gewinn für ihre Investition behalten oder verlangen will. Im Gegenteil, es gab nicht den geringsten Zwang, nicht die geringste Verpflichtung. Diese Liebe war einfach wie die Erde, die Luft – offen, fließend. Und wie die Luft war ihre Liebe zutiefst frei und ließ auch dem Empfangenden seine Freiheit.

Sie wurde von allen möglichen Menschen besucht. Manche waren herausfordernd und gestört. Doch Mutter reagierte auf alle genau gleich. Einmal erlebte ich, wie ein Mann, der Mutter auf die Probe stellen wollte, sich mit einem Messer auf sie stürzte. Sie schreckte nicht im Geringsten zurück, sondern sah ihn unverwandt voller Liebe an. Er brach zusammen und schluchzte, und dann bat er darum, ihr Jünger werden zu dürfen. Mutter nahm ihn aus ganzem Herzen auf.

»Egal, ob sie mit Steinen oder Blumen werfen, für mich ist das alles das Gleiche«, sagte Mutter. Alles, was ihr gegeben wurde, nahm Mutter als ein Geschenk an.

Gewöhnlich saß Mutter still auf ihrem Feldbett, nur selten verließ sie ihre karge Wohnung, so gut wie nie Jillellamudi. Sie hielt keine Vorträge, schrieb keine Bücher. Stundenlang saß sie auf ihrem Bett, schweigend oder locker plaudernd, während die Menschen vorbeizogen und ihr ihren Respekt erwiesen oder ihren Segen empfingen. Doch unaufhaltsam wurde durch den stillschweigenden Einfluss ihrer absoluten Liebe das Leben vieler verwandelt.

Je näher wir die Art von Liebe betrachten, die Mutter zum Ausdruck brachte, desto mehr erkennen wir, dass sich unter dem scheinbaren Wahnsinn, in dem wir leben, alles in Harmonie befindet und gut ist. Wir müssen nichts weiter tun, als dies zu erkennen und darin zu ruhen. Sobald dies geschieht, ist unsere Suche beendet – wir halten das kostbare Juwel in unseren Händen.

Die einfachen Gesetze der Liebe

Durch Liebe wird alles Bittere süß
Durch Liebe wird alles Kupfer Gold
Durch Liebe wird jeder Fusel reinster Wein
Durch Liebe wird aller Schmerz
Verwandelt in Medizin.
Durch Liebe werden alle Toten lebendig.

Rumi

Angstfrei zu werden ist ein Lernprozess, wie man ein auf Liebe basierendes Leben lebt. Das ist ein Leben der Praxis, das auf Handlungen beruht, die Ihr Herz öffnen, Ihren Geist klären und Sie offen für alles machen werden, das auf Sie wartet.

Die einfachen Gesetzc der Liebe sind Gegenmittel gegen Ängste jeder Art. Wenn Sie diese Gesetze erlernen und üben, wird Ihr Seelenfrieden wachsen, und Ihre Ängste werden sich auf der Stelle zerstreuen. Dann werden Sie erkennen, wie stark und heilsam schon ein kleiner Tropfen Liebe sein kann.

Zuvor ist es jedoch sinnvoll zu erkennen, dass trotz Ihres Wunsches nach Liebe der kindische Geist in uns allen ständig auf der Achterbahn des Lebens fahren und sich in der Geisterbahn gruseln will. Er will erregt werden, sich ängstigen, die ganze Nacht herumhüpfen. Um einen Vorgeschmack auf wahre Liebe zu bekommen, muss sich der kindische Geist weiterentwickeln und sein Verlangen nach Nervenkitzel durch den Wunsch ersetzen, die wahre Erfüllung kennenzulernen.

Wenn sich die Liebe einstellt, ist sie ruhig, tief, besänftigend, nährend. Sie schwankt nicht und kann nicht weggenommen werden. Die Liebe beruhigt die rauesten Gewässer und holt das Beste aus jedem heraus. Sie heilt ganz direkt Disharmonien jeder Art. Wenn sich die wahre Liebe einstellt, verschwindet die Angst auf der Stelle.

Die Gesetze der Liebe sind einfach. Wenn Sie sie befolgen, werden sie Sie heimbringen, wohin Sie gehören. Sie brauchen nichts weiter als ein wenig Anleitung, um sie zu üben.

Hören Sie auf, außerhalb von sich selbst zu suchen

Der Moschus ist im Moschustier,
Doch das Moschustier sucht nicht danach,
Es wandert herum und sucht nach Gras.

Kabir

Es ist schwierig, sich Ihren üblichen Mustern zu widersetzen und den Impuls Ihres Lebens zu ändern. Am Anfang könnten Sie das Gefühl haben, gegen die Strömung zu schwimmen. Wenn Sie sich daran gewöhnt haben, Ihre Bedürfnisse von jemandem oder von etwas außerhalb von Ihnen erfüllen zu lassen, fällt es schwer, innezuhalten und sich einfach hinzusetzen. Doch wenn der Impuls Ihres Lebens nicht das gebracht hat, was Sie wollen, wird es Zeit, sich umzudrehen und in eine andere Richtung zu blicken. Es wird Zeit, dass Sie aufhören herumzurasen und nach innen schauen.

Franz Kafka hat einmal gesagt, all unsere Schwierigkeiten würden daher rühren, dass wir nicht in der Lage seien, mit uns selbst allein in einem Zimmer zu sein. Die allererste Beziehung, die Sie eingehen müssen, ist die Beziehung zu sich selbst.

Die meisten Menschen sind es nicht gewohnt, allein mit sich zu sein, und es kann einem auch beängstigend erscheinen. Verborgene Gefühle und Gedanken können sich zusammen mit der gefürchteten Erfahrung der Einsamkeit einstellen. Doch zwischen Einsamkeit und Alleinsein ist ein riesiger Unterschied.

Wenn Sie fähig sind, wahrhaft allein mit sich selbst zu sein, verschwindet die Einsamkeit. Einsamkeit stellt sich nur ein, weil Sie nicht allein sein können.

Genießen Sie Ihr Alleinsein. *Lernen Sie, was Alleinsein in Wahrheit ist und wie Sie es kultivieren können. Wer sind Sie, wenn Sie allein sind? Was sagt Ihr Herz gerade? Unter Ihrem Alleinsein wartet etwas Neues und Starkes darauf, offenbart zu werden.*

- **Hören Sie auf zu kämpfen – tun Sie nichts**

> *Ich sagte zu der unzulänglichen Kreatur in mir:*
> *Was ist das für ein Fluss, den du überqueren willst?*
>
> *Kabir*

Unser ganzes Leben lang strengen wir uns an – wir tun zuerst das Eine und dann das Nächste. Das wächst sich oft zu einem verzweifelten Kampf um das aus, was wir wollen. Manche Menschen verbringen ihr ganzes Leben damit, immer mehr darum zu kämpfen, ein Ziel zu erreichen. Scheinbar sind persönliche Anstrengung und Wille die Lösung. Es erscheint uns vielleicht unvorstellbar, mit alldem aufzuhören, uns hinzusetzen und eine Weile nichts zu tun.

In Neil Dunnigans *Zen Stories of the Samurai* erfahren wir, wie wichtig es ist, Geduld zu entwickeln und warten zu können, bis der richtige Augenblick kommt.

Ein bekannter Schwertmeister war mit den Fortschritten seines Sohnes Matajuro im Fechten nicht zufrieden. Er schrieb dies den mangelnden Anstrengungen seines Sohnes zu, und das ärgerte den Vater so sehr, dass er seinen Sohn zu dem berühmten Schwertmeister Banzo schickte.

Als Matajuro Meister Banzo in seiner Hütte aufsuchte, sagte der Meister zu ihm: »Ich gebe deinem Vater recht, du hast nicht das Zeug zu einem erstklassigen Schwertkämpfer. Wahrscheinlich wirst du die Kunst niemals beherrschen.«

»Aber wenn ich nun angestrengt trainiere? Wie lange wird

es dann dauern, bis ich ein Schwertmeister werde?«, wollte Matajuro wissen.

»Den Rest deines Lebens«, erwiderte Meister Banzo.

»So lange kann ich nicht warten«, protestierte Matajuro. »Ich werde jede Entbehrung auf mich nehmen und mich total der Schwertkunst widmen.«

»Nun, in diesem Fall«, erwiderte Meister Banzo, »wird es zehn Jahre dauern.«

»Und wenn ich doppelt so hart trainiere?«, wollte Matajuro wissen.

»Dann wird es dreißig Jahre dauern«, erwiderte Meister Banzo.

»Was? Erst sagst du zehn, dann sagst du dreißig Jahre. So viel Zeit habe ich nicht, ich muss es zu Lebzeiten meines Vaters schaffen.«

»Bei dieser Einstellung gehe ich davon aus, dass es eher siebzig Jahre sein werden«, schloss Meister Banzo.

Nichts tun ist nicht passiv. Sie entscheiden sich dafür, nichts zu tun, in dem Geisteszustand zu verharren, in dem Sie nirgendwohin gehen, niemanden sehen, kein Spiel gewinnen, überhaupt keinen Anforderungen genügen. Sie sind bereit loszulassen, zu sein, wer Sie sind, und sich von der größeren Weisheit und Liebe auf Ihrem Weg führen zu lassen.

Still sitzen,
Nichts tun.
Der Frühling kommt,
Und das Gras wächst
Von allein.

Altes Zen-Gedicht

Ihre Anstrengungen werden das Gras nicht wachsen lassen, und doch wächst es üppig. Wenn Sie nichts tun, verzichten

Sie auf Ihren Anspruch, *Sie* würden die Welt führen. Wenn Sie nichts tun, tanken Sie auch wieder Ihre eigene Energie und Ihren Geist auf und lassen zu, dass das zu Ihnen kommt, was Ihnen gehört. Das ist vital, aktiv, konstruktiv. Während Sie den rastlosen, suchenden Geist beruhigen, stellt sich ein neues Leben ein. Wenn Sie damit aufhören, Wellen im Wasser zu erzeugen, erkennen Sie, wo das kostbare Juwel liegt.

Seien Sie ruhig und still. *Treten Sie für ein paar Augenblicke oder Stunden oder Tage aus dem Chaos heraus. Steigen Sie aus dem Karussell und der Achterbahn Ihres Lebens aus. Tun Sie es zu Hause auf einem Kissen oder einem Stuhl, oder setzen Sie sich auf eine Parkbank und seien Sie still. Erwarten Sie nichts, warten Sie auf nichts, seien Sie niemand, seien Sie nur, atmen Sie nur. Widmen Sie jedem Ihrer Atemzüge Ihre Aufmerksamkeit. Ohne den nächsten wären Sie nicht einmal da. Wer hat bloß gesagt, nur zu sein sei nicht genug, sei nicht alles?*

Sie wissen, wie Sie das kostbare Juwel Ihres Lebens finden. Sie wissen, wer Sie sind und was Sie brauchen. Sie haben es schon immer gewusst und werden es immer wissen. Niemand sonst kann es Ihnen beibringen. Niemand sonst kann Ihnen weh tun. Sie sind der Preis, den Sie suchen, genau so, wie Sie sind.

Nichts zu tun ist eine Form der Meditation, in der Sie den konditionierten Verhaltens- und Reaktionsweisen ein Ende bereiten und mit der großartigen Arbeit beginnen, alle Aspekte von sich zu akzeptieren. Anfangs kann es schockierend sein, in sich hineinzuschauen, sich Ihren Gedanken, Gefühlen, Phantasien zu stellen. Aber wenn Sie dies täglich tun, werden Sie stärker, weiser und schließlich in der erstaunlichen Welt in Ihnen zu Hause sein.

Während dieses Prozesses freunden Sie sich mit Ihren abgelehnten Aspekten an, erkennen, welche Geschenke sie

Ihnen bringen wollen. Diese abgelehnten Aspekte von Ihnen bewirken, dass Sie sich blindlings wie Sisyphos abmühen. Wenn Sie nichts tun, sondern alles in sich akzeptieren, heilen Sie die Teilung, den Kampf und die Einsamkeit, mit denen Sie jahrelang gelebt haben.

- **Leben Sie achtsam**

Wach auf und sei mein Freund,
schlafender Schmetterling.

Zen-Gedicht

Achtsamkeit ist ein anderes Wort dafür, dass Sie wach sind für den Ort, an dem Sie sind, und für das, was von Ihnen verlangt wird. Wenn Sie achtsam leben, lassen Sie zu, dass Ihre Aufmerksamkeit dem Augenblick gilt, einfach dort, wo Sie sind, jedem Schritt des Weges. Sie kümmern sich um alles in Ihrer Welt, um Blumen, Schuhe, Tiere, Menschen. Hellwach sorgen Sie dafür, dass alles dorthin geht, wohin es gehört. Die meisten Menschen geben sich ungeheuer geschäftig, nur um dies ja nicht zu tun.

Als ein großer Zen-Meister gefragt wurde, was Zen denn sei, erwiderte er: »Ihren Mantel aufheben und ihn dorthin tun, wohin er gehört.«

Seien Sie achtsam. *Seien Sie sich bewusst, wo Sie sind, was Sie gerade tun und was im Augenblick erforderlich ist. Spüren Sie, wie sich die Luft auf Ihrem Gesicht, der Boden unter Ihren Füßen anfühlt. Wenn Sie kochen, widmen Sie Ihre ganze Aufmerksamkeit dem Kochen – was auch immer Sie tun, widmen Sie ihm Ihre ganze Aufmerksamkeit. Wachen Sie auf. Verlieren Sie Ihr Leben nicht in Träumen.*

Anfangs kann das lästig sein. Bald wird es Ihnen zur zweiten Natur werden. Doch wenn Sie Ihrem Selbst, der Welt und anderen Menschen Ihre ganze, uneingeschränkte Aufmerksamkeit widmen, ist es wirklich eine Form der gebenden Liebe.

Die achtsame Aufmerksamkeit steht im Mittelpunkt des Lebens und der Zen-Praxis. In der folgenden Geschichte erkennen wir, wie diese lebenslange Praxis alles durchdringt.

Nach zehnjähriger Ausbildung erlangte Tenno den Rang eines Zen-Lehrers. An einem regnerischen Tag suchte er den berühmten Zen-Meister Nan-in auf. Als er hereinkam, empfing der Meister ihn mit einer Frage: »Hast du deine Holzschuhe und deinen Schirm auf der Veranda gelassen?«

»Ja«, sagte Tenno.

»Sag mir«, fuhr der Meister fort, »hast du deinen Schirm links neben deine Schuhe gelegt oder rechts?«

Tenno wusste es nicht. Er erkannte, dass er das volle Bewusstsein noch nicht erlangt hatte. Also wurde er auf der Stelle Nan-ins Schüler und studierte bei ihm weitere zehn Jahre.

Je achtsamer Sie werden, desto weniger werden Sie von Phantasien beherrscht, und desto mehr erkennen Sie, wer Sie sind. Es kann schmerzlich sein zu erkennen, wer Sie wirklich sind. Die meisten Menschen meinen, sie müssten jemand anders werden, auf irgendeine Weise vollkommen werden. Dieses intensive Verlangen nach Vollkommenheit, jemand anders sein zu wollen als der, der wir sind, beraubt uns nicht nur unseres Glücks, sondern verbirgt auch unser kostbares Juwel.

Wo versteckt sich der vollkommene Mensch?

Das Verlangen, vollkommen zu sein oder den vollkommenen Menschen zu finden, kann Ihnen jede Lebensfreude nehmen. Sie können erst wieder ruhen, wenn dieses Ziel erreicht ist. Egal, wie gut alles ist – irgendetwas scheint immer zu fehlen. Sie spielen sich damit einen grausamen Streich. Wenn Sie sich einfach hinsetzen und sich ansehen, wer dieser vollkommene Mensch ist, den Sie suchen, ändert sich alles.

Nehmen Sie sich einen Augenblick Zeit, *um klar zu erkennen, wer für Sie ein vollkommener Mensch ist. Schreiben Sie alle Eigenschaften auf, die so ein Mensch hätte.*

Wenn Sie sich das genau betrachten, entdecken Sie vielleicht, dass Sie diesen vollkommenen Menschen eigentlich überhaupt nicht *mögen*. Er mag nur ein Ego-Ideal sein, jemand, nach dem Sie Ihr Selbstbild ausrichten. Wenn Sie diesem Bild nicht entsprechen oder jemanden finden, der ihm entspricht, könnten Sie sogar das Gefühl haben, als wäre Ihr Leben nicht lebenswert.

Die Buddha-Natur durchdringt das ganze Universum

Im Zen sagen wir: »Die Buddha-Natur durchdringt das ganze Universum, existiert genau hier, genau jetzt.«

Was heißt Buddha-Natur? Dies ist ein Koan, eine Frage, auf die es keine logische Antwort gibt, sondern die direkt verstanden und erfahren werden muss. Wenn Sie nach innen schauen, werden Sie die Buddha-Natur direkt für sich schmecken. Dieser Geschmack ist vollkommen, ausgiebig, köstlich und erfüllend. Sobald man ihn gekostet hat, verlangt man nie wieder etwas anderes. Alle künstlichen Bilder von Vollkommenheit verfliegen.

Die Buddha-Natur ist niemals getrennt vom Augenblick oder von dem, der Sie sind. Sie hat nichts mit irgendwelchen Vorstellungen davon zu tun, wie Sie oder jemand anderes

»sein sollte«. Wenn Sie die Buddha-Natur schmecken, wird Ihnen leicht klar, dass Sie stets gut genug, immer vollständig sind, dass nichts mehr hinzuzufügen oder wegzunehmen ist.

Sobald Sie sich so akzeptieren, wie Sie sind, selbst mit sogenannten negativen Eigenschaften, geschieht etwas Magisches: Mühelos entwickelt sich Mitgefühl zusammen mit der Fähigkeit zu geben.

Echte Liebe sucht nie nach Eigenschaften, lehnt nie ab, stellt keine Forderungen. Sie ergänzt. Sie ist erleuchtetes Leben.

- **Geben Sie sich ganz und gar**

> *Warum geben wir uns nicht rückhaltlos, im Übermaß, voll und ganz? Wir sind einfach Teil eines endlosen Prozesses, haben nichts zu gewinnen oder zu verlieren, sondern ihn nur auszuleben.*
>
> *Henry Miller*

Wahres Geben ist aktive Liebe. Sie ist kein Tauschhandel und verlangt nichts zurück. Wenn Sie auf diese Weise geben, machen Sie sich keine Gedanken darüber, was dem anderen zusteht oder was Sie aus dieser Transaktion herausholen. Das wäre ein geschäftlicher Deal, kein wahres Geben. Wahres Geben trägt seinen Lohn in sich. Dieses wunderbare Gesetz der Liebe befreit von Schuldgefühlen und Verpflichtungen und heilt Angst und Furcht.

Ganz entscheidend ist das Gleichgewicht zwischen Geben und Nehmen. Wenn das Geben einseitig ist, wird das gesunde Fließen blockiert. Wenn Sie meinen, von einem anderen Menschen nichts annehmen zu dürfen, kann das destruktiv sein.

Zur falschen Liebe gehört das Geben, um den anderen zu

manipulieren und zu kontrollieren. Manche Menschen geben, um sich an andere zu klammern oder um ein gutes Gefühl zu haben. Andere geben Geschenke, die für sie zu kostspielig sind, und wissen nicht, wie sie im Gegenzug nehmen sollen.

Wenn Sie einsam, unglücklich oder unzufrieden sind, stellen Sie fest, was man Ihnen nicht gegeben hat. Es gibt ein wunderbares Sprichwort: »Öffne dein Herz, wenn du die Liebe hereinlassen willst, öffne deinen Verstand, wenn du verstehen willst.« Wahres Geben wird Ihr Leben völlig verändern. Versuchen Sie es gleich heute. Geben Sie von ganzem Herzen, wo es gebraucht wird und wer auch immer darum bittet. Machen Sie sich keine Gedanken darüber, was Sie dafür bekommen. Warum sind Sie so zurückhaltend?

Die folgende alte Zen-Geschichte veranschaulicht die Fähigkeit, voll und ganz zu geben, selbst wenn wir nichts zu haben scheinen – und zwar jedem, der in unser Leben tritt.

Ein Zen-Mönch lebte allein in einer kleinen Hütte mit wenigen Habseligkeiten. Er verbrachte seine Zeit damit, zu meditieren und in seinem Gemüsegarten zu arbeiten. Abends, wenn er meditierte, spürte er, wie der schöne Mond durch sein Fenster schien.

Eines Nachts brachen zwei Räuber bei ihm ein, plünderten seine Hütte und nahmen sein bescheidenes Hab und Gut mit, samt seinen wenigen, schäbigen Kleidungsstücken. Der Zen-Mönch war nackt, als er so allein auf dem Fußboden saß. Dann schaute er auf und bemerkte, wie der Vollmond hereinschien.

Wie schade, dass ich ihnen nicht auch noch diesen wunderschönen Mond geben kann, dachte er.

Wenn Sie lernen, sich auf diese Art von Geben und Nehmen einzulassen, schmecken Sie die Frucht der echten Liebe.

- **Entwickeln Sie einen dankbaren Geist**

Naikan, eine einfache und sehr wirkungsvolle Praxis, die in Japan entstand, führt zur Entwicklung eines dankbaren Geistes.

Diese Praxis besteht im Grunde darin, dass Sie sorgsam beachten, was Sie jeden Tag bekommen, was Sie geben, sowie den Schmerz und Ärger, den Sie verursachen. Die meiste Zeit denken Sie daran, wie benachteiligt Sie doch sind, was Sie alles nicht haben. Im Zusammenhang damit ist es leicht, darauf herumzureiten, wie viel Sie doch geben und wie belastet oder ausgelaugt Sie sich fühlen. Darüber hinaus ergehen Sie sich oft darin, wie sehr andere Ihnen unrecht getan haben.

Wenn Sie Naikan praktizieren, kehren Sie all das um. Sie stellen sich gewissenhaft und detailliert drei Fragen und schreiben alles auf.

Die erste Frage lautet: *Was habe ich heute bekommen?* Die zweite: *Was habe ich heute gegeben?* Und die dritte lautet: *Welchen Ärger oder Schmerz habe ich heute verursacht?*

Sobald Sie mit der täglichen Praxis des Naikan beginnen, geschieht etwas Interessantes – die Maßstäbe kehren sich um. Oft werden Sie schockiert sein, wenn Sie erkennen, wie viel Sie bekommen und wie wenig Sie diese Geschenke bemerkt oder dankbar angenommen haben. Sind Sie sich zum Beispiel bewusst, dass Sie morgens die Sonne bekommen, ein köstliches Frühstück, ein Lächeln von einem Kollegen oder Freund? Dankbarkeit wallt ganz natürlich auf. Das ist eine wunderbare Heilung von Depressionen, da Dankbarkeit und Depressionen nicht gleichzeitig im selben Geist existieren können.

Zweitens werden Sie vielleicht echt überrascht sein, wenn Sie sich genau ansehen, was Sie tatsächlich geben. Plötzlich wird Ihnen bewusst, wann Sie nicht gegeben haben, obwohl Sie es doch leicht hätten tun können. Wenn Sie diese Übung täglich praktizieren, werden Sie Ihr Leben ganz natürlich ins Gleichgewicht bringen und sich für all das, was Sie bekommen, bedanken wollen.

Besonders interessant ist die dritte Frage: Welchen Ärger oder Schmerz haben Sie an diesem Tag verursacht? Mit dieser Frage soll kein Schuldgefühl erzeugt werden, sondern Bewusstsein. Normalerweise konzentriert sich der Verstand darauf, wie sehr einem unrecht getan wurde, doch diese Frage ändert den Blickwinkel und hilft Ihnen zu erkennen, wie sehr Sie vielleicht anderen Schwierigkeiten bereitet haben. Wenn Sie das erkennen, fällt es Ihnen leicht, die Dinge auf der Stelle in Ordnung zu bringen.

Praktizieren Sie diese Übung auch *im Hinblick auf Beziehungen, wobei Sie sich mit drei Jahren der Beziehung auf einmal, in einer Sitzung, befassen. Was haben Sie vom anderen bekommen, was haben Sie ihm gegeben? Welchen Ärger oder Schmerz haben Sie bei ihm verursacht? Das Ergebnis kann recht verblüffend sein und auf der Stelle alles ändern.*

Es gibt Naikan-Retreats, an denen man für eine Woche teilnehmen und acht Stunden am Tag oder länger Naikan praktizieren kann, und zwar über alle Aspekte des Lebens, der Beziehungen, der Karriere, der Gesundheit, der Träume.

Mit dieser Übung trainieren Sie sich, um all das Gute, das Sie bekommen, anzuerkennen, dankbar dafür zu sein und im Gegenzug freudig zu geben. Wenn Sie erkennen, wie sehr Sie Schmerz und Ärger verursacht haben, statt sich schuldig zu fühlen, können Sie Ihre Fehler rasch berichtigen und so bewusst leben, dass Sie sie nie wieder begehen. Dies ist eine Möglichkeit, sich selbst zu vergeben und zugleich eine erhöhte Achtsamkeit zu entwickeln.

Vergebung ist die beste Medizin

> *Unrecht zu erleiden oder beraubt zu werden ist nichts, es sei denn, du erinnerst dich ständig daran.*
>
> *Konfuzius*

Manche Menschen verbringen ihr ganzes Leben damit, wütend auf Gott, das Schicksal oder sich selbst zu sein. Sie können den Verlust eines geliebten Menschen oder irgendeine große Enttäuschung nicht vergeben. Wir alle wünschen uns inständig, dass sich alles so entwickelt, wie wir es verlangen. Wenn dies nicht geschieht, kommt Zorn und Groll auf, und wir sind unfähig zu vergeben.

Aber wer ist schon so weise zu wissen, wie sich alles eigentlich entwickeln »soll«? Jedes Geschehen hat viele Auswirkungen und unbekannte Konsequenzen. Aus einer schmerzlichen Situation kann sich viel Gutes ergeben.

Eine chassidische Geschichte schildert, wie wenig wir wirklich die Ketten der Ereignisse im Leben verstehen und wie gut es ist, dankbar für alles zu sein, was kommt.

Ein Rabbi begab sich auf eine Reise in ein fremdes Land und nahm einen Esel, einen Hahn und eine Lampe mit. Da man ihn in den Dorfgasthöfen nicht aufnahm, beschloss er, im Wald zu schlafen.

Er zündete seine Lampe an, um die heiligen Bücher zu studieren, bevor er einschlief, doch ein heftiger Wind kam auf und warf die Lampe um, so dass sie zerbrach. Der Rabbi beschloss, sich aufs Ohr zu legen, und sagte: »Alles, was Gott tut, geschieht zu unserem Wohl.«

Im Laufe der Nacht kamen wilde Tiere herbei und schleppten den Hahn weg, und Diebe stahlen den Esel. Der Rabbi erwachte, entdeckte den Verlust, erklärte aber noch immer leichthin: »Alles, was Gott tut, geschieht zu unserem Wohl.«

Der Rabbi begab sich sodann zurück in das Dorf, wo man ihm eine Unterkunft verweigert hatte, und entdeckte, dass feindliche Soldaten es während der Nacht überfallen und alle Bewohner getötet hatten. Er erfuhr auch, dass diese Soldaten durch den Teil des Waldes gezogen waren, in dem er geschlafen hatte. Wäre seine Lampe nicht zerbrochen, hätten sie ihn entdeckt. Wäre der Hahn nicht verschleppt worden, hätte er gekräht und ihn verraten. Wäre der Esel nicht gestohlen worden, hätte er geschrien und ihn verraten. Also erklärte der Rabbi noch einmal: »Alles, was Gott tut, geschieht zu unserem Wohl.«

Wenn Sie in allen Situationen das Gute sehen, gibt es nichts zu vergeben. Eine wunderbare Möglichkeit, das Gute in jeder Situation zu sehen, besteht darin, *die Situation so zu lassen, wie sie ist,* egal, ob sie Ihnen gefällt oder nicht. Versuchen Sie nicht, sie zu beheben oder irgendetwas daran zu ändern. Schätzen Sie sie so, wie sie ist. Beobachten Sie die Situation, als ob Sie sich einen Film anschauen würden, und lassen Sie ihr Zeit, bis sich das Gute an ihr zeigt.

Auf diese Weise loszulassen ist eine Form von Vergebung. Vergebung bedeutet aufgeben. Es gibt keine Störung, die die Vergebung nicht beheben kann. Wenn Sie einem anderen Menschen wahrhaft vergeben, machen Sie sich selbst das größte Geschenk. Sie stellen Ihr Gleichgewicht wieder her und geben den Groll auf, der jeden Aspekt Ihres Lebens vergiftet.

Manche Menschen befürchten, wenn sie vergeben haben, kommen sie nie wieder von einer Person oder Situation los. Doch wenn Sie vergeben, müssen Sie nicht in einer schädlichen Beziehung verharren, sondern Sie werden in der Lage sein, entsprechend zu handeln. Sie können die Situation ruhigen Herzens verlassen. Sie kommen nur schwer weiter, wenn Sie im Würgegriff des Grolls sind. Der Zorn erzeugt ein starkes Band, die Vergebung lässt los.

Vergebung ist eine andere Seite der Liebe. Sie ist eine Praxis, auf die man sich ständig einlassen muss. Der einfache Akt, die Vergebung zu *wählen,* setzt den Prozess in Gang und beseitigt den Schmerz, in dem Sie leben. Vor allem aber, und das gilt für alle beschriebenen Liebestaten, lässt sie Ihr Leben aufblühen.

Der Pflaumenbaum
Vor meiner Hütte,
Er konnte nicht anders –
Er blühte.

Zen-Gedicht

Workshop

Wie Sie die Angst loswerden

Dieser Workshop befasst sich damit, wie Sie die Angst loswerden und Liebe und Seelenfrieden entwickeln. Es ist äußerst wichtig, dass Sie diese Übungen sowohl in Ihrem Leben wie in Ihrer Gemeinschaft absolvieren und mit ihnen arbeiten. Angesichts des heutigen Zustands der Welt gibt es nichts Wichtigeres zu tun. Die Übungen in diesem Workshop wie im ganzen Buch sind einfach und angenehm zu praktizieren und stärker als jede Waffe. Sie werden nicht nur Ihnen Sicherheit geben, sondern auch für die Menschen von Nutzen sein, mit denen Sie umgehen.

Machen Sie die folgenden Übungen Schritt für Schritt. Für jedes Kapitel im Buch gibt es entsprechende Übungen. Finden Sie heraus, welche Sie ansprechen. Gefällt Ihnen eine bestimmte Übung, praktizieren Sie sie täglich. Notfalls blättern Sie zurück und lesen noch einmal den Text in einem bestimmten Kapitel, wenn Sie an den entsprechenden Übungen arbeiten.

Dieser Workshop wird Sie auf eine Reise mitnehmen. Sie erfordert Zeit und Geduld, und vielleicht finden Sie es hilfreich, mit einem Partner zu arbeiten. Feedback und Unterstützung sind ja immer nützlich. Aber auch ohne Partner können Sie gut weiterkommen. Überanstrengen Sie sich nicht, sondern gehen Sie es spielerisch an, seien Sie neugierig. Manche Übungen oder Kapitel mögen bei Ihnen keinen Anklang finden. Das ist schon gut, andere werden es dafür tun. Bewerten Sie sich nicht nach den Ergebnissen, sondern praktizieren Sie die Übungen einfach weiter, lesen Sie die Texte und sehen Sie, was in Ihrem Leben geschieht.

Sie haben Ihr bisheriges Leben auf eine bestimmte Weise verbracht, erwarten Sie also nicht, dass sich alles über Nacht ändert, aber gehen Sie davon aus, dass es sich ändern wird. Ausdauer und Impuls bedeuten eine Menge. Bleiben Sie einfach »dran« – Tag für Tag, Woche für Woche. Die einfachen Aufgaben werden Ihr Leben verwandeln. Vor allem sollten Sie wissen, dass Sie alles haben, was Sie brauchen, genau in diesem Augenblick, um ein erfülltes Leben zu führen. Sie sind nicht dazu da, um sich vor der Angst zu ducken oder sich der Finsternis zu unterwerfen, sondern um Ihre ganze Schönheit und Kraft zu beanspruchen. Ich wünsche Ihnen viel Glück auf Ihrer Reise.

1 Stellen Sie sich der Angst

Weisen Sie falsche Geschenke zurück

Die Angst will nicht Ihr Bestes, auch wenn sie so tut. Wie auch immer sie sich in Ihnen einnistet – letztlich wird sie Sie fertigmachen.

Sehen Sie sich in diesem Augenblick genau an, wie sich die Angst in Ihnen einnistet. Welche falschen Geschenke hält sie Ihnen hin? Was verspricht die Angst, was sie nicht halten kann – niemals? Welchen Preis werden Sie dafür bezahlen?

Lassen Sie die Angst vorbeitreiben

Denken Sie an eine Zeit, als eine Woge der Angst über Sie hereinbrach und Sie nicht hineinsprangen, sondern Sie sie vorbeitreiben ließen, als Sie die Wahrheit der Situation erkannten und Sie stattdessen Ihre Stärke bewiesen. Verweilen Sie dabei.

Lassen Sie die Angst eine andere Form annehmen

Wenn Sie Ihre Angst spüren, fragen Sie sich, wie sie aussieht. Manchmal verwandelt sich das Gefühl in ein Bild. Wenn ja, nehmen Sie Notiz von dem Bild, stellen Sie fest, was es Ihnen bedeutet. Lassen Sie das Bild sich entwickeln. Danken Sie dem Bild, dass es gekommen ist. Dann betrachten Sie es einfach. Gewöhnlich ändert sich das Bild von allein. Dabei ändert sich auch das Gefühl der Angst, und Sie erkennen es als das, was es ist – Staub im Wind, eine vorübergehende Brise, ohnmächtig, bedeutungslos und vergänglich.

Führen Sie Buch über Ihre Siege

Machen Sie sich jede Gelegenheit bewusst, bei der Sie trotz Ihrer Angst Erfolg hatten. Schreiben Sie sie auf. Jedes Mal, wenn etwas Positives, Wertvolles oder Förderliches geschieht, auch wenn Sie Angst hatten, notieren Sie es sich. (Sie können ein kleines Notizbuch mitnehmen, diese Gelegenheiten täglich festhalten und öfter nachlesen.) Das Aufschreiben hilft Ihnen innezuhalten, wenn etwas Gutes geschieht, und lässt es Sie voll auskosten. Verweilen Sie bei allen positiven Ereignissen in Ihrem Leben statt bei den negativen.

Normalerweise gehen wir über die wunderbaren Augenblicke oder Zeiten hinweg, in denen wir Erfolg gehabt haben, und konzentrieren uns auf das, was falsch oder negativ ist oder noch getan werden muss. Nun widmen Sie Zeit, Raum und Aufmerksamkeit allem, was richtig ist. Kosten Sie es tief aus und bedanken Sie sich dafür. Denken Sie daran: Wenn Sie etwas Ihre Aufmerksamkeit widmen, wird es stärker. Je mehr Aufmerksamkeit Sie allem Positiven und Gehaltvollen widmen, desto stärker wird es in Ihrem Leben.

2 Haben Sie Mut, der Mensch zu sein, der Sie sind

Dies sind einige Schritte zur Selbstfindung. Sie sind ganz einfach und doch sehr wirksam. Üben Sie sie täglich, einen nach dem anderen. Warten Sie, bis Sie wirklich einen Schritt geschafft haben, bevor Sie den nächsten tun. Schreiben Sie alles auf, was passiert, während Sie praktizieren. Wenn Ihnen die wunderbaren Veränderungen, die sich ergeben, bewusst werden, werden sie Sie ermutigen weiterzumachen.

1. Nehmen Sie jeden Tag eine Maske ab

Welche Masken tragen Sie jeden Tag? Wie wollen Sie von anderen gesehen werden? Wovor haben Sie am meisten Angst, was andere Menschen sehen werden? Welchen Preis zahlen Sie für diese Angst? Nehmen Sie eine Maske pro Tag ab. Seien Sie jeden Tag für eine kleine Weile einfach so, wie Sie sind. Was auch immer Sie an sich fürchten, lieben Sie täglich diesen Aspekt von Ihnen eine Zeitlang. Wenn Sie einen schwierigen Teil von sich hassen und dagegen ankämpfen, macht dies diesen Teil nur stärker und die Situation umso schmerzlicher. Wenn Sie ihn bekämpfen und hassen, entwickelt er sich nur noch schmerzlicher und setzt sich fest. Heißen Sie den unerwünschten Teil von sich in Ihrem Leben willkommen. Betrachten Sie ihn freundlich. Geben Sie ihm Raum zum Atmen. Lassen Sie sanft zu, dass er sich ausdrückt. Lassen Sie zu, dass die Wahrheit ans Licht kommt und verbreitet wird.

2. Widmen Sie Zeit und Raum dem, was Sie glücklich macht

Was macht Sie am glücklichsten, was befriedigt Sie zutiefst? (Beantworten Sie dies rasch, schreiben Sie einfach auf, was Ihnen spontan einfällt.) Es spielt keine Rolle, was andere davon halten. Wie viel Raum widmen Sie dem, was Sie in Ihrem Leben am glücklichsten macht? Wie viel Zeit, wie viel Konzentration? Bringen Sie, was Sie am glücklichsten macht und zutiefst befriedigt, nun täglich in Ihr Leben. Schon ein paar Minuten pro Tag am Anfang machen viel aus.

3. Sagen Sie, was Sie meinen, und bitten Sie um das, was Sie brauchen

Was müssen Sie sagen, was Sie nicht gesagt haben? Zu wem müssen Sie das sagen? Was wollen Sie wirklich von anderen? Sind Sie bereit, darum zu bitten? Sind Sie bereit, ein Ja oder Nein als Antwort zu akzeptieren? Das ist wichtig. Räumen Sie dem anderen Menschen das Recht ein, ja oder nein zu sagen. Betrachten Sie ihn nicht als Ihr Spiegelbild. Setzen Sie sich ein für das, was für Sie wahr ist, äußern Sie es. Tun Sie es auf freundliche Weise, das heißt tadeln, hassen oder attackieren Sie andere Menschen nicht. Übernehmen Sie einfach die Verantwortung für das, was Sie fühlen, brauchen und äußern müssen, und tun Sie es mit Würde und Gewissheit.

4. Ergreifen Sie jetzt für sich Partei

Sind Sie bereit, für sich selbst einzustehen? Ergreifen Sie für sich Partei, kennen, genießen und bejahen Sie Ihre eigenen

Erfahrungen? Verbringen Sie jeden Tag Zeit mit sich allein. Finden Sie heraus, was in Ihnen vorgeht. Führen Sie ein Tagebuch, machen Sie lange Spaziergänge, gehen Sie an den Strand, bummeln Sie durch den Park, sitzen Sie still auf einem Kissen, ohne sich zu bewegen, und atmen Sie. Kosten Sie jeden Atemzug voll aus. Werden Sie Ihr bester Freund.

5. *Sagen Sie nein*

Wozu müssen Sie nein sagen in Ihrem Leben, mit dem Sie bislang einverstanden gewesen sind? Betrachten Sie es ganz genau und sagen Sie dann nein dazu. Verneinen Sie eins nach dem anderen. Stellen Sie fest, wie Sie sich dann fühlen. Tun Sie es ohne Zorn oder Groll, tun Sie es einfach, weil es Ihr Geburtsrecht ist, nein zu dem zu sagen, was für Sie falsch ist. Es gibt keine andere Möglichkeit, Ihr authentisches Selbst zu finden und daraus zu leben.

6. *Sagen Sie ja*

Wozu können Sie von ganzem Herzen ein aufrichtiges Ja sagen, rückhaltlos, zweifelsfrei und ohne zu zögern? Erstellen Sie eine Liste. Werden Sie sich dieser Dinge bewusst. Und dann sagen Sie zu ihnen, eins nach dem anderen, ja, ja, ja. Erkennen Sie, wie wunderbar Sie sich dabei fühlen, ganz und gar zu akzeptieren, sich total mit einem vollkommenen Ja hinzugeben. Zu welchen Menschen in Ihrem Leben können Sie ja sagen? Rufen Sie sie gleich an und sagen Sie es.

Je mehr Sie zu dem, was für Sie falsch ist, weiterhin nein sagen, desto mehr können Sie ja sagen. Ihre Liste wird sprunghaft wachsen, wenn die Angst und das Zaudern vergehen.

7. *Wählen Sie das Leben. Wählen Sie die Stärke*

Entscheiden Sie sich dafür, diese Übungen zu praktizieren. Denken Sie daran, dass Sie die Entscheidungsgewalt haben. Die Angst ist nicht dazu ermächtigt, Sie zu beherrschen, es sei denn, Sie gestatten es ihr.

3 Lassen Sie los

1. *Lockern Sie Ihren Griff*

Woran halten Sie sich am meisten fest? Wovor bewahrt es Sie? Wären Sie bereit, Ihren Griff nur ein wenig zu lockern und loszulassen? Lockern Sie heute Ihren Griff nur ein wenig. Lockern Sie ihn morgen ein wenig mehr.

2. *Trennen Sie nicht, was Sie mögen, von dem, was Sie nicht mögen*

Wie trennen Sie das, was Sie mögen, von dem, was Sie nicht mögen? Hinter was sind Sie her? Was lehnen Sie ab? Was verpassen Sie dadurch? Kehren Sie es heute um. Hören Sie auf, hinter dem her zu sein, was Sie mögen, hören Sie auf, das abzulehnen, was Sie nicht mögen. Was auch immer geschieht – sehen Sie es sich einfach an und sagen Sie: »Ist das so?«

3. *Wenn etwas kommt, begrüßen Sie es, wenn etwas geht, lassen Sie es gehen*

Erkennen Sie, wie Ihr Festhalten Angst erzeugt. Beschließen Sie, heute den ganzen Tag nichts festhalten zu wollen. Sie werden zulassen, dass das Leben seinen eigenen Gang geht. Wenn etwas kommt, begrüßen Sie es, wenn etwas geht, lassen Sie es gehen. Stellen Sie fest, ob Sie sich dabei anders fühlen. Stellen Sie auch fest, ob die Welt anders auf Sie reagiert.

4. Hören Sie auf, Veränderungen abzulehnen

Stellen Sie fest, ob Sie wollen, dass etwas immer gleich bleibt. Wie lange wollen Sie das schon? Hat dies dazu geführt, dass die Situation gleich bleibt? Wie haben Sie in der Vergangenheit auf diese Veränderungen reagiert? Haben Sie sich selbst oder einem anderen Menschen Vorwürfe gemacht, es zu verhindern versucht? Können Sie jetzt ganz einfach zulassen, dass sich die Dinge ändern, wie Sie wollen?

5. Lassen Sie Veränderungen von ganz allein geschehen

Gibt es etwas, was Sie unbedingt ändern wollen, wann und wie Sie wollen? Stellen Sie fest, wie Sie Ihre eigenen Bedürfnisse und Vorstellungen auf diese Person oder Situation projizieren. Lassen Sie zu, dass sie einfach ist, wie sie ist. Hören Sie auf, sich einzumischen, und lassen Sie Veränderungen auf ihre Weise, in ihrer eigenen Zeit und ihrem eigenen Rhythmus geschehen.

Selbst wenn Sie es nicht zulassen, werden Veränderungen in ihrer eigenen Zeit und ihrem eigenen Rhythmus sowieso geschehen. Was hat es für einen Wert, sich einzumischen? Sie mischen sich ein, weil Sie etwas wollen, bei dem Sie sich sicher fühlen. Doch diese Sicherheit bietet nur das Freisein von Angst. Wenn Sie aufhören, zu drängeln und zu schubsen, wenn Sie aufhören, ändern zu wollen, was das Leben bietet, vergeht eine Menge Angst, und Ihr Sicherheitsgefühl wird wachsen. Probieren Sie es einfach.

4 Erkennen Sie die inneren Stimmen

1. *Wissen, was wirklich ist und was nicht*

Üben Sie täglich, Bekanntschaft mit der Wirklichkeit zu schließen. Widmen Sie Ihre Aufmerksamkeit nicht Ihren Träumen, sondern dem, was wirklich geschieht. Ziehen Sie auf einem Blatt Papier eine Mittellinie und notieren Sie links davon, was gerade geschieht, und rechts davon, was Sie sich wünschen. Lassen Sie zu, dass Sie bei dem verweilen, was wirklich geschieht. Tun Sie das jeden Tag immer länger.

Je mehr Sie dies tun, desto stärker wird Ihre Fähigkeit, in der Wirklichkeit zu leben und Phantasien auf Eis zu legen. Sie werden vielleicht sogar feststellen, dass Ihnen gefällt, was tatsächlich geschieht, dass es Sie aufbaut und dass es im Grunde nichts gibt, wovor Sie Angst haben müssten.

2. *Lassen Sie zu, dass Sie sich irren, wenn Sie sich irren*

Wenn Sie sich irren, geben Sie es rasch zu und lassen Sie es so sein. Erkennen Sie, dass absolut nichts falsch daran ist, sich zu irren. Notieren Sie fünf Möglichkeiten, wie Sie sich in einer Situation irren könnten. Entscheiden Sie sich dann bewusst für eine. Irren Sie sich bewusst. Sehen Sie, was geschieht.

Wenn Ihre Angst, sich zu irren, vergeht, wird Ihre Fähigkeit, die Wahrheit zu erkennen und mit ihr zu leben, exponentiell zunehmen.

3. Freuen Sie sich über jeden Fehler

Wenn Sie einen Fehler bei etwas gemacht haben, stehen Sie dazu und seien Sie froh, dass Sie gehandelt haben und nun wachsen können. Seien Sie sich klar darüber, dass nichts Schreckliches passiert ist. Finden Sie heraus, was Sie aus dem Fehler gelernt haben. Wenn Sie irgendetwas berichtigen müssen, tun Sie es rasch. Vergessen Sie Schuldgefühle, sie sind überflüssig. Erkennen Sie einfach, dass Sie auch nur ein Mensch sind, und gehen Sie weiter.

Die innere Stimme erkennen

Halten Sie inne *und stellen Sie fest, wann Sie sich Phantasien hingeben. Erkennen Sie, wie viel Zeit Sie auf diese Weise verbringen. Notieren Sie Ihre häufigsten Phantasien und was sie in Gang hält. Nun nehmen Sie sie bewusst wahr. Bewusstsein verhindert auf der Stelle, dass diese Phantasien wachsen.*

Mit dieser Übung sollen Sie ein Gefühl dafür bekommen, wie es ist, zuzulassen. Die meisten Menschen kämpfen gegen alles an, das geschieht. Wir widersprechen, kontrollieren, versuchen, das Leben nach unseren Anforderungen umzumodeln. Nun kehren wir diesen Prozess um und lernen, wie wir zulassen können. Lassen Sie zu, dass Sie zulassen. Je mehr Sie zulassen, desto freundlicher, ruhiger, glücklicher und weniger ängstlich werden Sie. Und umso mehr wird es allen Menschen um Sie herum gutgehen. Probieren Sie es aus.

Wenn Sie mit einem anderen Menschen zusammen sind, seien Sie einfach bei ihm, ohne alle Erwartungen. Lassen Sie jeden Augenblick kommen, wie er will. Brechen Sie nicht das Schweigen, nehmen Sie nicht vorweg, was der andere sagen wird, und fallen Sie ihm nicht ins Wort. Lassen Sie alles geschehen, wie es geschieht. Stellt sich bei Ihnen ein

Gefühl ein, geben Sie ihm einfach nach. Suchen oder meiden Sie gar nichts. Lassen auch Sie sich genau so sein, wie Sie sind. Verlangen Sie nichts von sich selbst oder von anderen in der Zeit, die Sie miteinander verbringen.

Dialoge mit den inneren Stimmen

Diese Übungen helfen Ihnen, innere Konflikte zu lösen und auch viele Aspekte von sich selbst, die verschiedenen Stimmen in Ihnen kennenzulernen und sich mit ihnen anzufreunden. Folgen Sie am Anfang einfach den einzelnen Schritten, nehmen Sie, was kommt, und achten Sie darauf, sich für alles zu bedanken. Auch wenn Ihnen das zunächst seltsam vorkommen mag, wird es rasch ganz natürlich. Wenn ein Teil von Ihnen oder eine Stimme etwas von Ihnen verlangt und Sie bereit sind, es zu geben, achten Sie darauf, dass Sie es auch tun. Tun Sie dies regelmäßig. Lassen Sie die Teile in Ihnen wissen, wenn Sie wiederkommen, und sorgen Sie dafür, dass Sie verlässlich sind.

Verbringen Sie jeden Tag etwas Zeit damit, einen Dialog mit den inneren Stimmen zu führen. Begegnen Sie ihnen, begrüßen Sie sie, lernen Sie sie kennen und lassen Sie vor allem zu, dass sie sprechen, wie sie wollen.

Werden Sie zunächst still, *schließen Sie die Augen, konzentrieren Sie sich auf Ihr Inneres. Sie können Ihre Aufmerksamkeit Ihrem Atem widmen oder einfach still werden. Nehmen Sie Kontakt auf zu einer Emotion, die Sie gerade empfinden, oder zu etwas, das Ihnen lästig ist. Empfinden Sie die Emotion oder Situation ganz und gar. Spüren Sie, wie sie sich in Ihrem Geist und Herzen anfühlt. Spüren Sie sie einfach. Greifen Sie nicht nach Worten oder Erklärungen. Ihre Aufgabe ist es einfach, für alles, was geschieht, gegenwärtig zu sein, es zu beobachten, zuzuhören und zuzulassen.*

Fragen Sie sich nun, ***wer*** *das ist, der dies empfindet.*

Zu Ihrer Überraschung werden Sie eine Antwort bekommen. Sie erfolgt in allen möglichen Formen. Manche Menschen verspüren tatsächlich die Anwesenheit einer Stimme, von jemandem, der seine Meinung äußern will. Andere sehen vielleicht ein Bild, wieder andere haben nur irgendwelche Gefühle. Bleiben Sie einfach bewusst und lassen Sie zu, dass die Antworten auf Ihre Fragen kommen, wie sie wollen. Je empfänglicher Sie sind, desto mehr werden Sie erfahren. Falls keine Antwort kommt, ist das auch gut, bleiben Sie dabei.

Fragen Sie nun erneut, was das Gefühl Ihnen sagen möchte, was Sie wissen müssen.

Schon diese einfache Frage kann alle möglichen Reaktionen hervorrufen. Manche Menschen fangen an zu weinen, andere lachen. Es entsteht ein wunderbares Gefühl, dass sich jemand oder etwas um Sie kümmert. Endlich ist jemand da, um zu hören, was in Ihrem Herzen vorgeht. Sie sind für sich selbst ein anderer Mensch. Wenn Sie für sich selbst gegenwärtig sind, fühlen Sie sich gestärkt und unterstützt.

Bewerten Sie die Reaktion nicht. Egal, welche Reaktion Sie bekommen, sagen Sie danke. In dem Augenblick, da Sie bewerten oder ablehnen, was Sie hören, wird sich die Stimme oder der Teil verschließen. Lassen Sie einfach zu, dass sie alles sagt, was sie zu sagen hat. Lassen Sie sie wissen, dass Sie dankbar sind für alles, das sie Ihnen mitgeteilt hat.

Manchmal werden Sie etwas hören oder erfahren, aber keine Ahnung haben, was Sie nun tun sollen. Sie müssen es nicht wissen. Hören Sie einfach nur, was Sie hören. Fragen Sie dann, ob es noch einen anderen Teil in Ihnen, eine andere Stimme oder Wissensquelle gibt, die etwas dazu zu sagen hat. Oder fragen Sie, was der nächste Schritt sein kann.

Sehr oft meldet sich ein anderer innerer Teil (oder mehrere Teile) auf die eine oder andere Weise zu Wort. Es gibt noch andere Ansichten zu der inneren Angelegenheit, verschiedene Reaktionen auf die Situation – manchmal entdecken Sie ein plötzliches Wissen oder neue Ideen.

Lassen Sie zu, dass die betreffenden Teile in einen Dialog eintreten. Lassen Sie zu, dass sie aufeinander eingehen. Fragen Sie, was jeder Teil braucht, was jeder will, wie alle in größter Harmonie im Hinblick auf diese Angelegenheit zusammenleben können. Manchmal gibt es einen toten Punkt, oder es kommt zu einem Konflikt. Fragen Sie dann, ob es noch einen anderen Teil von Ihnen gibt, vielleicht einen weiseren, älteren oder erfahreneren Teil, der weiß, wie man damit umgeht oder etwas beizutragen hat.

Zu diesem Zeitpunkt schaltet sich Ihr intuitives Wissen ein, um Brücken zu schlagen, Harmonie zu schaffen, Lösungen anzubieten und ganz allgemein Frieden zu bringen.

Diese Übung kann ziemlich überraschend sein. Vielleicht entdecken Sie Kräfte und Gefühle in sich, von deren Existenz Sie keine Ahnung hatten. Das ist gut. Gehen Sie danach sanft mit sich um. Lassen Sie sich Zeit, bis sich alles gesetzt hat und verarbeitet ist. Gut ist es, still zu sein und ein wenig zu atmen oder einen kleinen Spaziergang zu machen und sich Zeit zu nehmen.

Manche Menschen erleben die Ergebnisse dieser Übung sofort, bei anderen dauert es eine Weile. Und dann sehen sie sich plötzlich in der Lage zu neuem Handeln oder einen Konflikt zu lösen, mit dem sie sich abgemüht haben. Nach den Übungen geschehen diese Veränderungen stillschweigend und oft unbewusst: Sie haben den Boden Ihres Geistes umgegraben und neue Samen gesät. Lassen Sie ihnen Zeit, von sich aus aufzugehen.

5 Die Suche nach Sicherheit

1. *Was brauchen Sie, um sich sicher zu fühlen?*

Erstellen Sie eine Liste von allem, was Sie brauchen, um sich sicher zu fühlen. Wie gehen Sie vor, um es zu bekommen? Was geschieht, wenn Sie es nicht bekommen? Wie gehen Sie mit der Angst um, die Sie verspüren?

Welche wahre Gefahr befürchten Sie? Haben Sie Angst vor einem Verlust, beleidigt oder zum Narren gehalten zu werden? Um welche echte Angst handelt es sich hier? Was könnte noch in dieser Situation ein Gefühl der Sicherheit und Seelenfrieden bringen?

Sind Sie bereit zu verlangen, was Sie brauchen? Sind Sie bereit, jemand anderem gegenüber zu äußern, was Sie stört? Versuchen Sie es gleich heute. Wenn es etwas gibt, das Sie von einem anderen Menschen brauchen, bitten Sie darum. Wenn es etwas gibt, das Sie stört, sprechen Sie heute darüber, auf eine ruhige Art und Weise.

Halten Sie einen Augenblick inne *und denken Sie an drei Momente in Ihrem Leben, in denen Sie besonders traurig oder aufgeregt waren. Wie sind Sie damit umgegangen? Haben Sie Ihre Gefühle zum Ausdruck gebracht, etwas dagegen unternommen? Haben Sie jemanden angeschrien, ihm Vorwürfe gemacht? Wurden Sie deprimiert? Derartige Reaktionen sind schädlich und die Ursache dafür, dass Sie sich unsicher fühlen.*

2. *Wie Sie mit falschen Erwartungen umgehen*

Gibt es Erwartungen, die Ihnen nicht helfen? An welchen halten Sie unnachgiebig fest? Welche bewirken, dass Sie gegenüber anderen Menschen zornig werden, wenn sie nicht erfüllt werden? Welche bewirken, dass Sie gegenüber sich selbst zornig werden?

Notieren Sie fünf Erwartungen, bei denen Sie sich geschützt fühlen. Betrachten Sie sie genauer und stellen Sie fest, ob sie es auch wirklich tun. Ziehen Sie auf ein Blatt Papier eine Mittellinie und schreiben Sie links davon auf, was tatsächlich geschah. Rechts davon notieren Sie, was Ihrer Erwartung nach geschehen würde. Vergleichen Sie beides. Die meisten Menschen lassen los, was tatsächlich geschah, und leben mit ihren Erwartungen. Tun Sie heute das Gegenteil. Lassen Sie eine unwirkliche Erwartung los.

3. Befreien Sie sich von destruktiven Herausforderungen

Notieren Sie die Herausforderungen, die für Sie destruktiv oder konstruktiv sind. Geben Sie heute eine destruktive Herausforderung auf. Ganz egal, was diese Woche geschieht – nehmen Sie sie nicht wieder an. Stellen Sie fest, wie Sie sich fühlen. Gehen Sie eine konstruktive Herausforderung für die ganze Woche an. In der nächsten Woche probieren Sie es mit einer anderen.

Wenn Sie damit anfangen, Ihr Leben von diesen falschen Herausforderungen zu reinigen, wird auch eine ganze Menge Angst vergehen. Und Sie werden Raum für neue, gesunde Herausforderungen schaffen. Schreiben Sie auch diese auf, wenn sie auftauchen. Vielleicht bekommen Sie einen Job für etwas angeboten, das Sie nicht zu schaffen glaubten? Vielleicht tritt ein neuer Mensch in Ihr Leben? Vielleicht entschließen Sie sich plötzlich, ein Bild zu malen oder ein Stück zu schreiben? Die falschen Herausforderungen verdecken die tiefer liegenden Herausforderungen, um die wir uns nicht kümmern, weil wir vielleicht Angst davor haben.

Notieren Sie, *was Ihre konstruktiven, inneren Herausforderungen sein könnten, wenn Ihnen eine einfällt. Vielleicht möchten Sie wieder in die Schule gehen? Vielleicht sehnen Sie sich nach einem neuen Job oder wollen an einem Marathonlauf teilnehmen? Vielleicht möchten Sie sich mit jemandem verabreden oder Gesellschaftstänze lernen? Haben Sie keine Angst, diese Herausforderungen zu notieren. Sobald Ihre Abhängigkeit vom Leiden nachlässt, sobald Sie destruktive Muster loslassen, werden Sie die Energie, Kraft, Zeit und Fähigkeit haben, sich auf eine konstruktive Herausforderung einzulassen.*

4. *Hören Sie auf zu bekämpfen, wovor Sie Angst haben*

Verbringen Sie ein wenig Zeit damit, sich vorzustellen, wie Sie sich dem stellen, wovor Sie Angst haben. Stellen Sie es sich einfach vor. Hören Sie auf, es zu bekämpfen, hören Sie auf, dagegen anzukämpfen. Seien Sie einfach da bei ihm. Lassen Sie es so sein, wie es will. Atmen Sie weiter, bis die Angst und die Situation vergehen. Das werden sie. Wenn Sie aufhören, sie zu bekämpfen, dagegen anzukämpfen und sie zu hassen, geben sie Dampf ab und beginnen sich aufzulösen.

5. *Lehnen Sie negative Vorschläge ab*

Den ganzen Tag lang machen die Leute Ihnen negative Vorschläge. Bewusst oder unbewusst erfüllen sie Sie mit Angst und Schrecken. Sagen Sie nein dazu. Nehmen Sie diese Vor-

schläge nicht an. Erkennen Sie sofort, dass dies bloß weitere negative Erwartungen sind, die nur Angst erzeugen und Sie schwach und anfällig für Kontrolle machen sollen. Sie haben die Kraft, diese Vorschläge (und Menschen) abzulehnen, und es ist Ihnen überlassen, dies täglich zu tun.

6. *Laden Sie alles Gute und Nützliche in Ihr Leben ein*

Die meisten Menschen können sich kaum vorstellen, dass wir die Macht haben, alles Gute in unser Leben einzuladen. Wir mögen von negativen Menschen, Gedanken und Verhältnissen umgeben sein, aber wir müssen nicht zulassen, dass sie uns beherrschen. Wir können uns insbesondere die Zeit nehmen und alles Gute und Nützliche in unser Leben einladen. Tun Sie dies auf jede Weise, die Sie für richtig halten. Gehen Sie unter einen Baum und lassen Sie die Einladung ergehen, schreiben Sie sie auf, sprechen Sie sie aus, singen Sie sie, formulieren Sie eine Erklärung und hängen Sie sie an die Wand.

Manche Menschen meinen, sie würden nicht verdienen, was gut und nützlich ist. Aber das ist einfach nicht der Fall: Sie können Güte für Ihr Selbst beanspruchen, und Sie verdienen sie zutiefst. Je mehr Sie in Ihrem Leben haben, was gut und nützlich ist, desto mehr können Sie auch andere Menschen aufbauen.

7. *Verbringen Sie jeden Tag Zeit allein*

Viele Menschen haben Angst, allein zu sein ohne Lärm und Geschwätz. Wir glauben, in Gruppen und in Gegenwart guter Freunde sicher zu sein. Wir erkennen nicht, dass unsere innere Kraft und Weisheit umso mehr offenbar werden, je mehr wir in der Lage sind, allein zu sein und Zeit damit zu verbringen zu wissen, wer wir sind. Wir bekommen ein unglaubliches Geschenk, wenn wir keine Anforderungen an uns stellen, wenn wir einfach die sind, die wir sind.

Wenn Sie sich daran gewöhnt haben, werden Sie nicht nur den Weg zu Ihrem sicheren Hafen finden, auch die Angst vor Einsamkeit wird Sie verlassen, wenn Sie die Kraft des Alleinseins entdecken.

6 Den Selbsthass aufgeben – das Vergebungstraining

Vergebung beginnt mit der Bereitschaft zu vergeben – anderen ebenso wie sich selbst. Vergebung ist ein Prozess, der regelmäßig vollzogen werden muss, wie Zähneputzen und Duschen. Einfach zu sagen: Ich vergebe dir, ist ein Schritt. Er mag nicht genug sein. Dieses Vergebungstraining ist wunderbar, um Ihren Zorn oder Groll wirklich ein für alle Mal auszumerzen. Wenn Sie die einzelnen Schritte regelmäßig absolvieren, können Sie einfach nicht mehr zornig bleiben. Nachdem Sie das Training an einem Tag betrieben haben, mag eine gewisse Menge Zorn abgelassen worden sein, doch wenn sich noch mehr einstellt, heißt das nicht, dass Sie es nicht geschafft haben. Es heißt bloß, dass es noch eine andere Schicht gibt. Absolvieren Sie das Training so lange weiter, bis Sie sich völlig klar und liebevoll fühlen.

1. *Hass in Wohlwollen verwandeln*

Denken Sie einen Augenblick lang an Menschen, die Sie nicht mögen oder nicht respektieren. Welche Gedanken hegen Sie über sie, wie reagieren Sie? Werden Sie sich nun der negativen Gedanken bewusst, die Sie über sich selbst hegen. Was tun sie Ihnen an?

Konzentrieren Sie sich darauf, wie sich Ihre mangelnde Vergebung auf Sie auswirkt. Wie oft denken Sie an diese Menschen? Wie viel Energie geben Sie ihnen? Wie blockiert Ihre mangelnde Vergebung Sie in anderer Hinsicht?

Fragen Sie sich, ob Sie bereit sind, Ihren Hass loszulassen, ihn aus Ihrem Leben zu verbannen. Sind Sie nicht dazu bereit, halten Sie einen Augenblick inne und werden Sie sich des Tributs bewusst, den dies von Ihnen fordert. Verletzt es die Person, der Sie zürnen, genauso, wie es Sie verletzt?

Damit Sie bereit sind, frei von Zorn zu sein, sollten Sie den Hass in keiner Weise ***rechtfertigen****. Betrachten Sie ihn als Gift. Kommt er auf, erleben Sie das Gefühl einfach als das, was es ist – als unangenehme Emotion. Unterdrücken oder leugnen Sie die Energie nicht, erleben Sie sie einfach voll und ganz und lassen Sie sie dann los. Sagen Sie Lebewohl zu ihr, sehen Sie zu, wie sie davontreibt. Die Fähigkeit, fest und konzentriert zu bleiben, während man den Hass erlebt, und nicht dagegen anzugehen, zeichnet einen reifen Menschen aus.*

Eine andere Möglichkeit, *Hass loszuwerden, besteht darin, sich daran zu erinnern, dass Sie das, was Sie dem anderen Menschen geben, gleichzeitig zurückbekommen. Wenn Sie Zorn geben, bekommen Sie Zorn zurück. Wenn Sie hingegen Mitgefühl und Vergebung geben, werden Sie sie gleichzeitig zurückbekommen.*

Vergessen Sie die Geschichte, *die den Zorn am Leben hält. Ihr Zorn und Ihr Hass werden großenteils von der Geschichte aufrechterhalten, die Sie sich selbst (und anderen) davon erzählen. Konzentrieren Sie sich nicht auf die Geschichte, die Sie sich selbst erzählen, oder auf die Gründe, um den Hass aufrechtzuerhalten. Diese Geschichte haben Sie sich nur ausgedacht. Wenn Sie sich eine andere Geschichte vorstellen, wenn Sie sich andere Interpretationen dessen, was geschah, ausdenken, wird es keinen Hass geben. Ja, Sie werden vielleicht sogar Mitgefühl oder Liebe erleben.*

Suchen Sie nach Übereinstimmungen. *Wenn jemand, dem Sie misstrauen oder vor dem Sie Angst haben, in Ihr Leben tritt, halten Sie sofort inne – suchen Sie nach etwas, das Ihnen an ihm gefällt, suchen Sie nach Dingen, in denen Sie sich gleichen, nach Möglichkeiten, wie Sie ihm helfen kön-*

nen. Brechen Sie Ihre Projektionen auf. Stellen Sie Fragen, hören Sie zu, was er Ihnen erzählt. Finden Sie heraus, wer er wirklich ist, was an ihm wichtig ist.

Erinnern Sie sich an alles, *was dieser Mensch für Sie getan hat. Wenn Sie sich im Würgegriff des Hasses befinden, vergessen Sie leicht das große Ganze der Beziehung, alles, was sich darin abgespielt hat. Denken Sie nun bewusst daran, in wie vielen Dingen diese Person Ihnen von Nutzen gewesen ist. Erinnern Sie sich, wie freundlich sie zu Ihnen gewesen ist. Denken Sie an Eigenschaften von ihr, die Sie respektieren.*

Erinnern Sie sich auch *an Zeiten, in denen Sie sich genauso verhalten haben wie diese Person. Können Sie sich das nun vergeben und damit auch ihr vergeben?*

Wenn Sie glauben, *diese Person verdiene Ihren Hass, halten Sie einen Augenblick inne und machen Sie sich bewusst, dass diese Person vielleicht nicht weiß, wie sie Glück finden soll, und dass ihr negatives Verhalten sie widerspiegelt und nicht Sie. Es ist nicht persönlich gemeint, sondern ein Ausdruck ihres Unglücks. Wer weiß, wer er ist, und erfüllt ist, wird anderen niemals schaden. Betrachten Sie diese Person als jemanden, der Schmerzen leidet und um Hilfe ruft.*

Wie steht's mit Ihnen?

Erstellen Sie eine Liste von allem, was dieser Mensch vielleicht getan hat, um jederzeit Ihren Respekt zu verdienen. Könnte es sein, dass Sie auf ihn eifersüchtig sind? Wie viele dieser Taten haben Sie in Ihrem Leben begangen? Wenn es nicht so viele sind, entscheiden Sie sich dafür, einiges davon gleich jetzt zu tun.

Erstellen Sie eine andere Liste von allem, was dieser Mensch getan hat, was Sie nicht respektieren. Vergleichen Sie es nun mit Ihrem eigenen Leben. Stellen Sie fest, ob Sie auch zu solchen Handlungen neigen. Wenn ja, entschließen Sie sich sofort, sie zu eliminieren.

Holen Sie tief Atem. Geben Sie sich keinen Schuldgefühlen hin und erzeugen Sie damit auch keinen Druck. Verstehen Sie es als ein faszinierendes Abenteuer. Seien Sie sich klar darüber, dass dies eine starke Übung ist, um Angst, Selbsthass, Hass auf andere loszulassen und ein Leben zu führen, das auf Selbstrespekt basiert.

Vergeben Sie sich selbst

Wenn Sie sich etwas nicht vergeben können, fragen Sie sich, was Sie tun müssen, um reinen Tisch zu machen, sich zu vergeben und neu anzufangen. Wenn Sie sich aufrichtig fragen, werden Sie schließlich erkennen, was für eine Versöhnung getan werden muss. Dann tun Sie es. Wenn Sie es bei der Person nicht schaffen, die Sie beleidigt haben, tun Sie es bei jemand anderem. Sie brauchen nicht die Vergebung eines anderen Menschen, um sich selbst zu vergeben. Sie müssen einfach nur wissen, was **Sie** *brauchen, um sich jetzt im Hinblick auf die Situation wohl zu fühlen. Sobald Sie sich selbst vergeben können, ist es viel leichter, auch anderen zu vergeben.*

Vergebung und Liebe erweisen sind die zwei Seiten ein und derselben Münze. Die folgende alte Übung ist eine weitere Möglichkeit, anderen und sich selbst zu vergeben.

2. Bewusst Liebe erweisen

Es gibt eine wunderbare Praxis im tibetischen Buddhismus, die Tonglen *heißt. Ein Teil von ihr besteht darin, dass Sie einfach Liebe aussenden, wenn Sie sich über jemanden (oder sich selbst) aufregen. Selbst wenn Sie keine Liebe empfinden, sagen Sie: »Ich sende dir Liebe und Licht.« Die Absicht zählt, nicht was Sie zufällig gerade fühlen. Senden Sie einfach weiter Liebe und Licht, egal, wie Sie sich fühlen.*

Senden Sie dies auch sich selbst sowie allen negativen Situationen, mit denen Sie konfrontiert werden.

Das ist eine erstaunliche Praxis. Sie zeitigt echte Wirkungen. Die Person, der Sie Liebe und Licht senden, verspürt es auf irgendeiner Ebene ihres Wesens. Oft reagiert sie auf einmal anders. Auch Sie spüren es. Wenn Sie dies einfach tun, auf eine konzentrierte, gezielte Weise, beseitigt es Ihren eigenen Hass und Schmerz.

Dies ist eine so einfache und doch so wirkungsvolle Übung. Manche Menschen weigern sich, sie zu absolvieren. Sie halten an ihrer Aufregung und ihrem Hass fest. Wenn Ihnen das passiert, senden Sie einfach Liebe und Licht an Ihren Widerstand und dann an Ihren Hass. Wenn Sie lieber hassen wollen, können Sie immer aufhören. Aber warum sollten Sie nicht mal für eine kleine Weile nachgeben und dies ausprobieren.

7 Lassen Sie das Kontrollieren und Beherrschen

Unser Verlangen zu kontrollieren geht auf frühe Beziehungen zu Autoritätspersonen zurück. Wenn Sie diese Menschen nun mit neuen Augen betrachten, sie von ihrem Podest holen, erlangen Sie nicht nur Ihre eigene Macht zurück, sondern leiten auch den Prozess ein, das Bedürfnis zu kontrollieren loszulassen.

1. *Schließen Sie Frieden mit Ihren Autoritätspersonen*

Wer *waren die wichtigsten Autoritätspersonen in Ihrem Leben? Welchen Einfluss hatten sie auf Sie? Wann hat sich die wichtigste Autoritätsperson in Ihrem Leben geirrt? Haben Sie zugelassen, dies zu akzeptieren? Haben Sie zugelassen, dass Sie erkennen, wer diese Autoritätsperson in Wahrheit ist? Können Sie es jetzt zulassen? Kämpfen Sie noch immer viele Jahre später in Ihrem Leben gegen diese Person an?*

Betrachten Sie *diese Autoritätsperson. Erstellen Sie eine Liste ihrer Fehler und Vorzüge. Was hat sie von Ihnen gebraucht? Was haben Sie von ihr gebraucht? Was brauchen Sie heute von ihr? Sind Sie jetzt bereit, sie als gleichwertig zu betrachten, einfach als einen anderen Menschen auf dieser Erde, der ein Recht auf seine Ansichten hat, genauso wie Sie ein Recht auf Ihre haben? Welchen Wert könnte es für Sie haben, sich mit diesem Menschen anzufreunden und die Macht, die Sie ihm zugewiesen haben, in Ihr eigenes Leben zurückzuholen?*

2. Geben Sie den Zwang zu kontrollieren auf

Diese Übung ist eine der zentralsten und wirkungsvollsten auf der Reise zur Angstlosigkeit. Sie ist ganz einfach. Halten Sie einen Augenblick inne und beachten Sie Ihr Verlangen, einen Menschen, ein Ereignis, ein Gefühl oder eine Situation, die sich ergibt, zu kontrollieren. Empfinden Sie das Verlangen voll und ganz und lassen Sie es dann sacht los. Atmen Sie es einfach aus, sehen Sie, wie es davontreibt, danken Sie ihm, dass es Ihnen gedient hat, oder erleben Sie einfach Ihre Bereitschaft, diese Person, diese Situation, dieses Gefühl oder diese Hoffnung nicht mehr kontrollieren zu wollen. Lassen Sie alles so sein, wie es in diesem Augenblick ist. Während das Verlangen zu kontrollieren vergeht, atmen manche tief, andere lächeln, lachen oder entspannen sich.

Auch wenn Sie vielleicht meinen, das Loslassen des Verlangens zu kontrollieren werde Sie verletzlich machen, ist das Gegenteil der Fall. Sie werden sich mehr »unter Kontrolle« und stark fühlen. Jetzt schwimmen Sie mit dem Strom des Lebens. Für manche ist es hilfreich zu sagen, dass sie alles Gott oder dem Universum überlassen. Andere sehen gern, wie sie ihr Herz und ihre Seele öffnen. Das Loslassen des Wunsches zu kontrollieren kann auch physisch vollzogen werden – Sie können tief innerlich das Verlangen zu kontrollieren spüren und es dann ausatmen, es hinauslassen und sehen, wie es Sie als Energie verlässt.

Es ist wichtig, dass Sie das immer wieder tun. Wenn sich irgendetwas einstellt, was Sie kontrollieren möchten, lassen Sie es los. Am Anfang erfordert es eine ziemliche Konzentration. Nach einer Weile wird es ganz natürlich. Manche Situationen ergeben sich, bei denen es einfach und angenehm ist zuzulassen, dass das Verlangen zu kontrollieren vergeht. In anderen Situationen oder Beziehungen kann es schwieriger sein. All das erfordert eine gewisse Übung. Sie bauen neue Muskeln auf, entwickeln eine andere Einstellung gegenüber anderen Menschen und gegenüber der Tatsache, dass Sie auf der Welt sind.

Je mehr Sie das Verlangen zu kontrollieren loslassen, desto mehr beseitigen Sie eine »ungesunde Kontrolle« und werden ausgeglichen und stark. Im Laufe dieses Prozesses werden Sie nicht nur entspannter, offener, vertrauensvoller und ideenreicher, sondern erkennen auch, wie wunderbare neue Möglichkeiten und Menschen in Ihr Leben gelangen. Eine ungesunde Kontrolle macht Sie angespannt, nervös und einseitig und verhindert, dass Sie viele konstruktive Ideen haben. Wenn Sie die ungesunde Kontrolle loslassen, wenn Sie Ihr Herz öffnen, wird sich Ihr Leben einfach bereichern.

8 Konflikte beilegen und ein Gleichgewicht erzeugen

Dieses Kapitel enthält viele Instrumente, die innere wie äußere Konflikte lösen. Werden innere Konflikte gelöst, wirkt sich das auf unser äußeres Leben aus und umgekehrt: Werden äußere Konflikte gelöst, wirkt sich das auf unser inneres Leben aus.

1. *Ermitteln Sie Ihre Hauptkonflikte*

Nehmen Sie sich einen Augenblick Zeit, um festzustellen, was Ihre Hauptkonflikte sind. Notieren Sie sie. Beachten Sie, dass die inneren und äußeren Konflikte die zwei Seiten ein und derselben Münze sind.

2. *Ermitteln Sie Ihre wahren Bedürfnisse und Wünsche*

Oft kommt es zu einem Konflikt, weil wir uns des Unterschieds zwischen unseren Bedürfnissen und Wünschen nicht bewusst sind. Vielleicht kämpfen wir um das, was wir wollen und unmöglich bekommen können, und dabei übersehen wir, was wir wirklich brauchen. Wenn wir uns darüber einfach mal im Klaren sind, wird der Konflikt oft großenteils gelöst.

Halten Sie einen Augenblick inne *und klären Sie, welches Ihre wahren Bedürfnisse und Werte sind. Sind Sie in der Lage zu verlangen, dass Ihre Bedürfnisse befriedigt werden? Wie tun Sie das? Können Sie zulassen, dass Ihr Partner genauso gut nein wie ja sagt?*

Machen Sie sich eindeutig Ihre spezifischen Bedürfnisse und Wünsche in einer gegenwärtigen Situation bewusst, in der es zu einem Konflikt kommt. Fragen Sie sich selbst: Müssen all diese Bedürfnisse befriedigt werden, damit ich zufrieden bin und der Konflikt damit beendet ist? Halten Sie Ihre Bedürfnisse schriftlich fest. Wenn Ihnen ein Bedürfnis primär erscheint, machen Sie ein Häkchen dahinter. Wenn es etwas ist, was Sie bekommen oder auch nicht bekommen können, versehen Sie es mit einem Sternchen. Auf diese Weise klären Sie die Unterschiede. Es müssen nicht alle Wünsche erfüllt werden, wahre Bedürfnisse aber schon. Wenn Sie lernen, welche Ansprüche und Bedürfnisse angemessen sind und welche nicht, dann setzen Sie nicht nur Grenzen, sondern schaffen auch eine starke Grundlage für eine gesunde Lösung.

3. *Wie Sie verlangen, dass Ihre Bedürfnisse befriedigt werden*

Wie verlangen Sie, dass Ihre Bedürfnisse befriedigt werden? Bitten Sie direkt darum? Manipulieren Sie, betteln Sie, verführen Sie, halten Sie sich zurück oder erheben Sie lautstark Forderungen? Setzen Sie diese Liste fort. Seien Sie ehrlich sich selbst gegenüber – niemand muss diese Liste sehen.

Erstellen Sie nun eine Liste Ihrer Reaktionen, wenn Sie abgewiesen werden. Schmollen Sie, machen Sie einen Rückzieher, werden Sie wütend oder zahlen Sie es Ihrem Partner irgendwie heim? Können Sie zulassen, dass Ihr Partner nein sagt und Sie das nicht als gegen Sie gerichtet empfinden? Wenn nicht, betrachten Sie ihn als Sklaven, der nur nach Ihren Befehlen lebt.

Während Sie diese Übung absolvieren, übernehmen Sie die Verantwortung für Ihre eigene Rolle bei der Eskalation eines Konflikts. Wenn Sie diese Übungen machen, löst sich der Konflikt oft einfach wie von selbst auf.

4. Beenden Sie das Spiel mit den Schuldzuweisungen

Schuldzuweisungen verhindern, dass Sie sich über die Situation im Klaren sind und sie in den Griff bekommen. Sie sind auch eine wunderbare Möglichkeit, nicht zu handeln und nichts zu tun, was im gegenwärtigen Augenblick erforderlich wäre. Schuldzuweisungen können zur Sucht werden. Durch Schuldzuweisungen wird niemals etwas gelöst. Sie sind nur eine große Ablenkung. Verzichten Sie in diesem Konflikt auf alle Schuldzuweisungen. Lassen Sie zu, dass Sie beide sowohl recht wie unrecht haben.

5. Geben Sie Ihren Groll auf

Was brauchen Sie, um Ihren Groll aufzugeben und sich besser zu fühlen? Können Sie darum bitten? Können Sie es sich selbst geben? Können Sie es einem anderen Menschen geben? Das ist eine faszinierende Übung. Je öfter Sie sie betreiben, desto mehr werden Sie nicht nur frei von Groll, sondern von allen möglichen Hindernissen in Ihrem Leben befreit sein.

6. Werfen Sie unrealistische Erwartungen über Bord

Werden Sie sich der Erwartungen bewusst, die Sie gegenüber Ihrem Gegner wie auch gegenüber sich selbst haben. Ist es überhaupt jemandem möglich, Ihren Erwartungen ge-

recht zu werden? Ist es anderen möglich, ihren Erwartungen gerecht zu werden? Wodurch unterscheidet sich die Wahrheit der Situation von dem, was man von ihr erwartet? Werfen Sie Erwartungen über Bord, die unrealistisch sind. Sie kommen der Lösung des Konflikts einen großen Schritt näher, wenn Sie erkennen, was wirklich und was möglich ist, und sich damit zufriedengeben.

7. *Lassen Sie zu, dass Sie gewinnen*

Manche Menschen genießen Konflikte und beharren auf ihnen, weil sie nicht zulassen wollen, dass sie gewinnen. Doch sobald sie zulassen, dass sie erfolgreich sind, müssen sie den Konflikt nicht weiter eskalieren lassen, sondern finden viel leichter positive Lösungen.

Wie fühlen Sie sich, wenn Sie Erfolg haben? Sind Sie stolz auf Ihre Leistung, oder empfinden Sie etwas anderes? Vielleicht fällt es Ihnen schwer zuzulassen, dass Sie gewinnen.

Erstellen Sie eine Liste aller Situationen, in denen Sie beruflich, in einer Beziehung oder bei einem für Sie wichtigen Projekt Erfolg hatten. Was für ein Gefühl hat das in Ihnen ausgelöst? Viele Menschen stellen überrascht fest, dass sie bekümmert sind, wenn sie bei irgendetwas erfolgreich sind. Sind Sie in der Lage, mit sich selbst zufrieden zu sein? Wollen Sie Erfolg haben?

Auf welche Weise lassen Sie nicht zu, Erfolg zu haben? Wenn Sie erkennen, was tatsächlich geschieht, können Sie Ihr selbstzerstörerisches Verhalten ebenso wie unnötige Konflikte stoppen.

8. Lassen Sie zu, dass andere gewinnen

Klammern Sie sich noch immer an die Einstellung »Ich gegen den Rest der Welt«? Ist Ihnen klar, dass Ihre eigene Energie und Ihr Wohlbefinden ausgelaugt werden, wenn Sie in einem Konflikt jemanden als Geisel nehmen?

Was verlangen Sie, um zuzulassen, dass Ihr Gegner gewinnt? Schreiben Sie verschiedene Möglichkeiten auf, wie Sie miteinander gewinnen und Sie davon profitieren können, wenn Sie einen Konkurrenten zum Freund gewinnen.

9. Schließen Sie Freundschaft mit Ihren Gegnern

Wen halten Sie für einen Konkurrenten? Was empfinden Sie gegenüber Ihren Konkurrenten? Schreiben Sie einige Situationen auf, in denen der Wettbewerb Sie stärker machte und Sie und Ihr Gegner am Ende Freunde wurden. Haben Sie gegenüber dem Wettbewerb eine konstruktive Einstellung? Können Sie Gegner als Freunde betrachten, ihre eigenen Bedürfnisse und Wünsche erkennen, die für sie genauso wichtig sind wie die Ihren für Sie? Können Sie ihnen etwas von dem geben, was sie wollen? Was kostet Sie das eigentlich? Wünschen Sie sich beiden das Beste. Wenn Sie das tun, werden Sie beide gewinnen.

10. Werden Sie mit Räubern fertig

Wer sind die Räuber in Ihrem Leben? Sind sie wirklich Räuber, wollen sie Ihnen wirklich etwas Böses antun? Überzeugen Sie sich. Nehmen Sie sich Zeit, die Dinge unvoreingenommen zu betrachten, und vergewissern Sie sich, ob sich die Beziehung zu dem sogenannten Räuber nicht wieder einrenken lässt. Wenn ja, versuchen Sie es. Wenn nicht, seien Sie sich über die Probleme im Klaren, vor denen Sie stehen, und handeln Sie entsprechend.

11. Beseitigen Sie die stillen Killer

Erstellen Sie täglich eine Liste der besonderen stillen Killer, die Ihnen plötzlich Ihre Energie, Ihre Begeisterung und Ihren guten Willen rauben. Sobald Sie wissen, was sie wirklich sind, werden sie ihre stille Macht über Sie verlieren. Sobald einer auftaucht, handeln Sie sofort, um sich Ihre Inspiration zu erhalten. Distanzieren Sie sich von den stillen Killern, sagen Sie nein zu ihrer negativen Botschaft und ihrem negativen Einfluss – tun Sie bewusst alles, wobei Sie in diesem Augenblick ein positives Gefühl haben.

12. Geben Sie einen Menschen nie auf

Stellen Sie fest, ob Sie bereit sind, einen Menschen nie aufzugeben. Wie sehr sind Sie willens, es mit ihm auszuhalten? Wo liegt Ihre Schmerzgrenze? Welches Verhalten können Sie nicht tolerieren? Warum? Was bringt Sie dazu, zunächst einmal an jemanden zu glauben? Was nimmt Ihnen diesen Glauben?

Ist irgendjemand schon einmal mit Ihnen durch dick und dünn gegangen? Was war das für ein Gefühl? Was geschah, als der andere meinte, es sei genug, und ging? Gehen Sie mit sich selbst durch dick und dünn? Sind Sie dazu bereit?

Schreiben Sie den Namen einer Person auf, die Sie niemals aufgeben wollen. Was hat sie an sich, das Sie dies tun lässt? Was haben Sie an sich? Nach und nach können Sie diese Liste ergänzen.

9 Finden Sie Ihr kostbares Juwel

Nehmen Sie sich die Zeit, allein zu sein: Gehen Sie in sich.

Der erste Schritt auf dem Weg zu Ihrem kostbaren Juwel besteht darin, dass Sie bereit sind aufzuhören, wie verrückt herumzusausen, überall, in jedem danach zu suchen. Jetzt ist die Zeit gekommen, dass Sie die Schuhe ausziehen, Ihre Päckchen absetzen, sich einen Freiraum schaffen, es einfach tun und sich bloß hinsetzen und atmen.

Sitzen Sie still da, mit geradem Rücken, die Beine übereinandergeschlagen, die Augen offen, und widmen Sie Ihre Aufmerksamkeit Ihrer Atmung. Lassen Sie alle Gedanken, die kommen, kommen und alle Gedanken, die gehen, gehen. Lassen Sie sich nicht auf sie ein, bewerten oder bekämpfen Sie sie nicht, lassen Sie sie einfach vorüberziehen, als würden sie paradieren. Freunden Sie sich mit Ihrer Atmung an. Lassen Sie sie Ihre Begleiterin sein, wo auch immer Sie hingehen.

Achten Sie auf Ihre Atmung

Lassen Sie sie gehen, wenn sie gehen will. Warten Sie einfach darauf, dass Sie geleitet, angewiesen, aufgebaut, begleitet werden. Überlassen Sie alles dem Geist des Friedens. Der Geist des Friedens ist immer freundlich, er gibt immer. Wenn Sie sich zu Gedanken, Worten oder Taten motiviert fühlen, die für alle nachteilig sind, halten Sie einfach still, bis sie vergehen. Sie sind bloß ein Echo des chaotischen Verstands.

Seien Sie achtsam

Widmen Sie allem Ihre Aufmerksamkeit, selbst den kleinsten Tätigkeiten wie dem Zähneputzen oder dem Schneiden eines Apfels. Keine einzige Tätigkeit ist an sich wichtiger als eine andere, und wenn wir unsere volle Achtsamkeit aufbieten, wird jede Tätigkeit elektrisierend.

Akzeptieren Sie andere, akzeptieren Sie sich selbst

Schauen Sie sich einen Augenblick lang um. Nehmen Sie Notiz von dem, der bei Ihnen ist. Schauen Sie diese Person wirklich an. Sind Sie bereit, sie zu akzeptieren? Was wird geschehen, wenn sie anfängt, auch Sie zu akzeptieren?

Erstellen Sie eine Liste von den Dingen, die zu akzeptieren Ihnen Probleme bereitet. Können Sie versuchen, sie heute zu akzeptieren? Wie fühlen Sie sich, wenn Sie es tun? Erstellen Sie nun eine Liste von den Eigenschaften, die Sie bei anderen ablehnen, bei Menschen, mit denen Sie niemals befreundet wären. Stellen Sie fest, ob das nicht Dinge sind, die Sie bei sich selbst nicht akzeptieren wollen. Fangen Sie gleich damit an, diese Eigenschaften bei sich selbst zu akzeptieren.

Wer ist jetzt in Ihrem Leben? Stellen Sie sich vor, dass Sie alle Menschen akzeptieren und dass sie auch Sie akzeptieren. Was fühlen Sie dabei? Wenn Sie sich das bei jemandem nicht vorstellen können, warum nicht? Was muss sich bei diesem Menschen ändern, damit Sie ihn akzeptieren? Was muss sich bei Ihnen ändern?

Entscheiden Sie sich fürs Leben, für die Liebe

Die Liebe ist eine Entscheidung. Sie ist kein flüchtiges Gefühl, sondern wächst durch Handlungen und Taten der Liebe. All das liegt in Ihrer Macht, egal, wie Sie fühlen. Eine starke Entscheidung kann alles wenden. Diese Entscheidungen müssen immer wieder getroffen werden. Wann immer etwas geschieht, das nicht liebevoll ist, halten Sie auf der Stelle inne und entscheiden Sie sich für die Liebe. Sie haben die Macht zu entscheiden, eine der kostbarsten Gaben des Menschseins. Entscheiden Sie sich dafür, sich zu entscheiden. Entscheiden Sie sich fürs Leben, für die Liebe. Entscheiden Sie sich dafür, all das zu sein, was Sie sein sollen. Solche Entscheidungen eröffnen alle Möglichkeiten, sie versetzen Berge. Versuchen Sie es einfach.

> *Wir fragen nie nach dem Sinn des Lebens, wenn wir lieben.*
>
> *Bhagwan Shree Rajneesh*

Weitere einfache Gesetze der Liebe

- An Liebe mangelt es nie. Liebe gibt es in jedem Augenblick und überall.
- Wenn es an Liebe zu mangeln scheint, dann nur, weil Sie sie fernhalten.
- Liebe ist eine Entscheidung. Entscheiden Sie sich dafür, die Liebe in Ihr Leben zu lassen.
- Wahrnehmung ist Schicksal. Wie Sie wahrnehmen, so werden Sie leben. Sehen Sie überall Liebe oder Fehler?
- Achten Sie auf den Unterschied zwischen wirklicher und vorgetäuschter Liebe.

- Es gibt keine Fremden. Nur Freunde, die wir noch nicht kennengelernt haben.
- Selbstbezogenes Denken bringt niemals Frieden.
- Lieben Sie jemanden absolut, ohne Erwartungen.
- Sie brauchen die Liebe anderer Menschen nicht, um erfüllt zu sein. Sie sind Liebe.
- Während Sie Liebe geben, erfahren Sie, wer Sie sind.
- Um Liebe kann man nicht kämpfen. Sie muss eingeladen und willkommen geheißen werden.
- Öffnen Sie sich nicht, um etwas zu bekommen. Öffnen Sie sich einfach.
- Sie ziehen all das an, dessen Sie sich persönlich wert fühlen.
- Sie werden von einem anderen nie mehr bekommen, als Sie bereit sind, selbst zu geben.
- Es gibt einen natürlichen Magnetismus, der für alles das auswählt, das zu ihm gehört.
- Der wahre Kampf findet im Inneren statt und ist nichts Geringeres als ein Kampf zwischen dem realen und dem idealen Selbst.
- Wir erschaffen uns eine Maske, um den Masken anderer zu begegnen, und dann wundern wir uns, dass wir nicht lieben können und uns so allein fühlen?
- Wahre Großzügigkeit ist ein Geisteszustand, in dem man den anderen einfach seinlässt.
- Das Natürliche ist richtig. Das Leichte ist richtig. Sie selbst zu sein ist richtig. Sie selbst zu sein ist alles, was Sie sein können. Alles andere führt in die Irre.

Wie weise sind Sie in Beziehungen?

Ermitteln Sie Ihren Liebesquotienten. Je höher dieser Quotient ist, desto besser sind Ihre Erfahrungen in Beziehungen, desto mehr können Sie diese Erfahrungen genießen, sich rascher wieder erholen, wenn sie enden, und bereit sein für alles, was als Nächstes kommt. Je niedriger dieser Quotient ist, desto mehr Komplikationen können auftreten. Bewerten Sie jede Aussage mit Punkten von 1 bis 5. 5 Punkte sind der höchste, 1 Punkt ist der niedrigste Wert.

1. Ich erkenne meist die besten Eigenschaften in dem Menschen, mit dem ich zusammen bin.
2. Ich bin offen für die verschiedenartigsten Menschen und fühle mich wohl bei ihnen.
3. Wenn ich eine Beziehung anfange, habe ich keine entschiedenen Vorstellungen davon, wohin sie führen wird.
4. Es fällt mir leicht, mit dem Menschen, mit dem ich zusammen bin, zufrieden zu sein.
5. Wenn in einer Beziehung etwas falsch läuft, mache ich mir nur selten Schuldvorwürfe.
6. Wenn in einer Beziehung etwas richtig läuft, laufe ich nicht davon.
7. Ich flüchte mich nicht in Phantasien. Je mehr der andere der Mensch meiner Träume zu sein scheint, desto achtsamer werde ich.
8. Ich brauche wenig, um glücklich zu sein.
9. Wenn ein Partner geht, bin ich dankbar für unsere gemeinsame Zeit.
10. Wenn ein Partner geht, versuche ich nicht, ihn um jeden Preis zu halten.
11. Es fällt mir leicht, aus freien Stücken zu geben und zu nehmen.
12. Ich kontrolliere nicht immer, was ich bekomme, vor allem nicht, bevor ich etwas zurückgebe.
13. Es fällt mir leicht, anderen zu glauben. Ich bin bereit, ihnen eine Chance zu geben.

14. Ich brauche nicht lange, um Vertrauen zu entwickeln.
15. Wenn ich feststelle, dass mein Partner unaufrichtig ist, gebe ich die Beziehung nicht vorschnell auf, sondern bin bereit und in der Lage, zu bleiben und herauszufinden, warum mein Partner so ist.
16. Ich kann jeden Menschen so seinlassen, wie er ist, und lasse das auch bei mir selbst zu.
17. Ich glaube nicht, dass jede Beziehung ewig halten muss oder dass ich andernfalls versagt hätte.
18. Ich weiß, dass jede Beziehung ein Geschenk ist, das nur für eine gewisse Dauer gegeben wird.
19. Ich muss nicht ständig zu hören bekommen, wie wunderbar ich bin.
20. Ich kenne die Quelle aller Liebe und weiß, dass sie nie versiegt.

Wertung

90–100: Sie sind wirklich weise. Sie können gesunde, aufbauende Beziehungen eingehen.

70–90: Sie sind sehr gut. Meist gehen Ihre Beziehungen in die richtige Richtung.

50–70: Sie könnten mehr Übung in Beziehungen gebrauchen. Werden Sie aufmerksamer.

30–50: Sie neigen dazu, sich zu verstecken und zu klammern. Machen Sie die Übungen regelmäßig.

0–30: Sie brauchen Anleitung und Führung. Es wird Zeit, dass Sie negative Ängste über Bord werfen.

Wie Sie Zorn schnell loswerden – einfache Schritte

Sprechen Sie freundlich mit jemandem, der sich über Sie ärgert

a) Wenn sich jemand über Sie beklagt, halten Sie wirklich inne und hören Sie zu.
b) Denken Sie an drei Dinge, die Sie an Ihrem Gegner wirklich mögen und respektieren.
c) Wenn Sie sich über jemanden aufregen, entscheiden Sie im Zweifelsfall zu seinen Gunsten.
d) Hören Sie auf, die Person, auf die Sie wütend sind, kontrollieren zu wollen. Lassen Sie sie sein, wie sie ist.
e) Wenn Sie in einem Streit recht haben, verzichten Sie darauf, recht zu bekommen (für diesen Augenblick oder Tag). Lassen Sie dem anderen seinen Stolz.
f) Wenn zwei Menschen, die Sie kennen, miteinander streiten, sprechen Sie gegenüber jedem von beiden gut über den anderen.
g) Stehen Sie hinter dem anderen zurück. (Sie müssen nicht immer der »Erste« sein.)
h) Absolvieren Sie ein Vergebungstraining: Vergeben Sie bewusst mindestens einem Menschen, dem Sie noch nicht täglich vergeben haben.
i) Fragen Sie sich: Wie viel Leiden ist genug? Bin ich bereit, mich heute wohl zu fühlen?

Merksätze

Nicht, was andere Menschen sagen und tun, tut uns weh, sondern unsere Reaktionen darauf tun uns weh.

Zorn kann zur Sucht werden.

Wir können entscheiden, wie wir reagieren.

Am besten verteidigen Sie sich gegen Zorn, wenn Sie sich wohl fühlen.

Sie können nicht beleidigt werden, wenn Sie sich nicht beleidigt fühlen.

Gesund und liebevoll zu sein ist wichtiger, als im Recht zu sein.

Wenn wir uns als Opfer betrachten, ziehen wir Täter an.

Wenn wir etwas erwarten, beziehen wir es auf uns.

Wir können den Lauf unseres Lebens ändern, indem wir unsere Einstellung ihm gegenüber ändern.

Mögen alle Wesen Glück und ein glückliches Leben haben.

Buddhistisches Gebet

Epilog

Auf einer neuen Basis leben

> *Liebe ist, wenn man dem anderen wünscht, was er sich selbst wünscht, selbst wenn man nicht derjenige ist, der es ihm geben kann.*
>
> *Virginia Lloyd*

Ein Leben ohne Angst heißt nicht, dass man nie wieder Angst hat. Zuweilen ist Angst gesund und notwendig. Die Angst lehrt Sie, die Hand nicht ins Feuer zu halten und einem außer Kontrolle geratenen Auto auszuweichen. Leben ohne Angst heißt, dass die Angst Ihr Leben nicht in den Griff bekommen, Ihre Gedanken und Handlungen nicht entstellen oder den Tag beherrschen kann. Ihre Handlungen oder Entscheidungen sind nicht von der Angst bestimmt, Sie durchschauen die Lügen, die sie erzählt, und können ihre falsche Führung ignorieren. Wenn die Angst nun aufkommt, sind Sie in der Lage, sie loszulassen – sie ist für Sie nichts weiter als ein Schatten, der vor der Sonne vorüberzieht. Wenn Sie so weit sind, sind Ihre Energien nicht eingeschränkt, sondern Sie können Berge versetzen. Vor allem aber haben Sie eine neue Basis für Ihr Leben gefunden.

Ein Leben auf einer neuen Basis ist ein Leben voller Liebe und gutem Willen. Ganz gleich, wie andere sich verhalten – Sie können immer Liebe gewähren.

Wünschen Sie bewusst *allen Menschen nur Gutes, selbst denen, mit denen Sie Schwierigkeiten haben. Sagen Sie zu ihnen, zu einem nach dem anderen: »Mögest du in Frieden, gut und erfüllt leben.«*

Es braucht nicht viel, um jemandem Gutes zu wünschen.

Selbst wenn Ihnen nicht danach ist, tun Sie es einfach. Negativen Gefühlen dürfen Sie niemals die Macht einräumen, Ihnen zu sagen, wie Sie sich verhalten sollen.

Wünschen Sie diesem Menschen einfach Gutes, *egal, wie Sie sich fühlen. Dann tun Sie es wieder. Wenn Sie es zum dritten Mal tun, werden sich Ihre Gefühle beruhigen. Wünschen Sie dieser Person weiter alles Gute, bis Sie sich wohl fühlen. Denken Sie daran: Was Sie anderen wünschen, wirkt auf Sie zurück. Wenn Sie anderen Gutes wünschen, vertieft sich Ihr Seelenfrieden, und es geht Ihnen gut im Leben.*

Das Geschenk des Friedens

Wir können von Liebe und Seelenfrieden nicht sprechen, ohne früher oder später von Gott, unserem Höheren Selbst, der Quelle, dem Geist oder der Seele zu sprechen. Die Menschen haben für die Quelle der Liebe unterschiedliche Worte. Diesem Buch ist es ein Anliegen, dieses Geschenk allen zu bringen, egal, wie sie es definieren. Die Prinzipien der Liebe sind universal, woran auch immer wir jeweils glauben mögen. Sie lassen sich auf die Glaubensvorstellungen aller Nationen, Rassen und Religionen anwenden. Jeder, der die Liebe praktiziert, wird zu den gleichen Ergebnissen kommen.

Ungeachtet der vielen Unterschiede zwischen uns Menschen gibt es doch im Grunde vieles, was bei uns allen gleich ist. Wir alle wünschen uns, glücklich und gesund zu sein, möchten uns geliebt fühlen und ein vollkommenes Leben leben. Wenn diese tiefen Wünsche erfüllt werden, besteht überhaupt keine Notwendigkeit, anderen zu schaden, einen Menschen zu kontrollieren oder ihm etwas wegzunehmen. Dann erkennen wir leicht, dass das Universum von großem Reichtum erfüllt ist und dass niemand Mangel leiden müsste. Je mehr Sie geben, desto mehr haben Sie. Nur die Angst verstellt diese Wahrheit.

Wenn Sie Ihre Praxis der Liebe vertiefen, werden sich viele unerwartete Ereignisse, Menschen und Wunder einstellen. Dann haben Sie die Chance zu erkennen, wie sehr schon ein bisschen Liebe das Leben verändern und wie viel Macht es haben kann.

Als Karen merkte, dass ein neues Baby unterwegs war, war sie begeistert und tat alles, was sie konnte, um ihren dreijährigen Sohn Michael auf sein neues Geschwisterchen vorzubereiten.

Nach einer normalen Schwangerschaft hatte sie eine schwierige Entbindung, und als Michaels kleine Schwester geboren war, war ihr Zustand so kritisch, dass sie auf die Intensivstation für Neugeborene im St. Mary's Hospital in Knoxville in Tennessee gebracht wurde. In den folgenden Tagen verschlechterte sich die Verfassung des kleinen Mädchens immer weiter, und die Ärzte erklärten den Eltern, sie müssten mit dem Schlimmsten rechnen. Es gebe kaum noch Hoffnung.

Michael bat seine Eltern ständig, seine Schwester sehen zu dürfen. »Ich will für sie singen«, sagte er. Seine Eltern erklärten ihm, sie sei zu krank. In der zweiten Woche ihres Lebens ging es ihr noch schlechter. Michael bettelte immer wieder, für sie singen zu dürfen, und seine Eltern erklärten ihm, Kinder dürften nicht auf die Intensivstation. Michael gab nicht auf, und schließlich wollte Karen Michael zu seiner Schwester bringen, egal, ob es den Ärzten und Schwestern passte oder nicht. Wenn er sie jetzt nicht sieht, dachte sie, wird er sie vielleicht niemals im Leben sehen.

Karen steckte Michael in einen übergroßen Operationskittel und marschierte mit ihm auf die Intensivstation. Er sah wie ein wandelnder Wäschekorb aus, aber die Ober-

schwester sah, dass es ein Kind war, und rief barsch: »Schaffen Sie bloß dieses Kind hier raus!«

Karen, die sonst so sanftmütig war, wurde wütend und schrie zurück: »Nein! Er geht erst wieder, wenn er für seine Schwester gesungen hat.« Und damit zog sie ihn hinüber ans Bett seiner Schwester.

Michael starrte das winzige Mädchen an, das an Schläuche angeschlossen war und den Kampf ums Leben verlor. Dann begann er zu singen, mit der herzerfrischenden Stimme eines Dreijährigen: »You are my sunshine, my only sunshine, you make me happy when skies are gray …«

Augenblicklich reagierte das kleine Mädchen. Der Puls wurde ruhig und gleichmäßig.

»Sing weiter, Michael«, bat seine Mutter.

»You never know, dear, how much I love you. Please don't take my sunshine away.«

Das röchelnde, angestrengte Atmen wurde so sanft wie das Schnurren eines Kätzchens. Michaels Schwesterchen entspannte sich, während sich heilsame Ruhe über es senkte.

Karen strahlte, und Tränen liefen über das Gesicht der herrischen Oberschwester, während sich alle auf der Intensivstation versammelten, um zu sehen, was da geschah. Und schon am nächsten Tag ging es dem kleinen Mädchen gut genug, dass es nach Hause durfte.

Die Zeitschrift *Woman's Day* nannte es »Das Wunder eines brüderlichen Liedes«.

Die Ärzte und Schwester sprachen einfach von einem Wunder. Karen nannte es ein Wunder der Liebe Gottes.

Wie nennen Sie es? Ganz gleich, wie Sie es nennen – entscheidend ist nur, dass Sie dieses Wunder der Liebe in Ihrem eigenen Leben hegen und pflegen.

Quellen

Rabbi Joseph Gelberman – siehe Interfaith Rabbi, All Faith Seminary, www.allfaithseminary.org

Noah Lukeman, Agent, www.lukeman.com

Sue Matthews: Taylors Stiftung, die Mittel für die Kinderkrebsforschung sammelt, ist im Internet unter www.taybandz.org zu finden.

Tony Papa, Autor von *Fifteen to Life*, www.fifteentolife.com

Richard Schiffman, Autor von *Mother of All*, www.motherofall.org

Brenda Shoshanna, www.homestead.com/becomingfearless

LaKeesha Walrond, Gründerin von *Total Refuge*, www.totalrefuge.org sowie walrondl@aol.com

Total Refuge gewährt Teenagern, die sexuellen Missbrauch erlebt haben, Stipendien, Workshops sowie einen Lehrplan zur Behebung von Bewältigungsmechanismen, die nicht mehr funktionieren. Außerdem bietet es ein Wiedereingliederungsprogramm für Prostituierte sowie ein Sommercamp für Teenager an, die sexuellen Missbrauch erlebt haben, ein Ferienseminar, das von Frauen mit dem gleichen Schicksal ermöglicht wurde.

Manataka American Indian Council, www.manataka.org

Afterhours Inspirational Stories, www.inspirationalstories.com/1/149.html

www.rogerknapp.com/inspire/keepsing.htm

Literatur

Dunnigan, Neil: *Zen Stories of the Samurai,* 2005

Laing, R. D.: *Knoten,* Reinbek bei Hamburg 1989

Leveson, Lester: *No Attachments, No Aversion,* Phoenix 1993

Miller, Henry: *The Wisdom of the Heart,* Norfolk 1941

Nachman, Rabbi: *Advice,* Jerusalem 1983

Rafe, Martin/Soares, Manuela: *One Hand Clapping. Zen Stories for All Ages,* New York 1995

Reps, Paul (Hg.), *Ohne Worte – ohne Schweigen. 101 Zen-Geschichten,* Frankfurt am Main 2008

Sarkett, John A.: *Extraordinary Comebacks,* Naperville 2007

Schiffman, Richard: *Mother of All,* San Diego 2001

Shah, Idries: *Die fabelhaften Heldentaten des weisen Narren Mulla Nasrudin,* Freiburg 2008

Shapiro, Rabbi Rami: *Wisdom of the Fathers,* New York 1995

Shoshanna, Brenda: *The Anger Diet,* Kansas City 2005

Dies.: *Jewish Dharma,* New York 2008

Dies.: *Zen und die Kunst sich zu verlieben,* Frankfurt am Main 2007

Tolle, Eckhart: *Stille spricht. Wahres Sein berühren,* München 2003

Yamada, Koun: *Die torlose Schranke – Mumonkan,* München 2004

Dank

Ganz besonders möchte ich mich für die Liebe, Unterstützung, Weisheit, Führung und Ermutigung bedanken, die mich beim Schreiben dieses Buches begleitet haben.

Vor allem danke ich meiner lieben Familie, die mir unermüdlich ihre Liebe und Unterstützung gewährt – Danny, Gerry, Melissa, Abram, Joshua, Yana, Adam, Zoe, Remy, Jake, Maya, Zachary und Cassie.

Ich danke meiner wunderbaren Lektorin Jennifer Williams, die mit ihrer sorgfältigen Arbeit und ihrer liebevollen Art einen großen Beitrag zu diesem Projekt geleistet hat.

Insbesondere danke ich all denen, deren immerwährende Freundschaft, Praxis und Weisheit mich begleitet haben, nämlich Eido Roshi, Robert Kennedy Roshi, S.J., Ernie Castaldo, Larry Crane, Michael J. Creeley, Burt Dubin, Haskel Fleishaker, Rabbi Joseph Gelberman, Ed Glassing, Martin Hara, Lindsay Harrison, Michael Klein, Gene Krackhel, Richard Schiffman, William Solomon, Bernard Starr, Fay Tabakman, Scott Young und Ralph Zeitlin.